파이썬 정복

김상형 지음

한빛미디어
Hanbit Media, Inc.

파이썬 정복

파이썬 개발에 필요한 기본 지식을 모두 담은 파이썬 입문서

초판 1쇄 발행 2018년 04월 02일
초판 6쇄 발행 2023년 05월 30일

지은이 김상형 / **펴낸이** 김태헌
펴낸곳 한빛미디어(주) / **주소** 서울시 서대문구 연희로2길 62 한빛미디어(주) IT출판1부
전화 02-325-5544 / **팩스** 02-336-7124
등록 1999년 6월 24일 제25100-2017-000058호 / **ISBN** 979-11-6224-054-0 93000

총괄 배윤미 / **책임편집** 이미향 / **기획** 송성근 / **편집** 송찬수 / **진행** 석정아
디자인 김연정 / **전산편집** 이경숙
영업 김형진, 장경환, 조유미 / **마케팅** 박상용, 한종진, 이행은, 김선아, 고광일, 성화정, 김한솔 / **제작** 박성우, 김정우

이 책에 대한 의견이나 오탈자 및 잘못된 내용에 대한 수정 정보는 한빛미디어(주)의 홈페이지나 아래 이메일로
알려주십시오. 잘못된 책은 구입하신 서점에서 교환해 드립니다. 책값은 뒤표지에 표시되어 있습니다.

한빛미디어 홈페이지 www.hanbit.co.kr / **이메일** ask@hanbit.co.kr

지금 하지 않으면 할 수 없는 일이 있습니다.
책으로 펴내고 싶은 아이디어나 원고를 메일(**writer@hanbit.co.kr**)로 보내주세요.
한빛미디어(주)는 여러분의 소중한 경험과 지식을 기다리고 있습니다.

파이썬 개발에 필요한
기본 지식을 모두 담은
파이썬 입문서

파이썬
정복

김상형 지음

HB 한빛미디어
Hanbit Media, Inc.

머리말

지금은 일상생활의 대부분을 컴퓨터의 도움을 받아야 하는 시대입니다. 글도 컴퓨터로 쓰고 업무도 컴퓨터로 처리하며 누구나 스마트폰을 들고 다닙니다. 이처럼 생필품이 되어 버린 스마트폰을 움직이는 핵심은 프로그램이며, 소프트웨어의 논리는 이제 상식이 되어 누구나 프로그래밍 교양 교육을 받아야 합니다.

모두 개발자가 될 필요는 없지만, 누구나 소프트웨어의 동작 방식을 이해해야 하는 세상입니다. 논리력은 개인의 경쟁력은 물론 국가의 경쟁력을 결정할 정도로 중요해졌습니다. 일반인도 프로그램 논리를 알아야 컴퓨터가 움직이는 방식을 이해할 수 있고 컴퓨터를 백방으로 더 잘 활용할 수 있습니다.

파이썬은 프로그래밍 입문용으로 최적의 언어입니다. 알파벳만 알면 누구나 배울 수 있을 만큼 쉬워 초보자가 프로그래밍의 흥미진진한 논리를 즐겁게 익힐 수 있습니다. 또한, 산업 전반에 걸쳐 두루 활용될 정도로 다방면의 실무에서 활약하는 강력함을 겸비하여 취업에도 유리한 언어입니다.

머릿속에 있던 논리를 구현하여 동작하는 것을 직접 확인해 보고 세상에 없던 무엇인가를 창조해 본다는 것은 즐겁고도 신나는 일입니다. 직접 만든 프로그램을 여러 사람이 매일 사용하는 것만큼 보람된 일이 어디 있겠습니까. 창작과 창조에 파이썬은 가장 적당한 도구입니다.

이 책은 파이썬 입문용으로 기획되었습니다. 프로그래밍 언어의 기본 개념과 논리를 익히고 연습하는 데 최우선의 목표를 두고 쓰여졌습니다. 본문을 따라 언어의 문법을 배우고 예제를 통해 논리를 익히고 실습을 통해 코딩의 즐거움을 만끽하시기 바랍니다.

_2018. 3. 김상형

이 책을 읽기 전에

독자 선정

파이썬은 프로그래밍에 처음 입문하는 초보자도 누구나 쉽게 배울 수 있는 쉬운 초급 언어입니다. 이 책은 개발환경 설치부터 시작하여 언어의 기초 문법과 코드를 논리적으로 작성하는 방법을 쉬운 순서대로 차근차근히 설명하고, 매 단계마다 실습을 진행하여 단계적으로 익히고 응용할 수 있도록 구성하였습니다.

먼저 배워야 할 선수 과목이 전혀 없어 파이썬을 위해 별도의 선행 학습을 할 필요는 없습니다. 다만, 프로그래밍 언어의 특성상 수학적 개념이 필요한 부분이 있어 중학생 이상에게 적합하며, 고등학생 이상이면 무리 없이 읽을 수 있습니다. 다른 언어에 대한 경험이 이미 있다면 더 빠른 속도로 파이썬을 쉽게 배울 수 있습니다.

파이썬은 공개 언어여서 어떠한 개발툴도 구입할 필요가 없습니다. 인터넷만 연결되어 있다면 본문의 안내에 따라 학습에 필요한 모든 개발환경을 즉시 구축할 수 있습니다. 고성능의 컴퓨터도 군이 필요치 않으며 문서를 작성할 수 있는 성능의 컴퓨터와 파일을 관리할 수 있을 정도의 능력만 있으면 됩니다.

독자 지원

파이썬 예제의 소스 코드는 대부분 짧고 간단합니다. 코딩 실습을 위해 가급적이면 소스 코드를 직접 입력해 가며 실행해 보고 결과를 관찰 및 연구해 보기를 권장합니다. 시간은 좀 걸리지만 코드를 입력하는 과정에서 문법을 더 확실하게 익힐 수 있고 다양한 변형을 해 봄으로써 응용력을 키울 수 있습니다.

소스가 너무 길어 정확하게 입력하기 어렵거나 실습 시간이 부족하다면 이 책에서 배포하는 예제를 다운로드받아 사용하십시오. 이 책의 모든 예제와 실습에 필요한 부속 파일은 다음 지원 사이트를 통해 배포합니다.

http://www.soen.kr/book/python

이 사이트는 책에서 제작한 모든 예제와 부속 파일을 제공합니다. 파이썬은 프로젝트를 구성하지 않고 단독 소스 파일만으로 컴파일 가능하므로 별도의 프로젝트 파일은 없으며 모든 소스를 PyExam.py에 묶어서 제공합니다. 단순한 텍스트 파일이므로 메모장이나 즐겨 쓰는 편집기로 열어 볼 수 있습니다.

```
PyExam.py - 메모장                                              —    □    ×
파일(F)  편집(E)  서식(O)  보기(V)  도움말(H)
# 파이썬 예제 모음

###################################################
## 2장 ##

# =============== print ===============
print(3 + 4)
4 + 5                              # 무시된다.
a = 1
b = 2
print(a + b)

# =============== printsep ===============
s = '서울'
d = '대전'
g = '대구'
b = '부산'
print(s, d, g, b, sep = ' 찍고 ')

# =============== printtwo ===============
a = '강아지'
b = '고양이'
print(a)
print(b)

# =============== printend ===============
```

예제는 각 장별로 지면에 등장하는 순서대로 기재되어 있으며 컴파일 가능한 형태로 제공됩니다. 본문
에는 각 예제의 이름을 밝혀 두었으며 예제 이름으로 검색하여 소스를 신속하게 찾을 수 있습니다. 스
크립트 파일을 만든 후 원하는 소스를 복사하여 컴파일 및 실행해 보십시오.

지원 사이트는 또한 지면에 미처 싣지 못한 고급 문법과 파이썬 응용에 대한 추가 강좌를 온라인 형식
으로 제공하며 출판 후에 발견된 오타의 목록과 수정 방법을 정오표로 제공합니다.

차례

19장 wxPython • 431

1장

파이썬

1.1 파이썬

프로그래밍 언어

파이썬(Python)은 프로그래밍 언어의 일종이다. "프로그래밍"이라는 말이 무척 생소하게 들리는데 너무 어렵게 생각할 필요 없다. 컴퓨터는 스스로 알아서 동작할 수 없으며, 기계일 뿐이어서 구체적인 명령이 있어야만 움직인다. 컴퓨터에게 내릴 일련의 명령을 조직적으로 모아놓은 것이 프로그램이다.

컴퓨터는 프로그램에 기록된 명령을 순서대로 꺼내 실행한다. 이런 프로그램을 만드는 활동을 프로그래밍이라고 하며 언어는 프로그램의 명령을 기술하는 대화수단이다. 즉, 파이썬은 프로그램을 작성하는 도구의 일종이다.

입력을 받아라.
계산하라.
결과를 전송하라.
프린트하라.

프로그램

실행

사람의 언어에 한국어, 일본어, 영어가 있듯이 프로그래밍 언어도 여러 가지 종류가 있다. 컴퓨터 초창기부터 오랫동안 사용해 온 컴파일 방식의 언어인 C, 자바는 성능이 뛰어나고 대규모의 프로그램을 만들 수 있다. 그러나 문법이 복잡해 전문적인 지식을 요구할 정도로 배우기 어렵고 사용하기 까다로워 생산성이 떨어진다.

이에 비해 펄, 루비, 파이썬 등 인터프리터 방식의 스크립트 언어는 문법이 간단해 배우기 쉽고 개발 절차가 단순해 짧은 시간에 원하는 프로그램을 신속하게 만들 수 있다. 단순함으로 인해 성능은 떨어지지만 대신 생산성이 높다. 고급 언어는 인간의 언어와 비슷해 직관적이고 배우기 쉬우며 명령어가 간단한 영어 단어로 되어 있어 마치 말을 하듯 작성하면 된다.

```
if age > 19:
    print("성인입니다.")
```

컴퓨터는 이진수로 된 기계어만 해석할 수 있으며 "계산하라", "출력하라"와 같은 프로그래밍 언어의 명령어를 직접 이해하지 못한다. 그래서 언어를 기계어로 번역하여 실행하는데 번역 방식에 따라 컴파일 언어와 인터프리터 언어로 나뉜다.

컴파일 방식의 언어는 모든 명령을 한꺼번에 번역해 놓고 일괄 실행한다. 컴퓨터가 바로 실행할 수 있는 완벽한 실행 파일을 미리 만들어 놓고 시작하기 때문에 속도가 빠르다. 반면 인터프리터 방식의 언어는 명령어를 만날 때마다 즉시 번역해서 실행하는 방식이라 속도가 느리다.

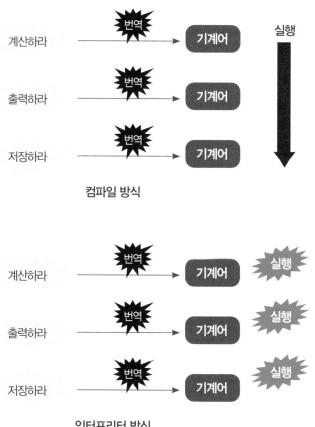

컴파일 방식

인터프리터 방식

컴파일 방식은 번역과 링크까지 완료되어야 실행할 수 있어 프로그램을 완벽하게 작성해야 하며 구조가 복잡하다. 반면 인터프리터 방식은 명령을 하나씩 번역하여 즉시 실행하기 때문에 단순하고 쉽다. 명령을 내리는 즉시 결과를 볼 수 있고 대화식으로 실행할 수 있어 간편하다.

인터프리터는 구조가 간단하고 번역과 실행을 동시에 수행하기 때문에 성능이 떨어진다. 다행히 극도로 발전한 하드웨어가 성능을 충분히 뒷받침해 주므로 요즘은 실행 속도보다는 신속한 개발과 변화에 대한 민첩한 대응이 더 중요해졌다.

이런 이유로 배우기 쉽고 생산성 높은 스크립트 언어의 인기가 높아졌다. 자바스크립트와 파이썬이 대표적이며 베이직도 교육용으로 많이 사용된다. 더 쉬운 언어로 초등학생이나 유치원생까지 배울 수 있는 스크래치가 있지만 순수한 교육용이라 실무에 쓰기는 어렵다.

파이썬 소개

파이썬은 네델란드의 귀도 반 로섬(Guido van Rossum)이 1989년 크리스마스에 취미 삼아 만들기 시작하여 1991년 2월에 발표했다. 파이썬의 이름은 그 당시 즐겨 보던 코미디 쇼에서 즉흥적으로 따온 것이다. 신화 속의 비단뱀이라는 뜻이며, 그래서 파이썬의 아이콘으로 흔히 뱀을 사용한다. 결국 파이썬이라는 이름 자체에는 별다른 뜻이 없는 셈이다.

발표한 지 30년 가까이 되었으니 자바나 C#보다 역사가 더 오래되었다. 현재 다양한 분야에서 활약하고 있으며, 프로그래밍 교육용 언어로 채택되어 앞으로 더욱 기세를 떨칠 전망이다. 자바, C/C++, C# 다음으로 5위의 점유율을 차지하고 있어 전통적인 언어와 어깨를 나란히 하고 있다.

1.0을 발표한 후 10년 만에 개정된 2.0에서 유니코드를 지원하고, 쓰레기 수집(Garbage Collection) 기능을 도입하는 등 대대적인 개선이 있었다. 활용처가 점점 늘어나 인기를 얻다 보니 비영어권도 지원할 필요가 생겼고 여러 가지 문제가 누적되기 시작했다. 컴퓨터 환경이 워낙 급격하게 바뀌기 때문에 20년 정도 되면 단점이 드러날 수밖에 없다.

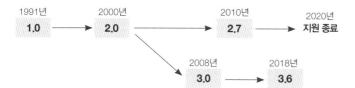

그래서 3.0은 과거와의 단절을 선언하고 완전히 새로 만들었다. 유니코드를 전면적으로 도입하고 내부적으로도 많은 변화가 있어 2.x대와 호환되지 않는다. 아직 2.x대를 사용하는 곳이 있어 2.7에서 일부 기능을 개선하였다. 하지만 더 이상은 개발하지 않고 2020년 지원을 종료할 예정이다.

현재는 2.x대와 3.x대가 공존하는 과도기인 셈이며 2010년 이후로 3.x대만 꾸준히 업그레이드되고 있다. 2.7이 오히려 3.0보다 더 늦게 발표되었는데 기능의 개선보다는 이식의 편의를 위해 3.0과 최대한 비슷하게 만든 것이다. 앞으로 모두 3.x대로 옮겨갈 것이 확실하므로 새로 배운다면 3.x 버전을 배우는 것이 유리하다.

파이썬은 인터프리터의 구현이 쉬워 여러 가지 변형이 많다. 원본인 CPython은 C 언어로 구현되었으며 그냥 파이썬이라고 하면 C 버전을 의미한다. 이 외에도 C#으로 구현된 IronPython, 자바로 구현된 Jython, 파이썬으로 개발한 PyPy 등이 있고 C 언어의 스택 오버플로우 문제를 해결한 스택리스 파이썬도 많이 사용된다.

특징 및 장점

파이썬은 인터프리터 방식으로 동작하는 스크립트 언어라는 면에서 전통적인 컴파일 언어와는 다른 독특한 특징이 많다. 주요 특징 및 장점은 다음과 같다.

- 배우기 쉽고 사용하기도 쉽다. 성능은 조금 느리지만 생산성이 높아 C 언어에 비해 개발 기간이 짧다.
- 플랫폼에 독립적이어서 어느 운영체제에서나 사용할 수 있다. 그래서 이기종 간의 통신 환경인 웹에 유리하다.
- 공개된 언어여서 비용이 전혀 들지 않으며 언제든지 다운로드받아 사용할 수 있다. 심지어 소스까지 다 공개되어 있다.
- 실무에 필요한 고급 라이브러리를 대거 포함하고 있어 기본 패키지만 설치해도 웬만한 작업은 다 처리할 수 있다. 파이썬의 이런 철학을 배터리 포함(Batteries Included)이라고 한다. 웹, 그래픽, 게임, 이미지 처리 등의 고성능 추가 패키지까지 있어 지원군이 든든하다.

- 객체지향적이며 클래스를 지원한다. 간단하게 쓸 수도 있고 전문 개발 언어 못지 않은 복잡한 작업도 처리할 수 있다.
- C 언어와의 접착성이 좋아 혼합 프로그래밍이 가능하다. 고성능이 필요한 엔진은 C로 만들고 자주 바뀌는 부분만 파이썬으로 작성하면 성능과 생산성을 모두 만족시킬 수 있다.

파이썬은 가장 아름다운 하나의 답을 지향한다는 철학을 표방한다. 여러 가지 방법을 허용하기보다 가장 명확하고 단순한 유일한 방법을 고집하여 개인의 취향을 억제한다. 그래서 유지, 보수성이 높다. 들여쓰기를 강제하는 것이 좋은 예인데 자유도를 포기하는 대신 일관성을 확보한다는 장점이 있다.

파이썬의 문법은 다른 언어에 비해 단순하고 쉬우며 사람의 사고와 유사하다. 선언이나 복잡한 규칙이 거의 없으면서도 프로그래밍의 논리를 연습하기에 충분하다. 단 며칠만 배워도 원하는 프로그램을 금방 만들 수 있어 초보자에게 흥미를 유발시킨다. 그래서 교육용 언어로 인기가 높으며 프로그래밍 저변 확대에 큰 기여를 하고 있다.

그러나 다른 언어에 비해 상대적으로 쉬울 뿐이지 난이도가 낮은 것은 아니다. 객체지향 문법까지 제공해 나름 복잡하고, 제공하는 기능의 범위가 넓어 깊이 들어가면 역시 어려워진다. 파이썬은 쉽게 배워 가볍게 쓸 수도 있고 깊은 부분까지 연구하여 백방으로 활용할 수도 있는 팔방미인이다.

파이썬의 활용 분야

프로그래밍 언어는 프로그램을 만들기 위해 존재한다. 파이썬으로 모든 프로그램을 다 만들 수 있지만 언어별로 특화된 영역이 있어 모든 분야에 다 어울리는 것은 아니다. 파이썬은 쉬운 문법과 높은 생산성으로 다음 분야에 주로 활용된다.

- **유틸리티 제작** : 간단한 작업을 처리하는 시스템 유틸리티 제작에 적합하다. 배치 파일이나 쉘 스크립트에 비해 성능이 월등해 간단한 관리 프로그램 제작에 최적이다.
- **웹 프로그래밍** : 웹은 요구 사항이 빈번히 바뀌어 성능보다 신속한 대응과 유연성이 중요하다. 파이썬은 개발 기간이 짧고 플랫폼 독립적이어서 웹 개발에 유리하며 실제 파이썬으로 운영되는 웹 사이트가 점점 늘어나고 있다.
- **임베디드** : 사물 인터넷(IoT) 분야에 활용하여 초소형 컴퓨터 프로그래밍에 자주 사용된다. 라즈베리파이 같은 임베디드 장비를 제어할 때 적합하다.

- **데이터베이스** : 대량의 정보를 저장하는 데이터베이스는 엔진의 효율이 좋기 때문에 사용자를 대면하는 부분은 스크립트 언어인 파이썬으로 작성해도 무리 없으며 복잡한 업무규칙을 신속하게 구현하고 변화에 민첩하게 대응할 수 있다.
- **교육용** : 파이썬은 문법이 쉽고 개발 과정도 단순해 프로그래밍 초보자가 논리를 익히기에 더없이 좋은 언어이다. 게다가 실무에까지 무난히 적용할 수 있어 현재 교육용 공식 언어로 각광받고 있다.

그러나 파이썬이 만능은 아니다. 인터프리터 언어라는 태생적인 한계가 있어 어울리지 않는 분야도 있고 아직은 다른 언어에 비해 기능이 미약한 부분도 분명 존재한다. 특히 C 언어보다 최소한 10배 이상 느린 성능의 약점은 극복하기 어렵다. 그러므로 다음 분야에는 파이썬을 잘 사용하지 않는다.

- **시스템 프로그래밍** : 하드웨어를 직접 조작하는 섬세한 작업은 수행하기 어렵다.
- **고성능 응용 프로그램** : 게임이나 오피스류의 프로그램은 빠른 속도가 중요하다.
- **그래픽 프로그램(GUI)** : 가능은 하지만 UI가 예쁘지 않아 아직은 시기 상조이다.
- **모바일** : 안드로이드나 아이폰 개발에 대해서는 아직 지원이 거의 없다.

언어마다 특화된 영역이 있을 뿐 모든 영역에 우위를 보이는 언어는 없다. 높은 생산성과 플랫폼 독립성의 반대 급부로 낮은 성능은 어쩔 수 없는 일이다. 게다가 다른 분야에는 쟁쟁한 경쟁자들이 이미 자리를 차지하고 있다. 아직은 멀었지만 하드웨어가 더 발전하면 모바일 개발 분야도 지원을 늘려갈 것으로 예상된다.

1.2 개발환경

파이썬 설치

뭔가를 배우려면 개발 도구부터 설치해야 한다. 파이썬은 높은 사양을 요구하지 않아 적당한 성능의 컴퓨터만 있으면 된다. 별다른 비용을 들이지 않아도 언제든지 다운로드받아 사용할 수 있다. 웹 브라우저를 열고 다음 사이트를 방문한다.

http://www.python.org

여기가 파이썬 공식 홈페이지이며 파이썬에 대한 모든 정보를 제공한다. 웹 사이트 특성상 디자인은 언제든지 바뀔 수 있으므로 여러분이 방문할 때는 모습이 다를 수도 있다.

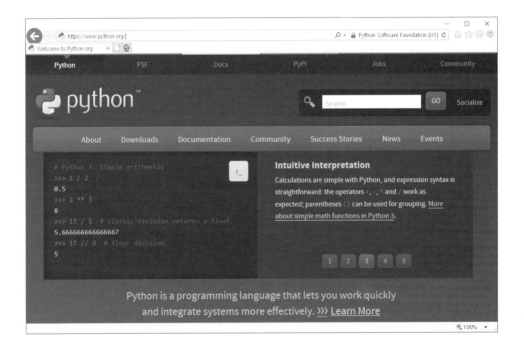

상단 메뉴에서 Downloads 버튼을 누르면 개발툴을 다운로드하는 페이지로 이동한다. 접속자의 운영체제를 자동 판별하여 최신 버전을 보여 주는데 2018년 3월 현재는 3.6.4가 최신 버전이다.

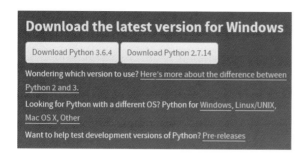

과거 사용자를 위해 2.x 마지막 버전도 제공하는데 우리는 새로 배우는 중이니 3.x 버전을 받자. 더 최신 버전이 나와 있다면 가급적 새 버전을 받는 것이 좋다. Download 버튼을 누르면 다음 설치 파일을 받는다.

python-3.6.4.exe(29M)

디폴트로 윈도우용 32비트 버전이 선택되는데 다른 운영체제나 64비트 버전이 필요하다면 해당 운영체제의 링크를 눌러 원하는 버전을 받는다. 32비트와 64비트는 근소한 속도 차이 외에는 별다른 점이 없다.

Files

Version	Operating System	Description	MD5 Sum	File Size	GPG
Gzipped source tarball	Source release		9de6494314ea199e3633211696735f65	22710891	SIG
XZ compressed source tarball	Source release		1325134dd525b4a2c3272a1a0214dd54	16992824	SIG
Mac OS X 64-bit/32-bit installer	Mac OS X	for Mac OS X 10.6 and later	9fba50521dffa9238ce85ad640abaa92	27778156	SIG
Windows help file	Windows		17cc49512c3a2b876f2ed8022e0afe92	8041937	SIG
Windows x86-64 embeddable zip file	Windows	for AMD64/EM64T/x64, not Itanium processors	d2fb546fd4b189146dbefeba85e7266b	7162335	SIG
Windows x86-64 executable installer	Windows	for AMD64/EM64T/x64, not Itanium processors	bee5746dc6ece6ab49573a9f54b5d0a1	31684744	SIG
Windows x86-64 web-based installer	Windows	for AMD64/EM64T/x64, not Itanium processors	21525b3d132ce15cae6ba96d74961b5a	1320128	SIG
Windows x86 embeddable zip file	Windows		15802be75a6246070d85b87b3f43f83f	6400788	SIG
Windows x86 executable installer	Windows		67e1a9bb336a5eca0efcd481c9f262a4	30653888	SIG
Windows x86 web-based installer	Windows		6c8ff748c554559a385c986453df28ef	1294088	SIG

여기서는 윈도우 환경의 32비트 버전을 기준으로 한다. 다운로드받은 파일을 실행하면 다음 대화상자가 나타나며 설치가 시작된다. 보통은 디폴트 설치 옵션이 가장 무난해 Next 버튼만 누르면 되지만 파이썬의 경우는 몇 가지 문제가 있다. 효율적인 실습을 위해 일부 옵션을 꼭 조정해야 한다.

명령행의 임의 위치에서 실습할 수 있도록 아래쪽의 **Add Python 3.6 to PATH 체크 박스를 선택한다**. 이 옵션을 선택하지 않으면 설치 폴더로 이동해야 파이썬을 실행할 수 있어 무척 불편하다.

디폴트 설치 위치가 User 폴더의 AppData 아래인데 설치 경로가 너무 길고, 숨김 폴더여서 문서나 툴을 사용하기 불편하다. 그러므로 Customize installation 항목을 눌러 설치 경로를 따로 지정하는 것이 좋다.

디폴트로 모든 설치 항목이 선택되어 있다. 문서를 설치해야 도움말을 읽을 수 있고 pip나 tcl/tk를 선택해야 그래픽 모드를 사용할 수 있다. 디폴트를 받아들이고 Next 버튼을 누른다.

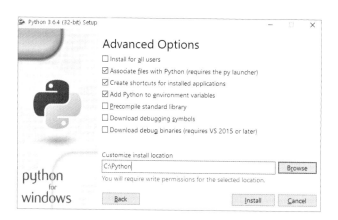

고급 옵션은 무난해서 딱히 건드릴 필요가 없다. 설치 폴더는 C:\Python으로 짧은 경로에 설치하여 쓰기 편하도록 했다. 루트에 폴더를 만드는 것이 싫으면 Program Files 안에 설치해도 상관없다. 여기까지 선택한 후 Install 버튼을 누르면 설치가 시작된다. 설치가 완료되면 Close 버튼을 눌러 대화상자를 닫는다.

실습 중에 여러 가지 소스 파일을 만들어야 하는데 별도의 실습 폴더를 미리 준비해 두자. 적당한 실습 폴더를 정하되 명령행에서 너무 깊은 경로는 불편하다. 여기서는 C:\PyStudy를 실습 폴더로 사용한다.

파이썬 실행

파이썬 해석기 실행 파일은 python.exe이며 명령행에서 실행된다. 그래픽 환경에 익숙해져 버린 세대에게 명령행은 생소한데 더 편리한 방법도 있으니 굳이 실습까지 해 볼 필요는 없고 구경만 해 보자.

cmd 명령 프롬프트를 열고 python 명령을 실행하면 파이썬 해석기가 실행된다. 원래는 실행 파일이 있는 디렉토리에서 실행하는 것이 원칙이지만 설치할 때 경로를 설정해 두었으므로 아무 곳에서나 실행 가능하다.

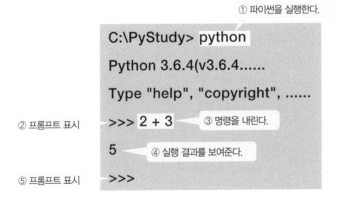

파이썬 해석기가 실행되며 >>> 프롬프트가 나타난다. 여기에 파이썬 명령을 입력하는데 2 + 3 수식을 입력하고 Enter 를 눌러 보자. 해석기는 이 명령을 해석 및 실행하여 두 숫자를 더한 5를 출력한다.

① 파이썬을 실행한다.

```
C:\PyStudy> python

Python 3.6.4(v3.6.4......

Type "help", "copyright", ......
```

② 프롬프트 표시
```
>>> 2 + 3        ③ 명령을 내린다.

5        ④ 실행 결과를 보여준다.
```

⑤ 프롬프트 표시
```
>>>
```

명령을 수행한 후 다음 명령을 입력받기 위한 >>> 프롬프트가 다시 표시된다. 프롬프트는 명령을 받을 준비가 되었다는 뜻이다. 이런 식으로 명령을 내리면 결과를 즉시 보여 주고, 다음 명령을 대기하는 방식을 대화식 모드라고 한다. 파이썬을 끝낼 때는 Ctrl + Z 를 입력하고 Enter 를 눌러 명령 프롬프트로 돌아간다.

명령행은 문자 기반의 오래된 개발환경이어서 굉장히 비효율적이다. 자동 들여쓰기도 안 되며 편집도 불편하고 부가기능도 없어 이 모드에서 개발이나 학습을 진행하기는 어렵다. 다행히 파이썬은 그래픽 환경에서 실행되는 IDLE 개발툴을 지원한다. 시작 메뉴에서 IDLE을 찾아 실행한다.

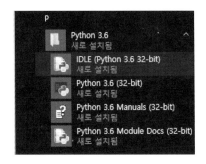

앞으로 자주 사용할 것이므로 바로가기를 만들어 두거나 작업 표시줄에 고정해 놓자. 명령행과 유사한 프롬프트창이 나타나며 >>> 다음에 명령을 입력한다. 괄호를 포함한 복잡한 수식도 잘 계산한다.

```
Python 3.6.4 Shell                                            —    □    ×
File  Edit  Shell  Debug  Options  Window  Help
Python 3.6.4 (v3.6.4:d48eceb, Dec 19 2017, 06:04:45) [MSC v.1900 32 bit (Intel)]
 on win32
Type "copyright", "credits" or "license()" for more information.
>>> 2 + 3
5
>>> (2 + 3) * 4
20
>>> |
                                                               Ln: 7  Col: 4
```

명령행과 모양이 비슷하고 사용방법도 거의 같되 여러 가지 편의 기능이 제공된다. 끝낼 때는 프로그램 자체를 종료한다. 디폴트 설정이 무난하게 되어 있지만 다음 두 가지 옵션은 조정하는 것이 좋다. 메뉴에서 Options/Configure IDLE 항목을 선택하여 옵션 대화상자를 연다.

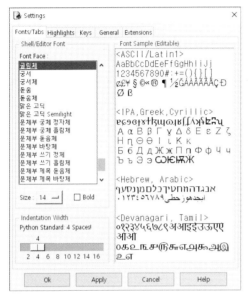 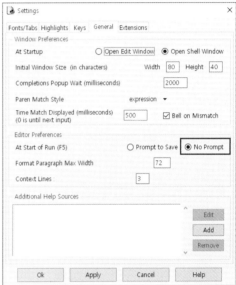

기본 글꼴이 너무 작아 고해상도 모니터에서 답답하고 소스가 잘 보이지 않는다. 적당히 글꼴을 키워 시원스럽게 보는 것이 좋은데 이 책은 굴림체 14포인트 글꼴을 사용한다. 네이버나 다음에서 제작하여 배포하는 코딩 전용 글꼴을 쓰는 것도 좋다.

다음으로 General 탭에서 At Start of Run 항목을 No Prompt로 변경한다. 스크립트 수정 후 매번 저장 여부를 묻는데 이 옵션을 변경하면 질문 없이 자동 저장한다. 소스 수정 후 따로 저장하지 않고도 바로 실행할 수 있어 편리하다.

1.3 파이썬 실행 모드

대화식 모드

파이썬을 실행하는 방법은 대화식 모드와 스크립트 모드 두 가지가 있다. 먼저 상대적으로 간단한 대화식 모드부터 실습해 보자. IDLE을 실행해 놓고 >>> 프롬프트에 명령을 입력하면 즉시 실행되어 결과가 출력된다. 간단한 계산식을 입력해 보자.

```
>>> 2 * 3
6
>>>
```

>>> 프롬프트는 명령을 대기하고 있다는 뜻이다. 프롬프트 뒤에 2 * 3 계산식을 입력하고 Enter 를 누르면 그 결과인 6이 출력된다. 책은 미관상 공백을 띄우지만 2*3으로 딱 붙여서 입력해도 상관없다. 명령을 내리자 마자 바로 실행결과를 보여 주며 다시 >>> 프롬프트를 표시하여 다음 명령을 대기한다.

명령을 기다리다 입력 즉시 응답하기 때문에 대화식(Interactive) 모드라고 한다. 질문을 하면 대답을 하는 식으로 주거니 받거니 하는 방식이다. 명령을 내리는 사람이 항상 정확하지는 않아 가끔 잘못된 명령을 입력하기도 한다. 이때 해석기는 실수를 알려 주고 다시 프롬프트를 표시한다. 2 = 3을 입력해 보자.

```
>>> 2 = 3
SyntaxError: can't assign to literal
>>>
```

"문법에러 : 2에다 3을 대입할 수는 없어요" 라는 에러 메시지가 출력된다. 해석기는 보기보다 똑똑하고 친절하다. 실수를 했더라도 잘못된 명령을 수정해서 다시 전달하면 된다. 간단한 수식뿐만 아니라 괄호를 사용한 복잡한 수식을 전달해도 우선순위까지 고려하여 잘 계산해 낸다.

```
>>> (1 + 2) * 3
9
>>> (1 + 2) * 3 / 4
2.25
>>>
```

파이썬을 휴대용 계산기로 사용해도 본전을 뽑을 정도다. 수식뿐만 아니라 변수에 값을 저장해 놓고 변수끼리 계산할 수도 있다. 다음 명령을 연속으로 내려 보자.

```
>>> a = 3
>>> b = 4
>>> a + b
7
>>>
```

a에 3을 대입하고 b에 4를 대입한 후 a + b를 계산하면 두 변수의 값을 더한 7을 출력한다. 조건문이나 반복문 같은 더 복잡한 명령도 가능하다. 아직 코드를 배우지 않았지만 다음 문장을 그대로 입력해 보자. 줄 끝에서 Enter 를 두 번 눌러야 한다.

```
>>> for a in range(2, 8):print(a, a ** 2)

2 4
3 9
4 16
5 25
6 36
7 49
```

위 문장은 2에서 8 사이의 숫자를 순서대로 출력하고 그 제곱을 계산하는 명령이다. 이런 문장을 작성하는 문법과 규칙을 배우는 것이 바로 프로그래밍 공부이다. 어떤 명령을 입력하는가에 따라 파이썬에게 굉장히 어렵고 복잡한 작업을 시킬 수도 있다.

대화식 모드는 키보드로 명령을 일일이 입력해야 하는 점이 불편하다. 다행히 IDLE은 앞서 내린 명령을 재활용하는 방법을 제공한다. 다시 수행할 명령으로 이동하여 Enter 를 누르면 커서가 있는 줄의 내용을 복사하여 아래쪽 프롬프트에 표시한다. 이 상태에서 Enter 를 누르면 다시 실행된다.

```
>>> 1 + 2 + 3            >>> 1 + 2 + 3 ↵        >>> 1 + 2 + 3
6                        6                       6
>>> 4 + 5 + 6            >>> 4 + 5 + 6           >>> 4 + 5 + 6
15                       15                      15
>>> 7 + 8 + 9            >>> 7 + 8 + 9           >>> 7 + 8 + 9
24                       24                      24
>>> ▮                    >>>                     >>>  1 + 2 + 3▮
    세 개의 명령 실행        원하는 줄로 이동하여 Enter       새 프롬프트로 복사
```

복사된 내용을 실행하기 전에 원하는대로 수정할 수도 있다. 긴 코드를 입력했는데 오타로 인해 에러가 발생했다면 위로 올라가 복사해 온다. range를 rage로 잘못 입력해서 에러가 발생했다면 전체 문장을 다시 입력할 필요 없이 위로 이동하여 Enter 를 눌러 복사한 후 오타난 부분만 수정하여 다시 실행하면 된다.

```
>>> for a in rage(2,8):print(a, a**2)▮↵      >>> for a in rage(2,8):print(a, a**2)

Traceback(most recent call last):            Traceback(most recent call last):
  File "<pyshell#7>,"line 1, in <module>       File "<pyshell#7>,"line 1, in <module>
    for a in rage(2,8):print(a, a**2)            for a in rage(2,8):print(a, a**2)
NameError: name 'rage' is not defined        NameError: name 'rage' is not defined
>>>                                          >>> for a in ran▮ge(2,8):print(a, a**2)
              에러 발생                                      복사 후 수정
```

대화식 모드는 저장이나 실행 명령을 내릴 필요 없이 명령만 입력하면 결과를 즉시 볼 수 있다는 면에서 편리하며 간단한 테스트나 실습용으로 적합하다. 그러나 매번 직접 입력해야 하기 때문에 길고 복잡한 프로그램을 짜기에는 불편하다. 명령을 저장할 수 없고 약간씩 변형해 보거나 에러를 수정하기도 번거롭다.

스크립트 모드

스크립트(Script) 모드는 텍스트 파일에 일련의 명령을 작성하여 한꺼번에 순차적으로 실행하는 방식이다. 명령어가 길고 복잡해도 상관없으며 파일에 저장되어 있어 필요할 때 약간씩 바꿔가며 실행해 볼 수 있다. 이미 작성해 놓은 코드를 복사해서 재사용하기도 편리하다.

명령어를 작성해 놓은 텍스트 파일을 스크립트라고 한다. 메모장이나 평소에 즐겨쓰는 편집기로 작성할 수 있지만 IDLE이 제공하는 내장 편집기를 사용하는 것이 제일 간편하다. 메뉴에서 File/New File을 선택하면 새 편집기가 열리는데 다음과 같이 입력해 보자.

```
for y in range(1, 10) :
    for x in range(y) :
        print('*', end = '')
    print()
```

이중 루프를 돌며 * 문자로 삼각형을 그리는 재미있는 예제이다. 코드의 의미는 아직 몰라도 상관없지만 왼쪽의 들여쓰기까지 정확하게 입력해야 한다. IDLE 편집기는 윗줄에서 Enter 를 치면 자동 들여쓰기를 해 준다.

다 입력한 후 File/Save 명령을 선택하여 실습 폴더에 First.py라는 이름으로 저장한다. 강제적인 것은 아니지만 파이썬 스크립트는 확장자로 py를 붙인다. 저장한 후 Run/Run Module 을 선택하거나 단축키 F5 를 누르면 IDLE창에 스크립트 실행 결과가 출력된다.

```
Python 3.6.4 Shell                                          —    □    ×
File  Edit  Shell  Debug  Options  Window  Help
>>>
========================= RESTART: C:/PyStudy/First.py =========================
*
**
***
****
*****
******
*******
********
*********
>>> |
                                                        Ln: 41  Col: 4
```

대화식으로 이 프로그램을 작성하여 실행할 수 있지만 여러 줄을 오타 없이 한번에 입력하는
것은 쉽지 않다. 스크립트는 파일에 저장되어 있어 수정 및 편집이 쉽다. 코드를 다음과 같이
수정해 보자.

```python
for y in range(1, 5) :
    for x in range(y) :
        print('#', end = '')
    print()
```

range의 뒷쪽 인수를 10에서 5로 바꾸고 print의 앞쪽 인수를 "#"으로 바꾸었다. 수정 후 다
시 실행하면 #으로 된 작은 삼각형이 출력된다.

```
#
##
###
####
```

스크립트 모드는 에러가 발생해도 금방 수정할 수 있고 편집이 쉬워 대화식보다 길고 복잡한
코드를 작성하기 편리하다. 수정 후 다시 실행할 때 다음과 같은 대화상자가 나타날 수도 있다.

실행하기 전에 편집한 소스를 저장할 것인가를 묻는데 당연히 저장해야 한다. 이 질문 대화상자가 귀찮기 때문에 32쪽에서처럼 At Start of Run 옵션을 묻지 않도록 바꿔 두는 것이 편리하다. 소스 수정 후 F5만 누르면 즉시 결과를 볼 수 있다.

이 책에서는 아주 간단한 테스트 코드 외에는 가급적 스크립트 모드로 실습을 진행한다. 코드를 작성할 때마다 스크립트 파일을 일일이 만드는 것은 무척 번거로운데 Test.py 등의 파일을 만들어 두고 소스만 바꿔가며 실습하는 것이 편리하다.

소스창과 IDLE창을 나란히 열어 놓고 왼쪽에 소스를 작성하고 F5를 눌러 오른쪽 IDLE창에서 결과를 확인하는 식이다. 이 상태에서도 간단한 명령은 IDLE창의 프롬프트에서 직접 실행할 수 있다.

파이썬이 기본 제공하는 IDLE만으로도 문법을 실습하기에는 큰 부족함이 없다. 실무 개발용으로 편리한 통합 개발환경이 많이 발표되어 있는데 파이썬용으로는 파이참(PyCharm)이 가장 무난하다. 통합 환경에서 소스를 작성하고 실행 결과까지 볼 수 있으며 문법 체크, 자동 완성, 디버거 등의 수많은 편의 기능이 제공된다.

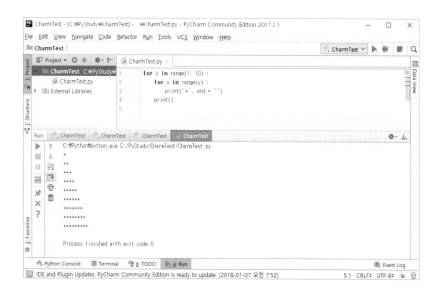

전문 개발툴인만큼 편리하고 강력하지만 기능이 너무 많아 초보자가 설치하고 익숙해지는 데는 시간이 좀 걸린다. 문법을 학습하는 동안에는 당분간 IDLE로 실습을 진행하되 관심 있는 사람은 부록을 참고하여 파이참을 사용해 보자.

도움말

본격적인 공부를 하려면 언제든지 참조할 수 있는 학습 자료가 필요하다. 이 책과 같은 자습서도 좋은 안내 역할을 하지만 지면의 제약이 있어 파이썬의 모든 것을 다룰 수는 없다. 일정 수준 이상이 되면 상세한 정보를 얻을 수 있는 레퍼런스가 필요하다.

파이썬 사이트에 공식 도움말이 있고 실시간으로 최신 도움말을 제공해 주지만 온라인으로 연결해야 하는 불편함이 있고 웹 브라우저도 느리다. 릴리즈 당시의 도움말을 압축된 웹 문서 포맷인 chm 파일로 같이 설치해 주므로 이 파일을 참고하는 것이 가장 좋다.

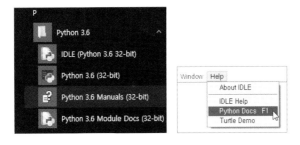

도움말은 파이썬과 함께 설치되어 시작 메뉴에 등록되어 있으며 IDLE에서 F1을 눌러도 된다.
다음 도움말 문서창이 열린다.

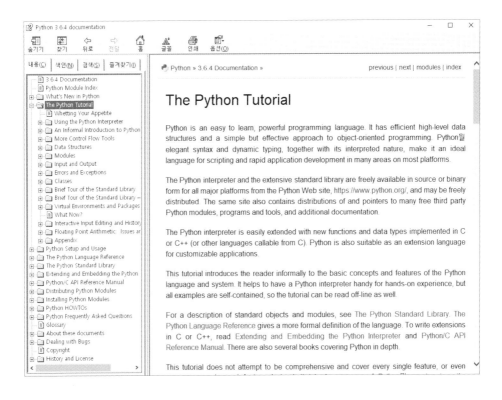

이 안에 친절한 자습서는 물론이고 파이썬의 모든 함수와 모듈에 대한 레퍼런스까지 구비되어
있다. 공식 문서인만큼 신뢰성이 높고 정확하며 내용이 방대하다. 영어로 되어 있지만 평이한
수준이어서 어렵지 않다.

함수에 대한 간략한 도움말이 필요할 때는 IDLE의 대화식 모드에서 help 명령을 사용한다.

괄호 안에 알고 싶은 모듈이나 함수의 이름을 전달하면 간략한 도움말을 보여 준다. 다음은 기본 출력문인 print 명령에 대한 도움말이다.

```
>>> help(print)
Help on built-in function print in module builtins:

print(...)
    print(value, ..., sep=' ', end='\n', file=sys.stdout, flush=False)

    Prints the values to a stream, or to sys.stdout by default.
    Optional keyword arguments:
    file:  a file-like object (stream); defaults to the current sys.stdout.
    sep:   string inserted between values, default a space.
    end:   string appended after the last value, default a newline.
    flush: whether to forcibly flush the stream.
```

짧지만 기본 형식과 인수에 대한 설명으로는 충분하다. 이 외에도 국내외의 여러 동호회나 프로그래밍 사이트를 통해 참고할만한 예제를 쉽게 구할 수 있고 궁금한 사항에 대해 질문할 수도 있다.

1. 인터프리터 방식의 언어에 대한 설명으로 옳지 않은 것은?

   ① 명령어를 만날 때마다 즉시 번역해서 실행한다.

   ② 번역 속도는 느리지만 실행 속도는 빠르다.

   ③ 대화식으로 실행할 수 있다.

   ④ 링크 과정이 필요 없어 구조가 단순하다.

2. 파이썬의 장점이 아닌 것은?

   ① 문법이 간단해 배우기 쉽다.

   ② 플랫폼 독립적이어서 어느 운영체제에서나 실행 가능하다.

   ③ 성능이 우수해 시스템 프로그래밍에 적합하다.

   ④ 지원 라이브러리가 많아 활용성이 높다.

3. 다음 중 파이썬의 활용 분야로 가장 적합한 곳은?

   ① 웹 프로그래밍

   ② 시스템 프로그래밍

   ③ 오피스류의 응용 프로그램 작성

   ④ 모바일 앱 개발

4. 대화식 모드에서 하루가 몇 초인지 계산해 보자.

2장

변수

Python

소스의 형식

스크립트 파일은 서식이 없는 단순한 텍스트 포맷이라 코드만 잘 입력해 넣으면 된다. 그렇다고 해서 형식이 없는 것은 아니고 의미를 분명히 하고 편집 및 관리하기 용이하도록 일정한 규칙에 따라 코드를 작성한다.

전통적인 언어인 C, 자바는 { } 괄호로 블록을 표시하고, 파스칼은 begin, end로 코드의 블록을 형성한다. 이에 비해 파이썬은 명시적인 블록을 사용하지 않으며 왼쪽을 공백으로 적당히 띄워 들여쓰기(Indent) 함으로써 구조를 만든다. IDLE에서 다음 두 코드를 입력해 보자.

1 + 2라고 입력하면 잘 실행되지만 공백을 하나 띄우고 1 + 2를 입력하면 실행되지 않는다. 명령은 반드시 >>> 프롬프트의 첫 칸부터 입력해야 하며 쓸데없이 한 칸을 띄우면 에러로 처리된다. unexpected indent 에러는 들여쓰기가 잘못되었다는 뜻이다.

텍스트 파일에 스크립트를 작성할 때도 항상 첫 칸부터 명령을 작성한다. 조건문이나 반복문처럼 여러 개의 문장이 블록을 구성하는 경우는 블록에 속한 구문을 안쪽으로 들여쓴다. 들여쓰기에 의해 아래쪽 문장이 조건이나 반복의 대상임을 표시하여 코드의 구조를 만든다.

```
if age > 19:
    print("성인입니다")
```
4칸 들여쓴다

```
for a in range(5):
    print(a)
```
4칸 들여쓴다

들여쓰기는 탭 또는 4개의 공백으로 표기하는데 탭은 편집기에 따라 실제 폭이 달라지는 문제가 있어 파이썬은 4개의 공백을 권장한다. IDLE은 들여쓰기를 자동으로 해 주는데 조건문이나 반복문을 입력하고 Enter 를 누르면 다음 줄의 들여쓴 부분에 커서를 옮겨 준다. IDLE에서 다음 문장을 입력해 보자.

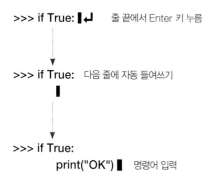

>>> **if True:** ▮↵   줄 끝에서 Enter 키 누름

>>> **if True:**   다음 줄에 자동 들여쓰기
      ▮

>>> **if True:**
      print("OK") ▮   명령어 입력

if True: 까지 입력한 후 Enter 를 눌렀을 때 커서의 위치를 잘 관찰해 보자. 조건문이나 반복문처럼 여러 줄로 구성되는 문장을 입력한 후 Enter 를 치면 다음 줄의 들여쓴 위치에 커서를 자동으로 옮겨 준다. 이 위치에 명령을 작성하면 조건이나 반복 대상이 된다. 대화식 모드뿐만 아니라 스크립트 작성 시에도 편집기가 자동 들여쓰기를 지원한다.

C와 자바는 { } 괄호의 짝만 맞다면 코드를 한 줄에 쓰건 여러 줄에 나누어 쓰건 상관하지 않는다. 소스의 형식에 특별한 제약이 없는 이런 방식을 프리포맷(Free Format)이라고 한다. 반면 파이썬은 프리포맷이 아니며 개행과 들여쓰기를 규칙에 맞게 써야 한다. 그러나 들여쓰기와 개행만 강제할 뿐 공백은 적당히 넣어도 상관없다. 다음 두 구문 모두 정상 실행된다.

```
>>> 1+2
>>> 1 + 2
```

연산자 좌우로 공백을 넣어 두면 소스를 읽기 쉽고 시원스러운 느낌이 든다. 일일이 공백을 넣는 것이 귀찮다면 붙여써도 된다. 문장의 끝은 개행에 의해 구분하며 한 줄에 하나의 명령만 작성한다. 물리적인 줄이 하나의 명령이므로 세미콜론 같은 특별한 기호를 붙이지 않는다. 다음과 같이 할 필요 없다.

```
>>> 1 + 2;
```

C나 자바에 익숙한 사람은 문장 끝에 습관적으로 세미콜론을 붙이는 경향이 있다. 다행히 파이썬은 이런 습관을 인정하여 세미콜론을 무시할 뿐 에러로 처리하지 않는다. 세미콜론이 전혀 쓸 모없는 것은 아니며 한 줄에 두 개의 명령을 작성하고 싶을 때 명령끼리 구분하는 역할을 한다.

```
>>> a = 3; b = 4
```

아주 짧은 명령 여러 개를 나열할 때는 세미콜론으로 구분하여 한 줄에 다 작성할 수도 있다. 하지만 이런 방법은 전혀 파이썬답지 않으므로 피하는 것이 좋다. 파이썬을 쓰는 동안에는 불필요한 세미콜론을 붙이지 말고 한 줄에 하나의 명령을 작성하는 습관을 들이자.

파이썬은 대문자와 소문자를 구분한다. score와 SCORE, Score 등은 모두 다른 이름으로 인식된다. 파이썬의 명령어나 함수 등은 대부분 소문자로 되어 있어 반드시 소문자로 써야 한다. print를 Print나 PRINT로 쓰면 에러 처리된다.

```
>>> print(3 + 4)  # 맞음
>>> Print(3 + 4)  # 틀림
>>> PRINT(3 + 4)  # 틀림
```

코드에 주석을 달 때는 # 문자를 사용하며 # 이후 줄 끝까지 주석이다. 주석은 명령어가 아니라 사람을 위한 설명 문장이다. 주석으로 코드에 대한 설명이나 해야 할 일, 다른 개발자에게 전달할 사항 등을 기록해 놓는다. 해석기는 주석을 무시하므로 어떤 문장이든 기록해 놓을 수 있다. 코드에 설명을 달고 싶을 때 주석을 사용한다.

```
# 별을 출력하는 코드. 2018년 3월 1일 권성직이 만듦
for y in range(10) :          # 0~10까지 반복한다.
    for x in range(y) :       # 문종민 과장. 이 코드 좀 검토해 주세요.
        print('*', end = '')  # * 문자를 출력한다.
    print()                   # 개행한다.
```

또 주석은 코드를 임시적으로 삭제하고 싶을 때도 사용한다. 없애고 싶은 줄 앞에 # 문자를 붙이면 코드가 주석이 되어 실행되지 않으며 삭제한 것과 효과가 같다. 진짜 지운 것은 아니므로 이 줄을 다시 살리고 싶을 때 # 문자만 지우면 된다.

파이썬은 아쉽게도 여러 줄 주석은 지원하지 않는다. 어쩔 수 없이 주석으로 만들 줄 선두마다 일일이 #을 붙여야 한다.

출력

문법을 배우려면 코드를 짜 봐야 하고 코드의 동작을 관찰해 보려면 결과를 찍어서 확인해 봐야 한다. 그래서 어느 언어나 출력문을 제일 먼저 배운다. 파이썬의 기본적인 출력문은 print 명령이다.

```
print(출력 내용 [, sep=구분자] [, end=끝 문자])
```

기본 형식에서 [ ] 괄호로 싼 부분은 필요할 때만 적는 옵션값이어서 생략 가능하다. 괄호 안에 출력 내용을 적는데 상수, 변수, 수식 등이 온다. 간단한 수식을 출력해 보자.

```
>>> print(3 + 4)
7
```

괄호 안에 수식을 적으면 계산한 결과를 출력한다. 얼마든지 복잡한 수식을 적을 수 있고 변수의 값도 출력할 수 있으며 변수를 포함한 수식도 가능하다. 다음 코드는 value 변수에 1234를 대입하고 value 변수를 출력한다.

```
>>> value = 1234
>>> print(value)
1234
>>> print(value * 2)
2468
```

대화식 모드에서는 print 명령을 사용하지 않더라도 수식이나 변수를 입력하면 출력문으로 해석하여 그 값을 출력한다.

```
>>> 3 + 4
7
>>> value
1234
```

대회식 모드는 질문에 대해 항상 응답해야 하므로 print가 기본 명령이며 그래서 내용만 적어도 잘 출력된다. 그러나 스크립트 모드에서 값을 출력할 때는 반드시 print 명령으로 출력 내용을 괄호 안에 적어야 한다. print 명령 없이 4 * 5 형식으로 수식만 적으면 계산만 할뿐 결과를 출력하지 않는다.

print
| ```
print(3 + 4)
4 * 5           # 무시된다.
a = 1
b = 2
print(a + b)
``` |
| 실행결과   7
3 |

출력할 내용이 여러 개이면 괄호 안에 콤마로 구분하여 나열한다. 이때 출력할 값 사이에는 공백이 삽입되어 두 값을 구분한다.

```
>>> a = 12
>>> b = 34
>>> print(a, b)
12 34
```

두 값을 붙여 써 버리면 1234가 되어 어떤 값인지 잘 구분되지 않으므로 두 값 사이에 공백을 넣어 띄운다. 만약 공백이 아닌 다른 문자를 넣고 싶다면 sep 인수에 원하는 구분
```

자(Separator)를 지정한다. 출력할 값 다음에 sep= ','로 지정하면 두 값 사이에 콤마가 출력된다.

```
>>> print(a, b, sep = ',')
12,34
```

sep = ''로 빈 문자열을 지정하면 두 변수 사이에 아무런 구분자를 넣지 않고 두 값을 딱 붙여서 출력한다.

```
>>> print(a, b, sep = '')
1234
```

구분자가 꼭 한 문자일 필요는 없으며 긴 문자열일 수도 있다. sep='---->'로 지정하면 이모티콘이 두 값 사이에 삽입된다.

```
>>> print(a, b, sep = ' ---> ')
12 ----> 34
```

다음 스크립트를 실행해 보자. 출력할 내용 중간 중간에 구분자가 삽입된다.

printsep
```
s = '서울'
d = '대전'
g = '대구'
b = '부산'
print(s, d, g, b, sep = ' 찍고 ')
```

실행결과　서울 찍고 대전 찍고 대구 찍고 부산

print는 출력한 후 다음 줄로 자동으로 개행한다. 그래서 print문을 연이어 출력하면 새로운 줄에 출력된다.

```
a = '강아지'
b = '고양이'
print(a)
print(b)
```

강아지
고양이

print 명령의 end 인수는 내용을 출력한 후 더 출력할 문자를 지정하는데 이 값이 개행 문자로 되어 있어 한번 호출할 때마다 자동 개행된다. end 인수를 다른 문자로 지정하면 개행 코드 대신 이 문자가 출력된다. end를 '' 즉, 빈 문자열로 지정하면 내용만 출력하고 아무것도 더 출력하지 않아 연이은 print 호출이 나란히 출력된다.

```
a = '강아지'
b = '고양이'
print(a, end = '')
print(b)
```

강아지고양이

end에 공백을 지정하면 두 줄 사이에 공백이 삽입되고 '와 ' 등의 문자열을 끼워 넣을 수도 있다. sep 인수는 내용 사이에 삽입할 문자열을, end 인수는 내용 마지막에 출력할 문자열을 지정한다. 두 인수를 다 지정할 수도 있으며 순서는 아무래도 상관없다.

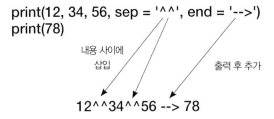

sep 인수의 디폴트값은 공백이고 end 인수의 디폴트값은 개행 코드로 되어 있어 대개의 경우 무난하지만 필요할 경우는 인수를 지정하여 원하는 대로 변경한다.

입력

프로그램은 사용자와 끊임없이 상호작용하며 실행에 필요한 정보를 입력받기 위해 사용자에게 질문을 한다. 사용자로부터 값을 입력받을 때는 input 명령을 사용한다.

```
변수 = input('질문 내용')
```

괄호 안에 질문 내용을 적어 두면 이 문자열을 화면에 보여 주고 캐럿이 깜박거리며 입력을 대기한다. 사용자는 질문에 따라 적합한 정보를 입력한 후 Enter 를 누른다. input은 사용자가 입력한 값을 돌려주는데 이 값은 보통 변수로 대입받는다. 다음 코드는 사용자로부터 나이를 입력받는다.

```
>>> age = input('몇 살이세요? ')
몇 살이세요? 29
>>> print(age)
29
```

나이를 질문하고 사용자가 입력한 값을 age 변수에 대입받았다. 제대로 입력되었는지 age를 다시 출력해 봤는데 29가 잘 기억되어 있다. 이름이나 나이, 주소 등의 더 복잡한 정보를 물어볼 수도 있다.

질문에 대해 사용자는 키보드로 입력하며 따라서 input 함수로 입력받은 값은 항상 문자열이다. 29라는 숫자를 입력했더라도 문자열인 '29' 형태여서 출력만 할 수 있을 뿐 수식에 사용할 수는 없다. '29'는 2라는 문자와 9라는 문자가 연속해 있는 문자열일 뿐 28보다 1 크고 30보다 1 작은 숫자가 아니다. 입력받은 문자열을 정수로 바꾸려면 int() 함수를 호출한다.

$$\text{'29'} \xrightarrow{\text{int()}} 29$$

int() 함수는 문자열 형태로 되어 있는 숫자 값을 추출하여 계산 가능한 숫자로 바꾼다. 다음 예제는 가격과 개수를 입력받아 총액을 계산한다.

```
price = input('가격을 입력하세요 : ')
num = input('개수를 입력하세요 : ')
sum = int(price) * int(num)
print('총액은', sum, '원입니다')
```

실행결과	가격을 입력하세요 : 100 개수를 입력하세요 : 5 총액은 500 원입니다

가격을 입력받아 price 변수에 대입하고 개수를 입력받아 num 변수에 대입했다. price 변수에 입력받은 값 '100'은 문자열 형식이어서 수식에 바로 사용할 수 없다. 그래서 int(price)로 정수로 바꾸어 사용하며 마찬가지로 개수도 int(num)으로 바꾸었다. 두 숫자를 더해 sum 변수에 대입하면 총액이 된다.

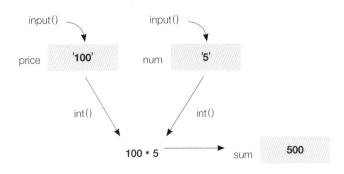

사용자가 입력한 문자열을 정수로 바꿔 곱했다. 처음부터 정수를 입력받으려면 input() 호출문을 int()로 감싼다.

변수 = int(input('질문 내용'))

input으로 문자열을 입력받자마자 정수로 바꾸어 변수에 대입하므로 이 변수는 수식에 바로 사용할 수 있다.

intinput2

```
price = int(input('가격을 입력하세요 : '))
num = int(input('개수를 입력하세요 : '))
sum = price * num
print('총액은', sum, '원입니다')
```

입력받아 놓고 쓸 때 숫자로 바꿀 것인가 아니면 애초에 입력받을 때 정수로 바꿔 놓을 것인가의 차이가 있을 뿐이다. 문자열을 입력받을 때는 변환할 필요 없이 input으로 바로 받으면 된다.

inputname

```
name = input('이름을 입력하세요 : ')
print('안녕하세요', name, '님')
```

실행결과	이름을 입력하세요 : 한경은 안녕하세요 한경은 님

이름은 숫자가 아니므로 input 함수로 바로 입력받아 사용하면 된다. 파이썬은 유니코드를 지원하므로 한글이나 한자도 문제없이 입력받아 저장할 수 있다. Enter 를 눌러 입력을 완료하기 전에 Backspace , Delete 로 편집도 가능하다.

2.2 변수

변수명

값을 기억하는 장치인 메모리는 컴퓨터 안에 수십억 개나 있다. 각 메모리의 위치는 0x385a1bc2 같은 16진수로 된 어려운 번지값으로 구분한다. 기묘하게 생긴 이 번지값을 사람이 일일이 기억하기는 어렵기 때문에 메모리에 이름을 붙인다.

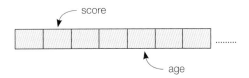

점수를 저장한다면 score라는 이름을 붙이고 나이를 저장한다면 age라는 이름을 붙인다. 메모리에 단어로 된 설명적인 이름을 붙여 두면 어떤 용도의 값을 저장하는지 기억하기 쉽다. 이처럼 메모리에 이름을 붙여 놓고 값을 저장하는 것을 변수라고 한다.

변수는 용도에 맞게 자유롭게 이름을 붙이되 중복되어서는 안 된다. 다른 것과 구분되게 고유한 이름을 붙인 것을 명칭(Identifier)이라고 한다. 이름을 붙이는 몇 가지 규칙이 있는데 변수뿐만 아니라 함수나 클래스 등 사용자가 정의하는 모든 명칭에 적용된다.

- 키워드(Keyword)는 사용할 수 없다. if, for 같은 단어는 파이썬이 용도를 미리 정해 놓은 것이어서 변수명으로 사용할 수 없다. 용도가 이미 정해져 있다고 하여 예약어라고도 한다. 파이썬은 문법이 간단해 키워드가 그리 많지 않다.

분류	키워드					
제어문	if	else	elif	for	while	break continue
상수	True	False	None			
논리 연산자	and	or	not	in		
함수	def	return	lambda	nonlocal	global	
예외 처리	try	except	finally	raise		

모듈	import	from		class				
기타	is	del		with	as	yield	assert	pass

키워드 뿐만 아니라 내장 함수나 표준 모듈명도 변수명으로 쓰지 않는 것이 좋다. 출력 명령인 print를 변수로 사용하면 이후부터 출력문을 쓸 수 없게 된다.

- 모든 명칭은 대소문자를 구분한다. age, Age, AGE는 철자는 같지만 대소문자 구성이 달라 모두 다른 명칭이다. 입력하기 편하도록 변수나 함수는 보통 소문자로 작성한다.

- 알파벳, 밑줄 문자, 숫자로 구성된다. 공백이나 +, − 같은 기호는 사용할 수 없다. 여러 단어로 구성된 명칭은 공백으로 띄울 수 없고 소문자로 쓰면 읽기 어려우므로 중간에 _ 문자를 넣거나 매 단어의 첫 글자를 대문자로 쓴다.

```
top of the world      # 에러. 공백으로 띄울 수 없음
topoftheworld         # 읽기 어렵다.
top_of_the_world      # 밑줄 문자로 단어 구분
topOfTheWorld         # 단어 첫 글자를 대문자로
```

- 첫 글자로 숫자는 쓸 수 없다. inch2mili, score100 등과 같이 명칭 중간이나 끝에는 숫자가 올 수 있지만 2you, 4debug처럼 숫자가 처음에 나와서는 안 된다. 숫자가 처음 나오면 상수와 헷갈려 해석하기 복잡해지고 소스를 읽기도 어렵다.

- 파이썬은 유니코드를 지원하므로 한글이나 한자를 명칭으로 사용할 수도 있다.

```
총액 = 가격 * 개수
```

가능은 하지만 코드 입력 중에 한영 전환을 자주 해야 하고 외국 개발자와 소스를 공유할 때 곤란한 면이 있어 권장되지 않는다. 가급적 짧은 영어 단어로 이름을 붙이는 것이 좋다.

명칭을 작성하는 규칙이 복잡해 보이지만 상식적인 내용이다. 아무렇게나 이름을 붙일 수 없으니 이런 규칙은 사실 어디에나 있다. 파일명에 :이나 / 기호를 쓸 수 없고 사람 이름에도 잘 안쓰는 글자가 있는 것과 마찬가지이다.

가급적 짧은 단어로 기억하기 쉬운 이름을 붙이는 것이 좋다. 실습에서는 a, b, i 같은 짧은 변수명을 사용하지만 실제 프로젝트에서는 의미 있는 이름을 붙인다. 점수를 기억한다면 score, 사람 이름이라면 name 정도가 적당하다.

변수 사용

파이썬의 변수는 별도의 타입을 지정하지 않는다. 타입은 변수에 저장되는 값의 형식을 의미하며 정수, 실수, 문자열 등의 종류가 있다. 타입의 개념은 있지만 선언에 의해 지정하는 것이 아니라 최초 대입되는 값에 의해 결정된다. 다음 코드는 score 변수를 생성하고 초기화한다.

```
>>> score = 98
>>> print(score)
98
```

score에 98이라는 값을 대입하는 즉시 해석기는 메모리의 적당한 위치에 이 변수를 위한 공간을 확보하고 초기값인 98을 대입한다. 정수 하나를 저장할 공간을 확보하여 여기에 score라는 이름을 붙인 것이며 이후 값을 읽거나 변경할 때 score라는 이름을 사용한다. 변수는 값을 보관하는 상자 같은 것이다.

score 변수

변수의 기본 기능은 값을 저장하는 것이며 다른 값을 대입하지 않는 한 기억된 값을 계속 유지한다. score 변수 생성 후 print로 출력해 보면 최초 대입한 98이 잘 기억되어 있다. 변수는 변할 수 있는 값이어서 언제든지 다른 값으로 바꿀 수 있다. score에 100을 대입하면 100이 되고 55를 대입하면 55가 된다.

```
>>> score = 100
>>> print(score)
100
>>> score = 55
>>> print(score)
55
```

score는 정수값을 저장하고 있으므로 현재는 정수형 변수이다. 파이썬은 실행 중에 변수의 타입을 바꿀 수 있는데 어떤 값이 대입되는가에 따라 타입이 결정된다. 정수값을 저장할 때는 정수형 변수이지만 문자열을 대입하면 문자열 변수가 된다. 계속해서 다음 문장을 입력해 보자.

```
>>> score='high'
>>> print(score)
high
```

정수를 저장하던 score 변수에 'high'라는 문자열 상수를 대입하면 문자열 변수로 바뀐다. 실행 중에 변수의 타입을 바꿀 수 있는 이런 특성을 동적 타입(Dynamic Typing)이라고 한다. 별도의 선언 절차가 없으며 대입하는 값에 따라 타입이 결정되는 방식이다.

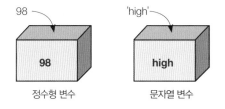

정수형 변수   문자열 변수

변수의 타입을 마음대로 바꿀 수 있지만 가급적이면 처음 정한 용도대로 사용하는 것이 좋다. 타입을 무분별하게 바꾸면 코드가 복잡해지고 소스를 읽기도 어려워진다. score는 점수를 저장하는 용도로 만든 변수이므로 계속 정수 형태의 점수만 저장하는 것이 바람직하다. 변수의 현재 타입을 조사할 때는 type 명령을 사용한다.

```
>>> a = 1234
>>> type(a)
<class 'int'>
>>> a = 'string'
>>> type(a)
<class 'str'>
```

파이썬의 모든 값은 객체여서 숫자나 문자열도 클래스의 일종이다. 1234는 int 클래스 소속이며 'string' 문자열은 str 클래스 소속이다. 변수가 어떤 종류의 값을 가지고 있는지, 두 변수의 형태가 같은지 조사할 때 가끔 type 명령을 사용한다.

변수는 일단 만들어지면 계속 존재하며 값을 유지한다. 이미 만들어 놓은 변수를 없애 버릴 때는 del 명령을 사용한다. 변수를 삭제하면 메모리에서 사라지며 이후 이 변수를 참조하는 것은 에러이다. 물론 다시 대입하여 재생성하는 것은 언제든 가능하다.

```
>>> a = 1234
>>> a
1234
>>> del a
>>> a
Traceback (most recent call last):
  File "<pyshell#107>", line 1, in <module>
    a
NameError: name 'a' is not defined
```

만들어 놓은 변수는 프로그램이 끝날 때나 더 쓸 일이 없을 때 알아서 사라지므로 굳이 삭제할 필요 없다. 필요할 때 초기화하여 사용하다가 내버려 두면 된다.

연습문제

1. 파이썬의 소스 형식에 대한 설명으로 틀린 것은?

   ① 프리포맷을 지원하지 않아 들여쓰기를 정확하게 해야 한다.

   ② 연산자와 피연산자 사이의 공백도 정확히 써야 한다.

   ③ 문장의 끝에 세미콜론을 붙이지 않는다.

   ④ 한 줄에 두 개의 명령을 쓸 수 없다.

2. 다음 코드 중 잘못된 것은?

   ① print(3 + 4)

   ② print(3+4)

   ③ Print(3 + 4)

   ④ print(" ")

3. 코드에 주석을 붙일 때는 (   ) 문자를 사용하여 주석을 단다.

4. 변수 a와 b의 값을 붙여서 출력하는 문장은?

   ① print(a, b)

   ② print(a + b)

   ③ print(a, b, sep = ' ')

   ④ print(a, b, end = ' ')

5. 사용자로부터 문자열을 입력받는 명령은?

   ① input   ② int   ③ str   ④ string

6 사각형의 폭과 높이를 각각 width, height 변수에 입력받아 면적을 구해 출력하라.

7. 변수명으로 적절한 것은?

   ① if   ② number   ③ 2nd   ④ you&me

8. 파이썬의 변수에 대한 설명으로 틀린 것은?

   ① 선언할 때 정수형, 실수형, 문자열 등의 타입을 밝혀야 한다.

   ② 값을 저장하는 메모리의 번지에 이름을 붙여 놓은 것이다.

   ③ 언제든지 다른 값을 대입할 수 있다.

   ④ 어떤 값을 대입하는가에 따라 타입이 바뀐다.

3장

타입

3.1 수치형

정수형

파이썬의 변수는 타입을 정해 선언하지 않지만 저장되는 값에는 여러 가지 종류가 있다. 값의 형태에 따라 표현하는 방식이나 범위가 다르다. 값의 이런 특성을 타입이라고 한다. 문자열과 수치값의 모양이 다르고 수치형도 소수점 이하를 표현할 수 있는가에 따라 정수와 실수로 나누어진다.

정수형은 가장 간단한 수치형이며 가격, 나이, 점수 등 일상생활에서 늘상 사용하는 수이다. 부호가 있어 음수는 표현할 수 있지만 소수점 이하의 정밀한 값은 표현할 수 없다. 다음이 정수의 예이며 익숙한 형태이다.

```
98
1200
-80
```

아라비아 숫자 0 ~ 9와 음수 부호 −로 구성된다. 양수인 경우 + 부호를 붙일 수 있지만 보통은 생략한다. 다음은 a 변수에 12억 가량의 값을 저장해 놓고 다시 출력한다.

```
>>> a = 1234567890
>>> print(a)
1234567890
```

파이썬의 정수형은 별도의 길이 제한 없이 메모리가 허용하는 한 얼마든지 큰 수를 표현할 수 있다. 다음 연산문은 거듭제곱을 하는 ** 연산자를 사용하여 2의 100승을 계산한다. 다른 언어에서는 이런 큰 수를 표현하기 어렵지만 파이썬은 가능하다.

```
>>> print(2 ** 100)
1267650600228229401496703205376
```

사람의 손가락이 10개이기 때문에 일상생활에서는 흔히 10진수를 사용한다. 그러나 컴퓨터는 2진수로 숫자를 기억하며 그래서 기계적인 값을 표기할 때는 2진수 4자리를 묶어 표현하는 16진수가 편리하다. 10진수가 아닌 정수는 앞에 접두를 붙여 진법을 지정한다.

진법	접두	사용 가능한 숫자	예
16진법(hexadecimal)	0x	0~9, a~f	0x2f
8진법(octal)	0o	0~7	0o17
2진법(binary)	0b	0, 1	0b1101

접두나 숫자 표시에 사용되는 알파벳은 대소문자를 가리지 않는다. 0x1a라고 써도 되고 0X1A라고 써도 상관없지만 보통은 소문자를 쓴다. 16진수로 변수를 초기화하고 그 값을 출력해 보자.

```
>>> a = 0x1a
>>> print(a)
26
```

16진수 0x1a는 10진수로 26이다. 진법에 따른 표기 방법의 차이가 있을 뿐 수 자체가 다른 것은 아니다. 다음은 2진수로 변수를 초기화한다. 0b1101은 10진수로 13에 해당한다.

```
>>> a = 0b1101
>>> print(a)
13
```

print 명령은 정수를 어떤 진법으로 표현하든 항상 10진수로 출력한다. 10진수 이외의 진법으로 정수를 출력하려면 hex, oct, bin 함수를 사용한다. 이 함수들은 10진수를 접두까지 붙여 문자열 형태로 변환한다. 변환한 결과는 문자열이므로 계산에는 사용할 수 없고 출력만 할 수 있다.

```
print(hex(26))
print(oct(26))
print(bin(13))
```

실행결과	0x1a 0o32 0b1101

대개의 경우 10진법이 가장 직관적이고 일상생활에서 흔하게 쓰는 수여서 편리하다. 그러나 이미지나 색상값, 코드값 등 비트 단위의 기계적인 값을 다룰 때는 2진수나 16진수가 더 효율적이다.

실수형

실수형은 소수점 이하의 정밀한 값을 표현하며 부호가 있어 음수도 표현할 수 있다. 평균이나 무게처럼 세밀한 값을 저장하기에 적당하다. 다음이 실수의 예이다.

```
67.5
89.75
-3.1415
```

정수에 비해 . 이하의 수가 있어 더 정밀한 값을 표현할 수 있다. 67.5는 67과 68의 중간쯤에 있는 값을 표현한다. 파이썬은 모든 언어가 채택하고 있는 국제 표준의 부동 소수점 포맷(IEEE754)을 준수하여 실수 하나를 8바이트에 저장한다.

89.765식으로 아라비아 숫자와 소수점으로 표기하는 방법을 고정 소수점 방식이라고 하는데 지극히 상식적이고 읽기 쉽다. 그러나 아주 크거나 아주 작은 값을 표현하기는 불편한 면이 있다. 다음 숫자는 빛이 1년 동안 이동하는 거리인 9조 4600억Km이다.

```
9460000000000
```

이 값이 어느 정도 큰지 알아보려면 끝에서부터 일십백천 식으로 동그라미 수를 세어 보아야 하니 직관적이지 못하다. 뒤에 0이 많아 숫자가 너무 길고 값을 파악하기도 헷갈리며 두 값을 비교하는 것도 어렵다. 칠판에 써 놓은 그림을 보자.

빌게이츠의 재산
103200000000000원
이건희의 재산
204000000000000원

둘 다 나보다 부자인 건 분명한데 도대체 재산이 얼마나 되는지, 누가 더 많은 건지 얼른 파악되지 않는다. 저런 긴 숫자를 정확하게 쓰기도 어렵고 써 놔도 혼란스럽다. 이런 무지막지하게 큰 값은 부동 소수점 방식으로 표기한다.

가수E지수

영문자 E 또는 e를 가운데 두고 왼쪽에 가수를 쓰고 오른쪽에 지수를 쓴다. 가수는 값의 모양을 나타내고 지수는 값의 크기를 나타낸다. 9조 4600억은 $9.46 * 10$의 12승이므로 다음과 같이 표기한다.

9.46e12

9.46 다음에 동그라미가 12개 있다는 표현이다. 지수를 보면 값의 크기를 직관적으로 파악할 수 있다. 두 부자의 재산을 부동 소수점 방식으로 표기하면 다음과 같다.

빌게이츠 : 1.032e14원
이건희 : 2.04e13원

이렇게 써 놓으면 이건희는 빌게이츠보다 훨씬 가난하다는 것을 바로 알 수 있다. 일상적으로
사용하는 숫자와 형태가 달라 생소하지만 공학, 과학 분야에서는 이 방식을 더 많이 쓴다. 부
동 소수점 표기법을 사용하면 숫자도 짧고 큰 숫자끼리 비교하기도 쉽다.

```
>>> a = 9.46e12
>>> print(a)
9460000000000.0
```

고정 소수점 방식과 부동 소수점 방식은 표기하는 방법이 다를 뿐 값 자체가 다른 것은 아니
다. print 명령은 실수를 항상 고정 소수점 형태로 출력한다.

복소수형

복소수는 제곱해서 음수가 되는 가상의 숫자이다. 실제로 존재하지 않는 허수여서 실생활에서
쓸 일은 없지만 과학 분야에서는 중간 과정 계산을 위해 종종 사용된다. 표기하는 방식은 다음
과 같다.

실수부+허수부j

복소수임을 나타내는 접미 j는 대소문자를 가리지 않지만 보통 소문자 j를 쓴다. 다음 코드는
두 개의 복소수를 만든 후 더한다.

```
>>> a = 1+2j
>>> b = 3+4j
>>> print (a + b)
(4+6j)
```

복소수를 다루는 여러 가지 메서드와 함수가 있는데 복소수.real은 실수부, 복소수.image는
허수부를 리턴하며 복소수.conjugate는 켤레 복소수를 구한다. abs 함수는 복소수의 절대값
을 구한다.

3.2 문자열

문자열

문자열(String)은 일련의 문자를 따옴표로 감싸 나열해 놓은 것이다. 수치형이 숫자라면 문자열은 "말" 또는 "문장"이다.

```
"Welcome to Korea"
```

따옴표 안에 어떤 글자든 마음대로 적으면 된다. 파이썬은 세계의 모든 문자를 포함하는 유니코드를 지원하여 영문, 기호, 숫자는 물론이고 한글이나 한자도 포함할 수 있다. 길이의 제한도 없어 단어뿐만 아니라 긴 문장을 써 넣을 수도 있다.

```
>>> a = "Korea 서울 1234"
>>> print(a)
Korea 서울 1234
```

a 변수에 영어, 한글, 숫자로 이루어진 문자열을 대입하여 출력했다. print 명령은 따옴표 안의 내용을 출력한다. 어떤 문자든 포함할 수 있지만 예외적으로 문자열을 감싸는 기호인 따옴표는 따옴표 안에 적을 수 없다. 다음 문자열은 에러로 처리된다.

```
"I Say "Help" to you"
```

첫 따옴표로 문자열을 열고 두 번째 따옴표로 문자열을 닫아 버려 그 뒷부분은 이것도 저것도 아닌 쓸데없는 글자가 되어 버린다. 딱 봐도 뭔가 이상하고 비정상적이다.

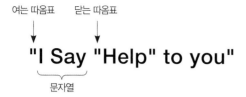

여는 따옴표　　닫는 따옴표

"I Say "Help" to you"

문자열

"I Say "에서 문자열은 이미 끝나 버렸으므로 뒤쪽은 에러 처리된다. 꼭 큰따옴표를 포함시키려면 문자열을 작은따옴표로 감싼다.

```
'I Say "Help" to you'
```

작은따옴표로 시작한 문자열은 다음 작은따옴표가 나올 때까지 큰따옴표도 문자열의 일부로 인정된다. 반대로 작은따옴표가 문자열 안에 있을 때는 큰따옴표로 감싼다.

```
"Let's go"
```

큰따옴표 안에서 작은따옴표는 문자로 인정된다. 'Let's go' 식으로 문자열을 작은따옴표로 감싸면 어디가 문자열의 끝인지 알 수 없는 문제가 발생한다. 파이썬은 따옴표가 문자열 안에 올 경우를 대비하여 큰따옴표나 작은따옴표 모두 문자열 표기에 사용하도록 허용한다.

"string"　　'string"
'string'　　"string'

　　맞음　　　　　틀림

그러나 한 문자열에 두 따옴표를 섞어서 사용할 수는 없으며 반드시 시작한 따옴표로 끝을 맺어야 한다. 큰따옴표로 열어 놓고 작은 따옴표로 닫으면 짝이 맞지 않아 에러 처리된다. 어떤 따옴표를 쓰든 상관없지만 일관되게 하나로 통일하는 것이 좋다.

작은따옴표는 Shift 를 누르지 않고 입력할 수 있어 편리하며 큰따옴표는 다른 언어와 같아 일관성이 있다. 사실 공식 매뉴얼도 두 종류의 따옴표를 섞어서 쓰고 있어 통일성이 없되 짧은 단어는 작은따옴표를 쓰고 긴 문장은 큰따옴표를 쓰는 경향이 있다.

확장열

문자열 안에 큰따옴표와 작은따옴표가 동시에 있을 경우에는 어떤 따옴표로 감싸든 문제가 발생한다. 따옴표 외에 개행이나 탭 등 문자열 안에 담기 힘든 문자가 있다. 이런 특수한 문자는 \ 문자 뒤에 특별한 기호로 표기하는데 이를 확장열(Escape Sequence)이라고 한다.

확장열	설명
\n	개행
\t	탭
\"	큰따옴표
\'	작은따옴표
\\	\ 문자

큰따옴표가 들어간 문자열을 큰따옴표로 감싸고 싶다면 다음과 같이 한다. 양쪽의 큰따옴표는 문자열을 열고 닫는 기호이며 중간의 따옴표 문자는 \ 다음에 쓴다.

\ 다음에 있는 "는 문자열을 닫는 기호가 아니라 " 문자 자체를 의미한다. 두 줄 이상으로 구성된 문자열은 개행하고 싶은 위치에 \n을 쓴다.

```
>>> a = "first\nsecond"
>>> print(a)
first
second
```

문자열 중간에서 Enter 를 누르면 진짜로 개행되어 다음 줄로 내려가 버리므로 문자열 안에 넣을 수 없다. 그래서 개행할 자리에 \n 확장열을 넣어 이 자리에서 개행할 것임을 표시한다.

print 명령은 문자를 순서대로 출력하다 \n 확장열을 만났을 때 개행하며 그 뒤의 문자열은 다음 줄에 출력한다.

확장열 표시에 사용하는 \ 문자를 표기할 때는 그냥 적을 수 없고 \\ 요렇게 두 번 적어야 한다. 그렇지 않으면 다음 글자가 무엇인가에 따라 엉뚱하게 해석되는 위험이 있다. 다음과 같이 입력해 보자.

```
>>> a = "old\new"
>>> print(a)
old
ew
```

\ 다음의 new 첫 글자인 n이 확장열로 해석되어 이 자리에서 개행되며 \ 문자와 n은 출력되지 않는다. 진짜 \ 문자를 표기하고 싶다면 다음과 같이 \\로 써야 한다. \\가 \ 문자 하나로 기억되어 원하는 대로 출력된다.

```
>>> a = "old\\new"
>>> print(a)
old\new
```

확장열 표현이 많으면 입력이 귀찮고 읽기도 불편하다. \는 파일 경로를 표시할 때 주로 사용되는데 그냥 쓰면 뒤의 문자와 함께 확장열로 해석된다.

```
>>> print("c:\temp\new.txt")
c: emp
ew.txt
```

\t는 탭, \n은 개행으로 해석되어 출력 결과가 요상하다. 경로를 그대로 출력하려면 모든 \를 \\로 두 번 써야 하는데 무척 성가신 일이다. 이럴 때는 문자열 앞에 r 접두를 붙인다.

```
>>> print(r"c:\temp\new.txt")
c:\temp\new.txt
```

r 접두가 있으면 문자열 내의 확장열을 적용하지 않고 있는 그대로(Raw) 기억한다. 파일의 경로 문자열을 표기할 때는 이 방법이 편리하다.

긴 문자열

문자열은 보통 짤막하지만 HTML 문서나 SQL 질의처럼 긴 문자열은 한 줄에 쓰기 어렵다. 80문자가 넘으면 가로 스크롤이 길어져 읽기 어렵고 편집하기도 불편하다. 그렇다고 해서 다음과 같이 두 행에 나누어 쓸 수는 없다.

```
s = "엄청나게 길고 복잡해서 한 줄에 다 쓸 수 없는
문자열도 가끔 있다."
```

따옴표를 열었으면 그 줄에서 닫아야 하며 중간에 개행되면 안 된다. 이런 긴 문자열을 정의할 때는 따옴표 세 개를 연거푸 쓴다. """로 시작한 문자열은 중간에 개행되더라도 다음 """를 만날 때까지 전체를 하나의 문자열로 정의한다. 작은따옴표인 '''를 써도 상관없다.

longstring
```s = """강나루 건너서 밀밭 길을 구름에 달 가듯이 가는 나그네길은 외줄기 남도 삼백리 술 익는 마을마다 타는 저녁놀구름에 달 가듯이 가는 나그네"""print(s)```
실행결과 강나루 건너서 밀밭 길을 구름에 달 가듯이 가는 나그네 길은 외줄기 남도 삼백리 술 익는 마을마다 타는 저녁놀 구름에 달 가듯이 가는 나그네

개행 코드까지 문자열의 일부로 포함되기 때문에 \n을 쓰지 않아도 상관없으며 코드상으로 개행한 곳에서 실제 개행이 발생하여 있는 그대로 적어 넣으면 된다. 심지어 들여쓰기까지도 문자열의 일부로 인식되므로 2행 이후에 들여쓰기를 해서는 안 된다.

삼겹 따옴표를 쓰는 대신 행 계속 문자인 \를 사용하는 방법도 있다. 행 끝에 \를 붙이면 이 줄이 아직 끝나지 않고 다음 줄에 계속 이어진다는 뜻이며 다음 줄까지 하나로 합친다. 여는 따옴표 하나만 쓰고 행 끝에 \를 붙이면 이후 줄이 하나의 문자열로 정의된다. 닫는 따옴표는 제일 마지막 줄에 쓴다.

longstring2

```
s = "강나루 건너서 밀밭 길을 구름에 달 가듯이 가는 나그네 \
길은 외줄기 남도 삼백리 술 익는 마을마다 타는 저녁놀 \
구름에 달 가듯이 가는 나그네"
print(s)
```

실행결과	강나루 건너서 밀밭 길을 구름에 달 가듯이 가는 나그네 길은 외줄기 남도 삼백리 술 익는 마을마다 타는 저녁놀 구름에 달 가듯이 가는 나그네

행 계속 문자는 행을 이어줄 뿐 개행 코드를 삽입하지는 않아 이어진 긴 문자열이 만들어진다. 개행하고 싶다면 원하는 곳에 \n 확장열을 적는다. 행 계속 문자인 \는 문자열 정의뿐만 아니라 코드에도 사용할 수 있다. 코드가 너무 길어진다 싶으면 행 끝에 \를 두고 다음 행에 식을 계속 쓰면 된다.

linecontinue

```
totalsec = 365 * 24 * \
          60 * 60
print(totalsec)
```

실행결과	31536000

이때 계속되는 행의 들여쓰기는 아무래도 상관없으며 공백이 더 들어갈 뿐 수식에는 영향을 미치지 않는다. 첫 열부터 코드를 작성해도 상관없지만 보통은 이어지는 줄임을 표시하기 위해 약간 안쪽으로 들여쓴다. 파이썬 문자열의 또 다른 특성은 인접한 문자열을 하나로 합친다는 점이다.

stringmerge
```
s = "korea" "japan" "2002"
print(s)
```
| 실행결과 | koreajapan2002 |

콤마로 구분하지 않고 짧은 문자열을 쭉 나열하면 하나로 합쳐진다. 중간에 공백은 얼마든지 들어가도 상관없으며 모두 무시된다. 그러나 개행 코드는 무시되지 않으며 다음 줄로 내려간 문자열은 합쳐지지 않는다. 여러 개의 문자열을 개행해서 긴 문자열로 만들고 싶다면 전체를 괄호로 감싸야 한다.

multiline
```
s = ("korea"
     "japan"
     "2002")
print(s)
```
| 실행결과 | koreajapan2002 |

파이썬은 문자열 타입만 제공하며 다른 언어에 있는 문자형은 별도로 없다. 길이 1의 문자열로 문자형을 표현한다. 문자는 내부적으로 문자 코드로 저장되는데 ord 함수는 문자의 코드를 조사하고 chr 함수는 코드로부터 문자를 구한다.

ordchr
```
print(ord('a'))
print(chr(98))
for c in range(ord('A'), ord('Z') + 1):
    print(chr(c), end = '')
```
| 실행결과 | 97
b
ABCDEFGHIJKLMNOPQRSTUVWXYZ |

소문자 a의 문자 코드는 97이며 문자 코드 98은 소문자 b이다. 문자 코드로 루프를 돌리며 반복적인 처리를 하고 싶을 때 이 함수를 사용한다. A ~ Z까지 순서대로 출력하려면 A의 문자 코드부터 Z 다음까지 정수를 반복하며 chr 함수로 정수 코드를 문자로 바꾼다.

3.3 그 외의 타입

진위형

진위형은 참 또는 거짓 딱 두 가지 상태만을 표현하는 타입이다. 참일 때는 True 값을 가지고 거짓일 때는 False 값을 가진다. 참, 거짓을 나타내는 True, False의 첫 자가 대문자임을 유의하자. true, false라고 소문자로 적으면 안 된다. 변수의 값을 비교하는 연산자는 비교 결과를 진위형으로 리턴한다.

```
>>> a = 5
>>> b = a==5
>>> print(b)
True
```

a가 5인 상태에서 a==5라는 비교 조건식을 b에 대입하면 b는 True 값을 가진다. a가 4나 6이라면 b에는 False가 대입된다. 진위형을 변수에 대입하는 경우는 별로 없으며 주로 if나 while 같은 조건 분기문에 사용된다.

```
>>> if a == 5:
        print("a는 5입니다")
a는 5입니다
```

if문은 비교 연산식의 진위 여부에 따라 다음 명령의 실행 여부를 결정한다. a가 현재 5이므로 print 명령이 수행된다. 변수를 비교하는 조건문과 연산자에 대해서는 5장에서 자세히 알아보기로 한다.

파이썬의 상수 중 None은 아무것도 아니라는 아주 특수한 의미로 사용된다. 변수에 이 값을 대입한 후 출력하면 None이 출력된다.

```
>>> a = None
>>> print(a)
None
```

이 값을 직접 사용할 경우는 드물다. 검색 결과가 없다거나 뭔가 에러가 발생했다는 표식으로 종종 사용된다.

컬렉션 소개

정수, 실수, 문자열 등의 단순 변수는 단 하나의 값만을 저장하는 데 비해 컬렉션은 여러 개의 값을 모아서 저장한다. 값의 집합을 담는 통이라는 의미로 컨테이너라고도 부르며 다른 언어의 배열이나 구조체와 유사하다. 내부 구조가 복잡하고 다루는 방법도 어려워 여기서는 간단하게 소개만 하고 차후 상세히 다시 알아보기로 하자.

컬렉션의 대표적인 예는 리스트이다. 리스트는 여러 개의 값을 하나의 변수에 순서대로 모아 놓은 것이며 [ ] 괄호 안에 콤마로 구분하여 나열한다. 개수에 상관없이 얼마든지 많은 값을 하나의 리스트에 저장할 수 있다. 다음 코드를 입력해 보자.

```
>>> member = ['손오공', '저팔계', '사오정', '삼장법사']
>>> print(member)
['손오공', '저팔계', '사오정', '삼장법사']
```

member라는 이름의 리스트에 4개의 문자열을 저장했다. 정수나 실수를 모아 둘 수도 있다. 메모리상에는 요소가 순서대로 저장된다.

print 명령으로 리스트 변수를 출력하면 포함된 모든 값이 [ ] 괄호로 묶여 출력된다. 여러 가지 값을 하나의 변수에 모아 두면 반복 처리할 때 편리하다. 다음 프로그램은 리스트의 요소를 순서대로 꺼내 주인공을 출동시킨다.

listdump

```
member = ['손오공', '저팔계', '사오정', '삼장법사']
for m in member:
    print(m, " 출동")
```

실행결과	손오공 출동 저팔계 출동 사오정 출동 삼장법사 출동

for문은 리스트의 요소를 하나씩 꺼내 순회하는 반복 처리문이다. 리스트의 각 멤버를 순서대로 꺼내 m에 대입하고 m을 출력했다. 한 변수에 값이 모여 있으므로 루프를 돌며 각 요소에 대해 동일한 처리를 반복할 수 있어 편리하다.

튜플은 리스트와 거의 비슷하되 ( ) 괄호로 멤버를 나열하고 실행 중에 값을 변경할 수 없다는 점이 다르다. 리스트는 요소를 삽입, 삭제, 추가할 수 있는 데 비해 튜플은 한번 정의한 값을 읽을 수만 있어 내부 구조가 단순하고 빠르다. 위 예제를 튜플로 작성해도 똑같이 동작한다.

tupledump

```
member = ('손오공', '저팔계', '사오정', '삼장법사')
for m in member:
    print(m, " 출동")
```

이 외에 사전(Dictionary), 집합 등의 컬렉션이 있는데 값을 저장하는 방식과 순서 유지 여부, 중복 허용 여부 등이 조금씩 다르다. 사전은 키와 값의 쌍을 저장하여 실시간 검색을 지원하며 집합은 요소의 모음을 관리하고 교집합, 합집합 등의 집합 연산을 지원한다.

컬렉션은 단순 변수에 비해 덩치가 커서 한번에 이해하기 어렵다. 여기서는 간단하게 구경만 해 보고 연산자와 제어문 등을 배운 후에 각 타입별로 상세한 사용법과 관리 방법을 학습해 보기로 하자.

1. 다음 중 실제값이 다른 숫자는?

① 12   ② 0xc

③ 0o14   ④ 0b1010

2. 변수 num에 28의 값이 저장되어 있다. 이 값을 16진수 0x1c로 출력하는 방법은 무엇인가?

① num   ② 0xnum

③ hex(num)   ④ num16

3. 고정 소수점 123.456을 부동 소수점 형식으로 올바로 표기한 것은?

① 1.23456e−2

② 1.23456e2

③ 123.456e1

④ 1.23456e200

4. 다음 중 잘못된 문자열 형식은?

① "Let's go"

② 'I Say "Help" to you'

③ 'He said 'Great!''

④ 'don\'t go'

5. 문자열 안에 직접 포함하기 어려운 개행 코드나 탭 같은 문자를 표기하는 방법을 무엇이라 하는가?

① 확장열   ② 특수문자

③ 유니코드   ④ 백슬래쉬

6. 봄, 여름, 가을, 겨울 계절명을 season 문자열 변수에 저장하되 출력 시 각 줄에 계절이 따로 나오도록 정의하라.

7. 문자 K의 코드값을 출력하고 코드값 100의 문자가 무엇인지 조사하여 출력하라.

8. 진위형 변수의 참, 거짓을 표현하는 상수는 무엇인가?

① true, false

② True, False

③ 1, 0

④ Truth, None

4장

연산자

Python

4.1 대입 및 산술

대입 연산자

연산자는 자료를 가공하여 유용한 정보를 만들어 내는 도구이다. 쉽게 말해 덧셈, 뺄셈, 곱셈 등을 계산하는 역할을 수행하되 수학에서의 연산보다 더 다양한 동작을 처리한다. 파이썬은 수많은 연산자를 제공하는데 여기서 기본 연산자를 알아보고 나머지는 관련 부분에서 하나씩 연구해 보자.

가장 간단하고 자주 사용하는 연산자는 변수에 값을 저장하는 대입 연산자이다. "변수 = 수식" 형식으로 = 기호의 왼쪽에 값을 저장할 변수를 적고 오른쪽에 이 변수에 저장할 값이나 수식을 적는다. 다음이 가장 간단한 예이다.

```
a = 3
```

이 대입문은 a 변수에 3을 대입하며 이후 a는 3의 값을 가진다. 문자열이나 실수도 마찬가지 방법으로 대입한다.

```
s = 'korea'
f = 3.1415
```

대입되는 값에 따라 변수의 타입이 결정된다. s는 문자열을 대입했으니 문자열 변수가 되고 실수 상수를 대입받은 f는 실수형 변수가 된다. 변수는 값을 저장하는 통인데 이 통에 값을 집어 넣는 역할을 하는 것이 대입 연산자이다.

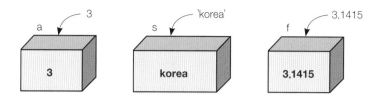

한번 대입해 놓은 값은 다른 값을 대입하기 전까지 변하지 않고 기억된다. 복잡한 수식을 대입할 수도 있고 다른 변수를 수식에 포함시킬 수도 있다.

```
a = (1 + 2) * 3
b = c * d + e
```

우변의 수식을 계산하여 좌변의 변수에 대입한다. a에는 우변 수식의 결과인 9가 대입되며, b에는 우변 수식의 변수값을 곱하고 더한 결과가 대입된다. b에 대입되는 값은 c, d, e가 어떤 값을 가지는가에 따라 달라진다.

파이썬은 변수를 선언하지 않고 바로 사용한다. 별도로 선언하지 않더라도 처음 값을 대입할 때 변수를 생성하도록 되어 있다. 그래서 대입 연산자는 값을 저장하는 것뿐만 아니라 변수를 생성하고 초기화하는 중요한 역할을 겸한다.

대입에 의한 초기화가 선언을 겸하는 셈이다. 그래서 변수를 사용하려면 반드시 초기값을 대입하여 변수를 생성해야 한다. 초기화하지 않은 변수는 값이 결정되지 않았을 뿐만 아니라 아직 생성되지도 않아 읽으면 에러 처리된다.

```
print(value)
value = 5
```

코드는 위에서 아래로 실행되는데 이 코드가 왜 에러인지는 논리적인 설명을 하지 않더라도 상식적으로 이해된다. value가 어떤 값인지 정의하지도 않았는데 이 값을 출력하려고 했으니 말이 안 된다. 존재하지도 않는 변수를 출력할 수는 없는 노릇이다. 두 명령의 순서를 바꾸면 value가 생성된 후 출력하므로 아무 문제가 없다.

산술 연산자

산술 연산자는 더하기, 빼기, 곱하기, 나누기 연산을 수행한다. 일상생활에서도 늘상 사용하는 연산이며 가장 기본적인 셈을 하는 주요 연산자여서 사칙 연산자라고도 부른다.

연산자	설명
+	더하기
−	빼기
*	곱하기
/	나누기

수학에서 사용하는 기호와 같되 곱하기는 알파벳 x와 헷갈리므로 * 기호를 사용하고 나누기는 키보드에 ÷ 기호가 없어 분수 형태로 표기한다. IDLE에서 정수에 대해 사칙 연산자를 적용해 보자.

```
3 + 4     # 7
5 - 2     # 3
2 * 4     # 8
8 / 2     # 4.0
```

너무 익숙한 연산자라 더 설명할 게 없다. 다음은 실생활에서는 잘 쓰지 않는 고급 산술 연산자이다.

연산자	설명
**	거듭제곱
//	정수 나누기
%	나머지

** 연산자는 좌변을 우변의 횟수만큼 곱한다. 2 ** 3은 수학에서 2^3형식으로 표기하는데 2를 세 번 곱하는 2 * 2 * 2를 계산하며 결과는 8이다. 제곱이나 거듭제곱을 편리하게 구할 수 있다.

```
11 ** 2      # 121
2 ** 10      # 1024
```

나누기는 2가지 종류가 있는데 /는 소수점까지 정확하게 나누는 데 비해 //는 소수부는 버리고 정수부만 계산한다. / 나누기는 실수 나누기이고 // 나누기는 정수 나누기이다.

```
5 / 2        # 2.5
5 // 2       # 2
```

5를 2로 나누면 수학적 정답은 2.5이다. // 연산자는 소수부 0.5를 버리고 정수부 2만 계산한다. 자연수를 사용하는 실생활에서는 소수부까지 필요 없는 경우가 많다.

초코파이 한 개는 400원이다. 1000원으로 몇 개를 살 수 있는가?

이 경우 정답은 1000 / 400인 2.5개가 아니라 1000 // 400인 2개이다. 남은 200원으로 초코파이 반 개를 살 수는 없고 그렇게 팔지도 않는다. 이럴 때는 / 나누기가 아닌 // 나누기를 해야 한다. % 연산자는 나눗셈을 한 후 몫은 버리고 나머지만 취한다.

```
7 % 2        # 1
8 % 3        # 2
9 % 3        # 0
```

7을 2로 나누면 몫이 3이고 나머지는 1인데 % 연산자는 몫인 3은 버리고 나머지 1만 취한다. 8을 3으로 나누면 나머지는 2이다. 9를 3으로 나눈 나머지는 0인데 나머지가 없다는 것은 두 수가 배수 관계라는 뜻이다. 나머지 연산자는 배수 여부를 판별할 때 흔히 사용한다.

2의 배수인지 조사해 보면 짝수인지 홀수인지 알 수 있다. 어떤 수 a가 있을 때 a % 2가 0이면 2로 나누어 떨어진다는 얘기이므로 짝수이고 a % 2가 1이면 홀수이다. 나누기 연산자의 이런 성질을 잘 이용하면 주기적으로 순환하는 마디를 쉽게 만들 수 있다. 계속 증가하는 값 a에 대해 a % 3은 0, 1, 2, 0, 1, 2를 반복적으로 생성한다.

나머지라는 개념은 정수 수준의 나눗셈에서만 발생한다. 실수 수준에서의 나눗셈은 소수부까지 정확하게 계산해 내므로 나머지가 생기지 않는다. 예를 들어 7을 2로 수학적으로 나누면 실수 3.5가 되며 나머지는 없다. 정수 나눗셈을 하면 몫과 나머지가 생긴다.

이 식에서 몫을 구하는 연산자가 // 이고 나머지를 구하는 연산자가 %이다. 어떤 값이 필요한가에 따라 적절한 연산자를 잘 선택해야 한다.

복합 대입 연산자

대입 연산자는 우변의 값이나 수식을 계산하여 좌변에 대입하는데 이때 우변의 수식에 좌변의 변수가 올 수도 있다. 다음 코드를 실행해 보자.

```
>>> a = 5
>>> a = a + 1
>>> print(a)
6
```

a를 5로 초기화한 상태에서 a = a + 1 대입문을 실행했다. 수학에서 = 기호는 좌우변이 같다는 뜻이지만 파이썬에서 = 기호는 우변을 좌변에 대입하라는 명령이다.

이 수식을 계산하여
왼쪽 변수에 대입한다.

a = a + 1 대입문은 원래의 a값에 1을 더해 그 결과를 다시 a에 대입하라는 뜻이다. 즉 a의 값을 1 증가시킨다. 원래 a가 5였으므로 이 문장을 실행한 후 a는 6이 된다.

좌변의 변수가 우변의 수식에 나타날 때, 즉 자기 자신에 대해 덧셈을 하여 다시 대입할 때는 이 수식을 복합 대입 연산식으로 바꿀 수 있다. a = a + 1은 a += 1과 같다.

```
>>> a = 5
>>> a += 1
>>> print(a)
6
```

+= 연산자는 좌변의 값에 우변의 값을 더하라는 뜻이다. a += 2는 a를 2 증가시키고 a += 10은 a를 10 증가시킨다. 좌변의 변수가 우변에 다시 등장할 때 복합 대입 연산자를 사용하며 대부분의 산술 연산자가 복합 대입 연산을 지원한다.

```
a -= 5      # a의 값에서 5를 뺀다.
a *= 2      # a를 두 배로 만든다.
```

-= 연산자는 원래 값에서 일정 값을 빼며 *= 연산자는 원래 값의 일정 배수를 만든다. 별거 아닌 거 같지만 변수의 이름이 길거나 참조문이 길 때는 복합 대입 연산자가 무척 편리하다. 다음 예를 보자.

```
salesprice = salesprice * 0.9
```

상품 가격을 90%로 세일하는 문장이다. 긴 변수가 좌우변에 두 번 나와 타이프치기 귀찮고 오타가 발생할 가능성도 높다. 이 문장을 복합 대입문으로 쓰면 다음과 같이 간결해진다.

```
salesprice *= 0.9
```

C나 자바는 변수를 1 증가, 감소시키는 ++, -- 연산자가 있는데 파이썬에는 이 연산자가 없다. 파이썬에서 변수를 증감시키는 가장 간단한 문장은 a += 1, a -= 1이다.

4.2 타입 변환

문자열 연산

연산자는 피연산자의 타입에 따라 동작이 약간씩 달라진다. 산술 연산자는 수치형에 대해 사용하는 것이 보통이지만 +와 * 연산자는 문자열에 대해서도 쓸 수 있으며 수학적 연산과는 다르게 동작한다. 문자열에 대해 + 연산을 수행하면 두 문자열을 연결한다.

```
>>> s1 = "대한민국"
>>> s2 = "만세"
>>> print(s1 + s2)
대한민국만세
```

s1, s2에 각각 문자열을 대입한 후 s1 + s2를 연산하면 두 문자열이 연결된다. 문자열끼리 수학적으로 더할 수 없으니 뒤에 덧붙이는 식으로 연결하는 것이다.

여러 개의 문자열을 연거푸 더하면 얼마든지 더 긴 문자열을 만들 수 있다. + 연산자로 문자열을 연결할 때 양쪽 피연산자는 모두 문자열이어야 한다. 문자열과 수치형은 곧바로 연결할 수 없어 변환이 필요하다.

* 연산자로 문자열에 정수를 곱하면 문자열을 정수 횟수만큼 반복한다. 이때 * 연산자의 좌변은 문자열이어야 하며 우변은 정수여야 한다. 문자열끼리 곱하거나 문자열과 실수를 곱할 수는 없다.

```
>>> print("싫어 " * 5)        # 싫어 싫어 싫어 싫어 싫어
```

"싫어 " 문자열에 5를 곱하면 이 문자열을 다섯 번 반복한 긴 문자열을 만든다. 곱셈이 원래 반복적인 덧셈이므로 의미상 합당한 연산이다.

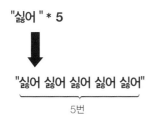

곱해지는 수를 늘리면 10번이고 100번이고 반복할 수 있다. 화면 장식을 위해 – 문자로 긴 줄을 긋고 싶다면 "–" 문자에 40을 곱한다.

```
>>> print("-" * 40)
```

이 출력문은 다음과 같이 – 문자를 40번 적어도 똑같다.

```
>>> print("----------------------------------------")
```

반복된 문자를 여러 개 출력하려면 일일이 개수를 세어야 하는데 정확하게 입력하기 쉽지 않다. 이럴 때 문자열에 정수를 곱하면 간단하게 긴 문자열을 만들 수 있고 소스 코드를 읽기도 쉬우며 개수를 변경하기도 수월하다.

정수와 문자열

+ 연산자는 피연산자의 타입을 판별하여 숫자에 대해서는 덧셈을 하고 문자열에 대해서는 연결한다. 타입을 구분할 정도로 똑똑하지만 안타깝게도 문자열과 숫자를 섞어서 더할 수는 없다.

```
print("korea" + 2002)  # 에러
```

피연산자 중 하나는 문자열이고 하나는 숫자여서 더하라는 건지 연결하라는 건지 애매하다. 문자열은 숫자가 아니어서 더할 수 없고 숫자는 문자열이 아니어서 연결할 수 없다. "korea" 뒤에 2002라는 숫자를 연결하고 싶은 의도인데 이럴 때는 str 함수로 숫자를 문자열로 바꾼 후 연결해야 한다.

```
print("korea" + str(2002))    # korea2002
```

str 함수는 정수나 실수 등의 수치형 변수를 문자열 형태로 변경한다. 숫자 2002를 문자열 "2002"로 바꾸면 + 연산자가 "korea" 뒤에 이 문자열을 덧붙인다.

"korea" + str(2002)

정수가 문자열이 된다.

"korea" + "2002" ➡️ **"korea2002"**

숫자를 문자열로 바꾸는 경우와는 반대로 문자열을 숫자로 바꾸어야 하는 경우도 있다. 다음 코드를 보자.

```
print(10 + "22")        # 에러
```

좌변은 숫자이지만 우변이 문자열이라 더할 수 없다. 설사 문자열 안에 숫자만 들어 있더라도 따옴표로 둘러싸인 이상 문자열이며 따라서 수학적 계산에 직접 사용할 수 없다. 문자열을 숫자로 바꿀 때는 int 함수를 사용한다.

```
print(10 + int("22"))    # 32
```

문자열 "22"가 int 함수에 의해 숫자 22가 되고 10과 더해져 32가 출력된다. 문자열을 정수로 변환하면 다른 정수와 연산할 수 있다.

10 + int("22")

문자열이 정수가 된다.

10 + 22 ━━━➤ 32

앞에서 배운 input 함수는 무조건 문자열을 리턴하는데 이 값을 수치로 바꿀 때 int 함수를 사용한다. int 함수는 문자열 안에 숫자만 들어 있어야 변환할 수 있으며 엉뚱한 문자가 있다면 에러로 처리한다.

```
print(10 + int("22%"))      # 에러
print(10 + int("22.5"))     # 에러
```

22%는 기호가 있어 정수로 바꿀 수 없으며 22.5는 소수점이 있어 정수가 아니다. 아라비아 숫자와 부호만 있어야 한다. int 함수의 두 번째 인수로 진법을 지정하는데 생략하면 문자열을 10진수로 해석한다. 16진수나 8진수가 들어 있다면 어떤 진법으로 해석할지 두 번째 인수로 지정한다.

```
int("1a", 16)    # 26
int("15", 8)     # 13
```

진법은 2에서 36까지 지정할 수 있으며 문자열 내에 접두어 0x, 0o, 0b가 붙어 있어도 상관 없다.

실수의 변환

실수가 저장된 문자열을 실수로 변경할 때는 float 함수를 사용한다. 문자열 안에는 부호와 숫자, 소수점 등으로 구성된 고정 소수점 실수나 "314e-2" 등의 부동 소수점 형식으로 저장되어 있어야 한다.

```
print(10 + float(("22.5")))   # 32.5
print(10 + float(("314e-2"))) # 13.14
```

실수를 정수로 바꿀 때는 int 함수를 사용하며 이때 소수점 이하는 사라진다. 문자열에 저장된 실수를 정수로 바꿀 때는 일단 float 함수로 문자열을 실수로 바꾸고 다시 int 함수를 사용하여 정수로 바꾼다.

```
print(10 + int(22.5))          # 32
print(10 + int(float("22.5"))) # 32
```

실수에 대해 int 함수를 호출하면 소수점 이하를 무조건 잘라 버려 오차가 많다. 이에 비해 round 함수는 실수를 반올림한다. round 함수는 소수점 첫째 자리에서 반올림하여 정수를 리턴한다.

round

```
print(int(2.54))         # 2
print(round(2.54))       # 3
print(round(2.54, 1))    # 2.5
print(round(123456, -3)) # 123000
```

실행결과	2 3 2.5 123000

2.54를 내림하면 2가 되지만 반올림하면 3이 된다. round의 두 번째 인수로 반올림하고 남는 유효 자리수를 지정하는데 이때는 실수를 리턴한다. 2.54를 소수점 첫째 자리의 정밀도로 반올림하면 실수 2.5가 된다. 2.59라면 소수점 둘째 자리에서 반올림하여 2.6을 리턴할 것이다. 음수의 자리도 지정할 수 있는데 −3은 1000자리까지 유효한 값으로 변환하라는 뜻이다.

정수와 실수, 문자열 간의 타입을 변환할 일은 종종 있으므로 변환 함수를 잘 알아 두자. 타입 변환 함수는 타입의 이름과 같으며 주로 다음 세 가지 형태의 변환을 종종 사용한다.

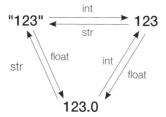

이 외에도 bool, list, tuple, dict 등의 변환 함수가 있으며 컬렉션끼리도 서로 형태를 바꿔가며 변환할 수 있다.

우선순위와 결합순서

하나의 수식에 여러 개의 연산자가 동시에 사용되기도 한다. 다음 연산식은 대입 연산자의 우변 수식에 + 연산자와 * 연산자가 있다.

```
a = 1 + 2 * 3
```

이럴 경우 연산자의 우선순위에 따라 순서대로 계산된다. 덧셈보다는 곱셈이 순위가 높아 2와 3을 먼저 곱해 6이 되고 여기에 1을 더해 결과는 7이 된다. 1과 2가 먼저 더해져 3이 되고 이 값에 3이 곱해져 9가 되는 것이 아니다.

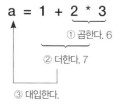

파이썬은 모든 연산자의 우선순위를 명확하게 정해 놓았다. 위쪽이 우선순위가 가장 높고 아래쪽으로 내려갈수록 순위가 낮다.

연산자	설명
() [] { }	컬렉션 표현식
a[i] func( ) obj.attr	첨자 연산, 함수 호출, 멤버 읽기
**	거듭제곱
+ – ~	부호 연산자, 논리 부정 연산자
* / // % @	곱하기, 나누기, 나머지, 행렬곱
+ –	더하기, 빼기
《 》	쉬프트 연산
&	비트 논리곱
^	비트 배타적 논리합
|	비트 논리합
in, not in, is, is not, 《〈=〉》=!= ==	비교 연산자
not	논리 부정
and	논리곱
or	논리합
if else	조건 점검
lambda	람다 표현식

우선순위를 임의로 조정하려면 괄호를 사용하여 먼저 연산할 부분을 묶는다. 덧셈을 먼저 하려면 1 + 2 연산식을 괄호로 묶어 준다. 다음 수식은 1 + 2를 먼저 계산한 후 3을 곱하므로 9가 된다.

```
a = (1 + 2) * 3
```

결합순서는 같은 연산자가 동시에 사용되었을 때 어떤 방향에서부터 연산할 것인가를 지정한다. 보통 왼쪽 우선이어서 왼쪽부터 차례대로 연산한다.

```
a = 1 + 2 + 3
```

이 경우 1과 2가 먼저 더해지고 그 결과인 3이 뒤쪽의 3과 더해져 6이 된다. 보통 왼쪽 우선이지만 대입 연산자는 오른쪽 우선이다. 대입 연산자를 연거푸 사용하면 오른쪽부터 차례대로 대입하여 여러 개의 변수에 한꺼번에 같은 값을 대입한다. 다음 문장은 a, b, c 세 개의 변수에 모두 5를 대입한다.

```
a = b = c = 5
```

c에 5가 먼저 대입되고 b, a에도 차례대로 5가 대입되어 세 변수가 모두 같은 값을 가진다. 왼쪽 먼저 대입해 버리면 a = b가 먼저 수행되어 정의되지도 않은 변수값을 대입하므로 에러가 될 것이다.

1. 거듭제곱을 계산하는 연산자는 무엇인가?

① *

② **

③ ^

④ %

2. a를 2 증가시키는 가장 간단한 코드는 무엇인가?

① a ++ 2

② a += 2

③ a =+ 2

④ a++++

3. 다음 중 # 문자를 30개 출력하는 코드는 무엇인가?

① print('#' + 30)

② print('#' -> 30)

③ print('#') * 30

④ print('#' * 30)

4. name 변수에 이름이 저장되어 있고 score 변수에 점수가 저장되어 있다. 이 두 변수로부터 "홍길동 98점"이라는 문자열을 조립하고 싶을 때 필요한 함수는 무엇인가?

① int

② str

③ plus

④ float

5. score 변수에 저장된 78.1234 점수를 소수점 이하 2자리까지만 남기고 반올림 처리하는 코드는?

① round(score)

② round(score, 1)

③ round(score, 2)

④ round(score, 3)

5장

조건문

5.1 if 조건문
5.2 블록 구조

5.1 if 조건문

if문

소스 코드에 작성한 명령문은 위에서 아래로 순서대로 실행된다. 명령을 일일이 나열하기만 하면 프로그램이 너무 길어질 뿐만 아니라 단순한 구조로는 복잡한 문제를 풀기 어렵다. 조건에 따라 실행할 명령을 선택하거나 비슷한 문장은 반복 처리하여 치밀하게 조직해야 한다. 이처럼 프로그램의 실행 흐름을 통제하는 문장을 제어문이라고 한다.

조건문은 조건의 진위 여부에 따라 명령의 실행 여부를 결정하는 제어문이다. 조건문에 의해 프로그램이 상황을 판단하고 적절한 명령을 골라 실행하는 지능을 발휘한다. 조건문은 if 키워드로 작성하는데 가장 간단한 형태는 다음과 같다.

```
if 조건:
    명령
```

제일 앞에 키워드 if를 쓰고 점검할 조건과 콜론을 찍고 그 다음 줄에 조건이 참일 때 실행할 명령을 작성한다. 해당 조건이 참일 때만 명령이 실행되며 거짓이면 무시하고 지나친다. 여기서부터는 코드가 여러 줄로 구성되므로 IDLE보다는 스크립트로 실행해 보는 것이 좋다. 다음 예제는 나이를 통해 미성년자인지 판단하여 메시지를 출력한다.

if

```
age = int(input("너 몇살이니? "))
if age < 19:
    print("애들은 가라")
```

실행결과	너 몇살이니? 15 애들은 가라

input 함수로 사용자에게 나이를 입력받고 int 함수를 사용하여 정수로 바꿔 age 변수에 대입

한다. 변수는 언제든지 바뀔 수 있는 값이며 어떤 값이 입력될지 미리 알 수 없기 때문에 실행 중에 값을 점검하는 조건문이 필요하다. 조건문은 사용자가 입력한 값을 실시간으로 점검하여 명령의 실행 여부를 결정한다.

이 예제의 조건문은 나이가 19세 미만이면 미성년자로 판별하여 애들을 쫓아내는 명령을 수행 한다. age가 19 미만이면 조건이 참이 되어 다음 줄의 print 명령을 수행하고 19 이상이면 조 건이 거짓이어서 명령을 무시한다. 프로그램을 여러 번 실행해 보고 각각 다른 값을 입력해 보 자. 15를 입력하면 메시지가 출력되고 21을 입력하면 아무 일도 일어나지 않는다.

조건문의 형식은 간단하지만 조건과 명령으로 구성되어 있어 복잡한 규칙이 적용된다. 다음 몇 가지 사항을 주의하자. 파이썬은 형식이 엄격해서 이 형태를 반드시 지켜야 한다.

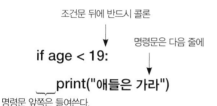

조건과 명령 사이에는 콜론이 들어가 이 둘을 구분한다. 조건 다음에 반드시 콜론을 적어야 하 며 생략해서는 안 된다. 조건과 명령은 보통 다른 줄에 쓰지만 명령이 짧다면 한 줄에 같이 적 어도 상관없다. 이때는 콜론 왼쪽에 조건, 오른쪽에 명령문이 온다.

```
if age < 19:print("애들은 가라")
```

조건이나 명령이 길기 때문에 두 줄에 걸쳐 쓰는 것이 보기 좋은데 이때 다음 줄의 명령은 반 드시 안쪽으로 들여쓰기해야 한다. 해석기는 들여쓰기한 줄을 윗줄의 연속으로 보기 때문에 명령을 들여 써야 조건에 이어지는 문장이 된다. 다음과 같이 두 번째 줄을 첫 열부터 쓰면 에 러로 처리된다.

```
if age < 19:
print("애들은 가라")
```

편집기는 자동 들여쓰기를 지원하여 조건문 끝에 :을 찍고 개행하면 아래줄은 자동으로 들여쓰기 자리로 캐럿을 옮겨 주니 이 자리에 입력하면 된다. IDLE도 자동 들여쓰기를 잘 지원하되 두 줄에 걸치는 명령을 작성할 때는 빈 줄에서 Enter 를 한 번 더 입력하여 명령이 끝났음을 알려 주어야 한다.

```
>>> if age < 19:
    print("애들은 가라")


애들은 가라
```

IDLE에서 실습해 보려면 변수에 값을 대입한 후 조건문을 작성해야 하니 여러모로 번거롭다. 이후부터는 가급적 스크립트에 작성한 후 실행해 보자. 이 코드의 순서도를 그려 보면 다음과 같다.

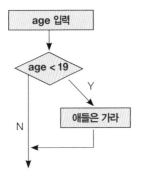

순서도를 보면 값을 입력받은 후 조건의 진위 여부에 따라 명령이 실행되는 흐름을 파악할 수 있다. 순서도는 간단하면서도 코드의 흐름을 시각적으로 잘 보여 주어 학습에 큰 도움이 된다.

비교 연산자

if문의 조건식에는 주로 변수값을 비교하는 문장이 오며 변수가 특정 값인지 평가한다. 비교 연산자는 두 값의 상등 여부나 대소관계를 비교하여 참, 거짓을 리턴하며 if문은 평가 결과에 따라 명령의 실행 여부를 결정한다.

연산자	설명
==	같다
!=	다르다
〈	좌변이 우변보다 작다
〉	좌변이 우변보다 크다
〈=	좌변이 우변보다 작거나 같다
〉=	좌변이 우변보다 크거나 같다

대입 연산자는 = 기호를 하나만 쓰는 데 비해 비교 연산자는 두 개인 ==이다. 모양이 다르므로 잘 구분해야 한다. 대입 연산자 =은 값을 변경하는 동작을 하지만 비교 연산자 ==은 값을 평가하기만 한다. 좌변과 우변이 같으면 True를 리턴하고 다르면 False를 리턴한다. 다음 조건문은 a의 값을 여러 가지 방법으로 평가하여 출력문 실행 여부를 결정한다.

compare
```
a = 3
if a == 3:
    print("3이다")
if a > 5:
    print("5보다 크다")
if a < 5:
    print("5보다 작다")
```
실행결과
```
3이다
5보다 작다
```

앞 예제는 변수가 가변적인 값을 가진다는 것을 보이기 위해 input 함수로 입력받았는데 예제를 실행할 때마다 매번 값을 입력하기는 귀찮은 면이 있다. 이후의 예제에서는 변수값을 적당한 값으로 초기화해 놓고 테스트하기로 하되 이는 어디까지나 편의를 위해서일 뿐이며 변수의 값은 항상 바뀔 수 있다는 점을 명심하자.

이 예제는 a에 3을 대입하여 이 상태에서 조건 점검 결과를 테스트한다. a의 값이 무엇인가에 따라 print문의 실행 여부가 결정되는데 a = 4나 a = 12로 초기화하면 각 조건문의 진위 여부가 바뀐다. 문자열도 == 연산자로 비교할 수 있다. 문자열은 철자뿐만 아니라 대소문자 구성까지 완전히 일치해야 같은 문자열로 평가한다.

stringcompare

```
country = "Korea"
if country == "Korea":
    print("한국입니다.")
if country == "korea":
    print("대한민국입니다.")
```

한국입니다.

위쪽 비교문은 대소문자까지 같아 같은 문자열이라고 평가하지만 아래쪽 비교문은 첫 문자 k가 소문자여서 다른 문자열로 평가한다. 문자열끼리 크고 작음을 비교할 때는 사전순으로 비교한다. a보다는 b가 더 큰 문자이고 b보다는 c가 더 크다. 사전의 더 뒤쪽에 나오는 문자열을 큰 것으로 평가한다.

stringcompare2

```
if ("korea" > "japan"):
    print("한국이 더 크다")
if ("korea" < "japan"):
    print("일본이 더 크다")
```

한국이 더 크다

조건문에 비교 연산식 대신 변수를 바로 쓸 수도 있다. 변수 자체가 논리식이 되는데 이때 각 변수의 논리값은 다음과 같이 결정된다.

타입	참	거짓
숫자	0이 아닌 숫자	0
문자열	비어 있지 않은 상태	""
리스트, 튜플, 딕셔너리	비어 있지 않은 상태	빈 상태

숫자는 0이 아닐 때 참이며 문자열이나 리스트 등의 컬렉션은 비어 있지 않으면 참이다. 뭐라도 값이 들어 있기만 하면 참으로 평가된다. 다음 코드는 energy 변수가 0이 아니면 싸우는 동작을 수행한다.

```
intbool

energy = 1
if energy:
    print("열심히 싸운다")
```

실행결과   열심히 싸운다

energy 변수 자체를 논리식으로 사용하며 0만 아니면 참이다. 1, 2는 물론이고 −1 같은 음수도 참으로 평가된다. 조건문에 변수명을 쓰는 것은 다음 비교 연산문과 같다.

```
if energy != 0:
```

변수명만 쓰는 것이 간편하지만 가급적 완전하게 비교 연산식을 적는 것이 명확하고 읽기 쉽다. C 언어와는 달리 조건문에 대입식은 쓸 수 없다. 다음 문장은 에러 처리된다.

```
if a = 3: print("3이다")
```

C는 대입과 비교를 동시에 할 수 있어 축약된 코드를 쓸 수 있지만 실수로 인해 의도치 않은 사고가 발생하는 경우가 빈번하다. 파이썬은 부작용 방지를 위해 대입식을 조건문으로 쓰지 못하도록 명시적으로 금지한다.

논리 연산자

두 개 이상의 조건을 한꺼번에 점검할 때는 논리 연산자를 사용한다. 두 조건이 동시에 만족하는지 두 조건 중 하나라도 만족하는지 등을 점검한다.

연산자	설명
and	두 조건이 모두 참이다
or	두 조건 중 하나라도 참이다
not	조건을 반대로 뒤집는다.

논리 연산자의 좌우에 비교 연산문이 오고 두 비교문의 결과를 조합하여 하나의 진리값을 만들어 낸다. and는 둘 다 참일 때 전체를 참으로 평가한다. 다음 연산문은 a가 3이고 b가 4인지 조사한다.

```
if a == 3 and b == 4:
    print("OK")
```

a == 3 조건과 b == 4 조건이 모두 참일 때만 OK가 출력되며 하나라도 거짓이면 전체식도 거짓이다. or은 둘 중 하나라도 참이면 전체를 참으로 평가한다. 다음 연산문은 a가 3이거나 b가 4인지 조사한다.

```
if a == 3 or b == 4:
    print("OK")
```

a가 3이거나 b가 4이면 OK가 출력되며 둘 다 거짓일 때만 전체식이 거짓이 된다. 논리 연산자는 기호가 아닌 자연어와 유사한 단어로 되어 있어 직관적이다. and를 "그리고"라고 읽고 or을 "또는"이라고 읽으면 쉽다. 변수가 일정한 범위 내에 있는지 조사할 때는 and 연산자를 사용한다.

---

andrange

```
a = 3
if a > 1 and a < 10:
    print("OK")
```

| 실행결과 | OK |

---

a가 1보다 크고 10보다 작을 때만 OK가 출력된다. 범위는 특정 두 값의 사이에 있는 상태이므로 시작값보다는 크고 끝값보다는 작다는 두 조건을 동시에 만족해야 한다.

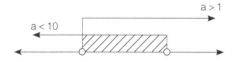

파이썬은 범위를 비교할 때 변수를 가운데 두고 양쪽에 범위를 적는 문법도 허용한다. 비교 연산을 연속적으로 수행하면 각각의 비교문을 and로 연결하는데 다른 언어에는 없는 편리한 문법이며 수학에서의 비교문과 같아 직관적이다.

```
a = 3
if 1 < a < 10:
    print("OK")
```

and, or 연산자는 왼쪽의 비교식으로 전체식의 결과가 결정되었을 때 오른쪽의 비교식은 평가하지 않음으로써 시간을 절약한다. 예를 들어 a == 3 and b == 4를 평가할 때 a가 2라면 이미 전체식은 거짓이므로 b가 4인지 평가하지 않는다. 이 기능을 쇼트 서키트라고 하는데 불필요한 비교를 생략함으로써 속도를 높이는 기법이다.

5.2 블록 구조

블록 구조

조건문이 참일 때 실행할 명령이 2개 이상이면 아래쪽으로 명령을 계속 나열한다. 이때 if문에 걸리는 명령은 들여쓰기 수준이 같아야 한다. 다음 예제는 조건이 참일 때 두 개의 출력문을 실행한다.

block

```
age = 16
if age < 19:
    print("애들은 가라")
    print("공부 열심히 해야지")
```

실행결과
```
애들은 가라
공부 열심히 해야지
```

조건에 따라 두 출력문의 실행 여부가 같이 결정된다. 조건이 참이면 모두 실행되고 거짓이면 모두 무시된다. 두 명령이 하나의 조건에 같이 영향을 받는 셈인데 이는 두 명령의 들여쓰기가 같기 때문이다. age가 16이면 미성년자이므로 두 문장이 출력되지만 age를 22로 바꾼 후 실행하면 아무 문장도 출력되지 않는다. 과연 그런지 예제를 다음과 같이 수정해 보자.

block2

```
age = 22
if age < 19:
    print("애들은 가라")
print("공부 열심히 해야지")
```

실행결과 공부 열심히 해야지

age가 22여서 age < 19 조건은 거짓이다. 그러나 실행해 보면 예상과는 달리 공부 열심히 하라는 문장이 출력되는데 그 이유는 들여쓰기가 맞지 않기 때문이다. 한꺼번에 실행되는 명령

의 묶음을 블록이라 한다. 파이썬은 들여쓰기로 블록을 구분하는데 위 예제는 블록 구조가 맞지 않다.

if문 다음 줄에 걸리는 명령이 모두 안쪽으로 들여 써 있으면 같은 블록으로 인식되어 조건에 모두 걸리지만 들여쓰기가 맞지 않으면 조건과는 상관없는 별개의 문장이 되어 버린다. 공부 열심히 하라는 출력문이 들여 써 있지 않아 조건에 걸리지 않는다. 두 예제의 차이점을 순서도로 그려 보자.

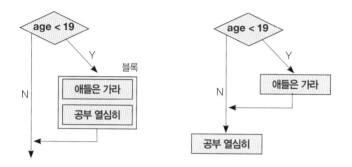

들여쓰기를 맞춘 왼쪽 예제는 두 명령이 한 블록이어서 조건에 같이 걸리지만 그렇지 않은 오른쪽 예제는 위 명령만 조건에 걸린다. 조건문은 들여쓰기한 윗줄에서 이미 끝났고 아랫줄의 print 명령은 조건과는 상관없이 무조건 실행된다. if문에 걸리는 명령이 몇 개든 상관없지만 들여쓰기가 모두 같아야 한 블록으로 묶인다.

if 조건문:

명령4
    블록 외부의 명령
명령5

다음과 같이 두 번째 줄을 안쪽으로 더 들여 써도 안 된다. 공백 하나라도 더 있으면 에러 처리된다. 왼쪽 끝이 가지런하게 맞아야 같은 블록이다.

```
if age < 19:
    print("애들은 가라")
        print("공부 열심히 해야지")
```

블록 구조는 조건문뿐만 아니라 반복문이나 함수에도 똑같이 적용된다. 파이썬의 들여쓰기 규정은 굉장히 엄격하며 들여쓰기 상태로 코드의 구조를 인식한다. 이를 잘 모르면 소스를 엉뚱하게 작성하여 실수하는 경우가 종종 있다. 코드를 작성할 때 들여쓰기를 잘 맞추는 연습을 하고 익숙해져야 한다.

명시적인 { } 기호로 블록 구조를 표현하는 C나 자바에 익숙한 사람에게는 비효율적으로 보이고 불편하게 느껴진다. 그러나 프리포맷을 지원하는 언어도 반강제적으로 들여쓰기를 하는 편이라 사실상 이중 포맷인 셈이다. 또한 코딩 스타일이 개인적 취향에 따라 달라 소스 형식을 통일하기 어려운 문제도 있는데 대표적으로 { } 괄호를 쓰는 스타일이 여러 가지이다.

```
if (조건) {
    명령
}
```

```
if (조건)
{
    명령
}
```

파이썬은 별도의 블록 기호를 쓰지 않고 들여쓰기만으로 소스 형식을 강제한다. 개인적 취향을 무시하고 가장 아름다운 통일된 형식을 지향하여 일관성이 있고 유지, 보수가 편리하다. 파이썬의 블록 구조가 기존 개발자에게 어색해 보이는 면이 있지만 여러 가지 면에서 합리적이다.

들여쓰기는 탭 또는 공백으로 한다. 공백의 개수는 제약이 없어 한 개든 열 개든 일정하기만 하면 상관없다. 어떤 식이든 앞열을 띄우기만 하면 되는데 파이썬은 4개의 공백을 권장하며 IDLE 편집기는 Tab 을 누르면 4개의 공백으로 바꿔 준다. 탭 문자는 편집기에 따라 폭이 달라지는 문제가 있어 잘 사용하지 않는다.

else문

단순 if문은 조건 진위에 따라 명령의 실행 여부를 결정한다. 조건이 참이면 명령을 실행하고 거짓이면 아무것도 하지 않는다. 이에 비해 if else문은 조건 진위에 따라 실행할 명령을 선택한다.

```
if 조건:
    명령1
else:
    명령2
```

else 다음에도 콜론이 있음을 주의하자. 조건이 참이면 명령1을 실행하고 거짓이면 명령2를 실행한다. 단순 if문은 조건에 따라 실행 여부를 결정하는 데 비해 if else문은 조건에 따라 어떤 명령을 실행할 것인지 선택한다는 점이 다르다. if문은 "할까 말까"이고, if else문은 "뭘 할까"이다.

ifelse
```
age = 22
if age < 19:
    print("애들은 가라")
else:
    print("어서 옵쇼")
```
실행결과   어서 옵쇼

이 예제는 나이에 따라 실행할 명령을 선택하는데 age를 22로 초기화했으므로 "어서 옵쇼"가 출력된다. 순서도를 그려 보자.

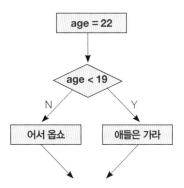

조건에 따라 명령을 선택하여 실행한 후 다음으로 넘어간다. 조건이 무엇이건 간에 둘 중 하나의 명령은 반드시 실행된다. 각 명령 자리에 2개 이상의 명령이 올 수도 있다.

ifblock

```
age = 12
if age < 19:
    print("애들은 가라")
    print("공부 열심히 해야지")
else:
    print("어서 옵쇼")
    print("즐거운 시간 되세요")
```

실행결과
```
애들은 가라
공부 열심히 해야지
```

조건에 따라 블록의 두 명령이 한꺼번에 실행되거나 무시된다. 같이 실행할 명령은 반드시 들여쓰기를 맞추어 블록을 구성해야 한다.

if문과 else문은 내어쓰기하고 참, 거짓에 해당하는 명령 블록은 모두 들여쓰기한다. 들여쓰기를 잘 해 놓으면 어디까지 한 블록인지 쉽게 분간할 수 있다. 다음과 같이 들여쓰기를 잘못했다고 해 보자.

```
age = 12
if age < 19:
    print("애들은 가라")
print("공부 열심히 해야지")
else:
    print("어서 옵쇼")
    print("즐거운 시간 되세요")
```

조건이 참일 때 실행할 명령 2개 중 뒤쪽 명령의 들여쓰기를 잘못했다. if문은 애들은 가라 명령에서 이미 끝나 버렸기 때문에 공부 열심히 하라는 명령은 무조건 실행된다. 뿐만 아니라 뒤쪽의 else:는 대응되는 if문이 없다. else는 반드시 if와 함께 짝을 이루어 사용되는데 홀로 나타났으니 에러로 처리된다.

elif문

if else문을 한 단계 더 확장하면 elif문이 중간에 들어간다. 하나의 조건만 보는 것이 아니라 조건이 만족하지 않을 때 elif문의 다른 세부 조건을 더 점검한다.

```
if 조건1:
    명령1
elif 조건2:
    명령2
else:
    명령3
```

조건1을 만족하면 명령1을 실행하고 전체 조건문은 끝난다. 조건1이 거짓이면 조건2를 평가하여 이 조건이 참이면 명령2를 실행한다. 두 조건이 모두 거짓이면 명령3을 실행한다. 결국 두 조건의 진위 여부에 따라 셋 중 하나의 명령을 선택하는 것이다.

ifelif
```
age = 23
if age < 19:
    print("애들은 가라")
elif age < 25:
    print("대학생입니다")
else:
    print("어서 옵쇼")
```
실행결과 대학생입니다

19세 미만이 아니라면 미성년자가 아니다. 이 경우 25세 미만인지 보고 대학생인지 25세 이상의 성인인지 한 번 더 점검해 본다. 순서도는 다음과 같다.

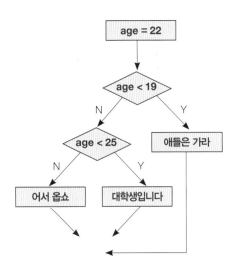

elif문을 사용하면 첫 번째 조건이 거짓일 때 다른 조건을 더 살펴볼 수 있다. 살펴봐야 할 조건이 많다면 elif는 얼마든지 올 수 있다. elif는 else if의 약자이며 다음과 같이 풀어 쓰는 것과 같다.

```python
age = 23
if age < 19:
    print("애들은 가라")
else:
    if age < 25:
        print("대학생입니다")
    else:
        print("어서 옵쇼")
```

첫 번째 조건이 거짓일 때 else문에서 새로운 if문으로 또 다른 조건을 점검한다. 의미는 같지만 elif는 else if에 비해 한 단어여서 간편하며 들여쓰기를 한 단계 더 줄여 주는 효과가 있다. else if를 나열하면 안쪽으로 계속 들여 써야 하지만 elif는 같은 레벨에서 조건을 점검하기 때문에 수직으로 조건이 나란히 정렬되어 보기 좋다.

elif는 조건을 반복적으로 점검하여 상황에 딱 맞는 명령을 선택한다. elif 구문을 늘려 가면 얼마든지 많은 조건을 점검할 수 있다. 다음 예제는 가진 돈의 액수에 따라 먹을 만한 적당한 요리를 선택한다.

elif

```
money = 6500
if money >= 20000:
    print("탕수육을 먹는다")
elif money >= 10000:
    print("쟁반 짜장을 먹는다")
elif money >= 6000:
    print("짬뽕을 먹는다")
elif money >= 4000:
    print("짜장면을 먹는다")
else:
    print("단무지를 먹는다")
```

실행결과 | 짬뽕을 먹는다

첫 번째, 두 번째 조건은 거짓이고 세 번째에서 참이 되어 짬뽕을 선택한다. 여러 개의 조건을 점검하고 있지만 왼쪽이 가지런해서 보기 좋고 조건을 더 추가하기도 쉽다. else if문으로 바꿔 보면 새로운 조건을 점검할 때마다 오른쪽으로 계속 들여 써야 하니 보기에 좋지 않다.

```
money = 6500
if money >= 20000:
    print("탕수육을 먹는다")
else:
    if money >= 10000:
        print("쟁반 짜장을 먹는다")
    else:
        if money >= 6000:
            print("짬뽕을 먹는다")
        else:
            if money >= 4000:
                print("짜장면을 먹는다")
            else:
                print("단무지를 먹는다")
```

보기 좋지 않은 코드는 읽기도 어렵고 이후 코드를 확장하거나 수정하기도 번거롭다. 가독성이 떨어지는 코드는 관리하기 어렵고 실수할 가능성도 높다. 그래서 똑같은 의미이지만 else if보다는 elif를 쓰는 것이 바람직하다.

각 조건에 걸리는 명령이 여러 개일 때는 블록을 구성한다. 들여쓰기만 맞춰 준다면 한 조건에 대해 얼마든지 많은 명령을 작성할 수 있다. 파이썬은 다른 언어에 비해 선택문인 switch case 구문이 없는데 elif가 그 역할을 대신한다.

if문 중첩

if문의 조건에 걸리는 명령의 종류에는 제한이 없다. print문으로 뭔가를 출력할 수도 있고 다른 변수에 값을 대입할 수도 있고 함수를 호출할 수도 있다. if문도 하나의 명령이므로 if문 안에 들어갈 수 있다. 똑같은 종류의 명령끼리 겹치는 현상을 중첩(Nesting)이라고 하는데 다음과 같은 경우이다.

ifif

```
man = True
age = 22
if man == True:
    if age >= 19:
        print("성인 남자입니다.")
```

실행결과   성인 남자입니다.

먼저 man이 True인지 점검해 보고 참이면 age가 19세 이상인지 다시 점검해 본다. 두 가지 조건을 연속적으로 점검하여 두 조건이 모두 참일 때만 print문을 실행한다.

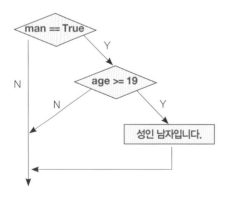

남자가 아니면 19세 이상인지 점검조차 하지 않으며 남자이더라도 19세 미만이면 print문을 실행하지 않는다. if문끼리 중첩되면 두 조건이 모두 참일 때만 명령을 실행하는데 and 논리 연산자로도 비슷한 효과를 낼 수 있다.

```
if man == True and age >= 19:
    print("성인 남자입니다.")
```

if if문은 두 조건을 순서대로 점검하는 것이고 if and문은 두 조건을 한꺼번에 점검한다는 차이가 있지만 효과는 완전히 같다. 동시에 점검할 때는 and 논리 연산자가 편하지만 한쪽 if문에 else절이 있거나 추가적인 다른 조건을 더 점검할 때는 if문을 중첩시켜야 한다.

ifif2
```
Man = True
age = 22
if man == True:
    if age >= 19:
        print("성인 남자입니다.")
    else:
        print("소년입니다.")
```

if문 안에 if else문이 중첩되어 있는 형태이다. 남자인지 먼저 점검한 후 맞다면 나이에 따라 다시 분기한다.

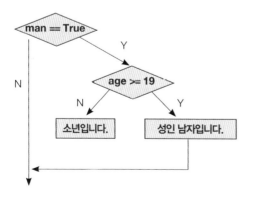

남자가 아니라면 나이를 살펴볼 필요가 없으니 일단 남자인지 먼저 점검한다. 남자로 판명되면 if문을 중첩시켜 나이를 점검하는 구조이다. if문을 중첩하지 않고 if and로도 똑같은 효과를 낼 수는 있지만 복잡해진다.

```
if man == True and age >= 19:
    print("성인 남자입니다.")
if man == True and age < 19:
    print("소년입니다.")
```

man == True 조건을 중복 점검하고 있어 코드가 길어지고 실행 속도가 느리다. 불필요한 코드가 반복되면 구조가 나빠져 수정하기 번거로워진다. 이 실습에서 보다시피 똑같은 효과를 내더라도 가장 효율적인 코드가 있기 마련이다. 짧으면서도 명쾌하고 읽기 쉬운 코드를 작성하기 위해 많은 연습이 필요하다.

1. 점수를 입력받은 후 80점 이상이면 합격, 80점 미만이면 불합격을 출력하라.

2. 한국의 수도는 어디인지 질문 후 입력받아 정답을 맞추었으면 정답이라는 메시지를 출력하고 축하한다는 메시지도 같이 출력하라. 정답이 아니면 아무것도 하지 않는다.

3. 한 묶음으로 실행되는 명령의 집합을 (   )이라고 한다.

4. 다음 중 참인 경우는?

　① 정수 a가 0인 경우　　　　　② 실수 b가 −1.23인 경우

　③ 문자열 c가 ""인 경우　　　　④ 리스트 d가 비어 있는 경우

5. age와 height 변수가 주어졌을 때 8세 이상이고, 키 100 이상인 경우만 놀이기구를 탈 수 있다는 조건문을 작성하라.

6. 다음 예제의 실행 결과는 무엇인가?

```
price = 800
if price > 1000:
    print("비싸다")
print("깍아줘")
```

　① 둘 다 출력된다.　　　　　　② 비싸다만 출력된다.

　③ 깍아줘만 출력된다.　　　　　④ 아무것도 출력되지 않는다.

7. 파이썬의 들여쓰기 규칙이 아닌 것은?

　① 같은 블록에 속하는 코드는 왼쪽 들여쓰기를 가지런히 맞추어야 한다.

　② 공백 또는 탭으로 들여 쓴다.

　③ 들여 쓰는 개수는 상관없으며 일정하면 된다.

　④ { } 괄호로 묶으면 한 줄에 여러 개의 명령을 블록으로 묶을 수 있다.

8. dir 변수에는 '동', '서', '남', '북' 넷 중 하나의 방향 값이 들어간다. 이 변수의 값에 따라 서울에서 각 방향에 있는 도시 하나를 출력하는 프로그램을 작성하라. 엉뚱한 값이 들어 있으면 에러 처리한다.

9. 정수 하나를 입력받아 5의 배수인지 조사하여 그 결과를 출력하라.

10. 서울우유는 1리터에 2500원이고 매일우유는 1.8리터에 4200원이다. 용량대비 어떤 우유가 더 싼지 계산 및 판단하여 결과를 출력하라.

6장

반복문

6.1 반복문

while 반복문

반복문은 유사한 명령을 계속 실행하는 제어문이다. 일상생활에서 비슷한 작업을 반복하는 경우는 굉장히 흔한데 예를 들어 학생 5명의 성적을 처리한다면 다음과 같이 코드를 작성한다. 실제 프로젝트라면 복잡한 계산 코드가 필요하지만 간단한 출력문으로 흉내만 내 보았다.

```python
print("1 번 학생의 성적을 처리한다.")
print("2 번 학생의 성적을 처리한다.")
print("3 번 학생의 성적을 처리한다.")
print("4 번 학생의 성적을 처리한다.")
print("5 번 학생의 성적을 처리한다.")
```

출석 번호만 바뀔 뿐 성적을 처리하는 방법은 모든 학생에 대해 동일하다. 학생이 다섯 명이기 망정이지 백 명쯤 된다면 이 문장을 백 번 나열해야 하는데 너무 무식한 방법이다. 이처럼 비슷한 명령을 처리할 때 반복문이 사용된다. 파이썬은 두 가지 반복문을 제공하는데 먼저 while문부터 알아보자.

```
while 조건:
    명령
```

if문과 형식이 유사하되 명령을 한 번만 실행하는 것이 아니라 조건이 만족하는 동안 계속 실행한다는 점이 다르다. 명령의 자리에는 보통 여러 개의 명령 묶음인 블록이 오며 블록에 속하는 명령은 들여쓰기를 일치시킨다. 성적 처리 코드를 while문으로 작성해 보자.

```
while

student = 1
while student <= 5:
    print(student, "번 학생의 성적을 처리한다.")
    student += 1
```

실행결과	1 번 학생의 성적을 처리한다. 2 번 학생의 성적을 처리한다. 3 번 학생의 성적을 처리한다. 4 번 학생의 성적을 처리한다. 5 번 학생의 성적을 처리한다.

반복적으로 처리되는 명령을 루프(Loop)라고 하는데 이 예제에서는 성적 출력문과 student 증가문이 루프에 해당한다. 루프는 특정 변수값을 기준으로 반복하는데 반복을 통제하는 변수를 제어 변수라고 한다. 이 예제에서는 학생의 출석 번호인 student가 제어 변수이다.

student 제어 변수를 1로 초기화하고 이 값이 5 이하인 동안 출력문을 반복하면 다섯 명의 학생 성적이 출력된다. 명령 블록에는 성적을 출력하는 명령과 student 변수의 값을 1 증가시키는 명령이 포함되어 있다. 1번 학생의 성적을 처리한 후 student는 2가 되며 다시 루프를 반복하여 2번, 3번 학생의 성적을 순차적으로 처리한다.

언젠가는 반복을 끝내야 하므로 루프에는 조건의 진위 여부를 바꾸는 명령이 반드시 포함되어 있어야 한다. 루프에 student += 1 명령이 없다면 student <= 5 조건은 언제나 참이어서 루프는 끝나지 않는다. 단순한 명령의 나열에 비해 반복문은 코드를 조직화하여 길이가 짧고 변성이 쉽다. 학생이 100명으로 늘어나도 조건식만 바꾸면 된다.

```
while student <= 100:
```

출력 방식을 변경하려면 루프 내의 출력문만 수정하면 된다. 다음 예제는 반복문의 실용성을 보여 주는 전형적인 예제로 1에서 100까지의 정수 합계를 구한다.

```
num = 1
sum = 0
while num <= 100:
    sum += num
    num += 1
print ("sum =", sum)
```

실행결과 sum = 5050

제어 변수 num은 1로, 합계를 누적할 변수 sum은 0으로 초기화한다. 그리고 while 루프로
진입하여 num이 100 이하인 동안 sum에 num의 값을 누적시킨다. 최초 루프에서 sum에 1
이 더해지고 num을 1 증가시켜 2로 만든다.

루프의 조건문은 num이 100 이하일 때까지이며 2는 100보다 작으므로 계속 실행된다. 다음
루프에서 sum에 2가 더해지며 num이 1 증가하여 3이 된다. 이런 식으로 num이 3, 4, 5로
계속 증가하면서 sum에 더해지며 num이 100이 될 때까지 이 과정을 반복하므로 sum은 최
종적으로 1 ~ 100의 정수 합계를 가진다.

| sum | ← 1 ← 2 ← 3 ← 4 ← 5 .... ← 99 ← 100 |

num이 101이 되면 조건문이 거짓이 되어 루프를 종료하며 구해진 합계 sum을 출력한다. 값
을 누적하는 명령과 값을 증가시키는 명령이 반복되는 루프이다. 이 예제를 루프를 사용하지
않고 명령을 나열하여 해결한다면 다음과 같다. 평이한 코드에서 반복적으로 실행할 코드가
무엇인지, 매 루프마다 무엇이 달라지는지 잘 관찰해 보자.

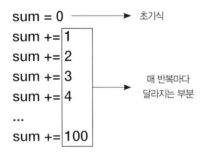

sum에 값을 누적하는 코드는 같되 누적되는 값만 다르다. 달라지는 부분을 num 제어 변수로 1부터 시작하여 100까지 증가시키며 sum += num 코드를 실행하면 100줄의 코드와 똑같은 동작을 한다. 이 예제는 반복문의 논리와 실용성을 잘 보여 준다. 코드의 흐름을 정확하게 이해한 후 소스를 보지 않고 스스로 복원해 볼 필요가 있다.

반복문으로 코드의 구조를 잘 확립해 두면 범위를 수정하는 것은 아주 쉽다. 10 ~ 200의 합계를 구한다면 num의 초기값과 while문의 조건식을 수정하면 된다. 제어 변수의 증가값을 변경하면 수를 건너뛰면서 합계를 구할 수도 있다. 다음 예제는 150 ~ 300의 모든 홀수 합을 구한다.

sumodd

```
num = 151
sum = 0
while num <= 300:
    sum += num
    num += 2
print ("sum =",sum)
```

실행결과	sum = 16875

시작값을 151로, 끝값을 300으로 지정하고 증가값을 2로 하면 151부터 153, 155, ...299까지의 합이 구해진다. 반복문은 코드를 나열하는 것보다 유연성이 높아 범위나 증가값, 합계를 구하는 방식을 수정하기 쉽다.

for 반복문

for문은 컬렉션의 요소를 순서대로 반복하면서 루프의 명령을 실행하는 반복문이다. 컬렉션은 여러 개의 값을 모아 놓은 집합인데 리스트나 문자열이 내표적이나. 기본 형식은 나음과 같나.

```
for 제어변수 in 컬렉션 :
    명령
```

리스트는 [ ] 괄호 안에 요소를 나열해 놓은 일종의 배열이며 for문은 요소를 하나씩 꺼내 제어 변수에 대입하여 루프에서 처리한다.

for

```
for student in [1, 2, 3, 4, 5]:
    print(student, "번 학생의 성적을 처리한다.")
```

실행결과	1 번 학생의 성적을 처리한다. 2 번 학생의 성적을 처리한다. 3 번 학생의 성적을 처리한다. 4 번 학생의 성적을 처리한다. 5 번 학생의 성적을 처리한다.

리스트에는 1에서 5까지 학생의 번호가 저장되어 있다. for문은 이 리스트의 요소를 student 제어 변수에 하나씩 대입하면서 루프를 실행한다.

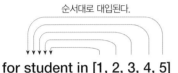

순서대로 대입된다.

for student in [1, 2, 3, 4, 5]

student는 차례대로 1, 2, 3, 4, 5의 값을 가지며 루프에서 이 학생의 성적을 처리한다. 실행 결과는 while문과 같지만 제어 변수를 초기화하거나 증가시키는 문장이 없어 더 짧고 간단하다. 리스트에 불규칙한 값의 집합을 저장해 놓을 수도 있고 길이에 제한이 없어 얼마든지 긴 배열도 처리할 수 있다.

보통은 일정 범위의 리스트를 만들고 이 리스트 내의 요소를 반복하는데 이럴 때는 요소를 일일이 나열하기보다 range 명령으로 순차적으로 증가하는 리스트를 만든다.

range(시작, 끝, 증가값)

range는 시작값을 첫 요소로 만들고 끝값 직전까지 값을 나열하되 매 요소는 증가값만큼 더해진다. 시작값을 생략하면 0이 적용되고 증가값을 생략하면 1이 적용되며 범위의 원칙에 의해 끝값 자체는 포함되지 않는다.

range[1, 6]은 1에서 시작하여 6 직전인 5까지 1씩 증가하는 [1, 2, 3, 4, 5] 리스트를 생성한다. 끝값은 포함되지 않으므로 1에서 5까지 반복하려면 range(1, 5)가 아니라 range(1, 6)

이 되어야 함을 주의하자. 앞 예제는 다음과 같이 작성해도 동일하다.

```
for student in range(1, 6):
    print(student, "번 학생의 성적을 처리한다.")
```

range 명령을 사용하면 넓은 범위의 리스트를 손쉽게 생성할 수 있다. 다음 예제는 1에서 100 까지의 합계를 구하는 코드를 for문으로 작성한 것이다.

forsum

```
sum = 0
for num in range(1, 101):
    sum += num
print ("sum =",sum)
```
실행결과   sum = 5050

range(1, 101)로 [1, 2, 3, 4, ... 100] 리스트를 만든다. for문은 num 제어 변수에 요소를 하나씩 대입하여 루프를 돌며 sum에 누적시킨다. 리스트를 직접 쓰는 것보다 range 명령을 쓰면 소스가 간단해지고 범위를 조정하기도 쉽다. 다음 예제는 2 ~ 100 범위의 짝수 합계를 구한다.

forsum2

```
sum = 0
for num in range(2, 101, 2):
    sum += num
print ("sum =",sum)
```
실행결과   sum = 2550

시작값을 2로 하고 증가값을 2로 지정하면 2, 4, 6, 8 식으로 증가하는 리스트가 생성되며 이 리스트의 모든 요소값을 더했으므로 짝수의 합계가 된다.

두 개의 반복문은 서로 대체성이 있어 while문으로 만든 코드를 for문으로 바꿀 수 있으며 반대도 가능하다. 그러나 두 반복문은 서로 장단점이 있어 용도에 따라 구분하여 사용한다. for문은 반복 범위가 명확한 경우, while문은 가변적인 경우에 주로 사용한다.

제어 변수의 활용

루프는 반복 횟수와 끝낼 시점을 결정하기 위해 제어 변수를 사용한다. 루프 내부에서 반복되는 작업에 변화를 주기 위해 제어 변수를 참조하는데 while 예제는 student 제어 변수를 읽어 매번 다른 학생 번호를 출력했다. 제어 변수를 꼭 사용해야 하는 것은 아니며 단순히 반복 횟수만 통제할 때는 읽지 않아도 상관없다.

```
for a in range(5):
    print("이 문장을 반복합니다.")
```

이 코드는 명령을 다섯 번 반복하는데 제어 변수를 참조하지 않기 때문에 변화를 줄 여지가 없으며 출력문이 똑같은 모양이다. 대개의 경우는 제어 변수를 참조하여 매 반복마다 조금씩 다른 코드를 실행한다. sum100 예제는 num 값을 참조하여 sum에 누적되는 값을 제어한다.

루프는 개념은 쉽지만 응용이 어려워 많은 연습과 시행착오를 겪어야 하는 어려운 주제이다. 연습 삼아 '−' 문자로 길이 50의 선을 긋되 매 10칸마다 '+' 문자를 출력하는 문제를 풀어 보자. 예상되는 출력 결과는 다음과 같다.

```
---------+---------+---------+---------+---------+
```

반복적으로 선을 그으려면 50번의 루프를 실행해야 하며 그러기 위해서는 1 ~ 50의 범위를 움직이는 제어 변수가 필요하다. 매 반복마다 '−' 문자를 출력하되 제어 변수가 10의 배수 위치일 때만 '+'를 출력하면 된다. 배수를 판별할 때는 % 연산자를 사용한다.

```
ruler
for x in range(1, 51):
    if (x % 10 == 0):
        print('+', end= '')
    else:
        print('-', end = '')
```

제어 변수 x는 1에서 50까지 계속 증가한다. 50을 범위에 포함시키기 위해 끝 수를 51로 지정했다. 루프 내부에서 x의 값을 참조하여 x가 10으로 나누어 떨어지는 자리에 '+'를 출력하고 그 외의 자리에는 '−'를 출력한다.

x % 10 == 0 조건문이 10의 배수 좌표를 의미한다. 10, 20, 30, 40, 50의 자리에만 '+'가 출력된다. 조건을 뒤집어 10으로 나누어 나머지가 있는 좌표에 '−'를 출력하면 == 0 비교문을 생략할 수 있어 조금 더 간단해진다.

```
if (x % 10):
    print('-', end= '')
else:
    print('+', end = '')
```

큰 차이는 없지만 조건을 반대로 뒤집고 실행할 명령을 바꾸면 결국 같은 코드이다. 50번을 반복하는 대신 10칸을 하나의 반복 마디로 보고 '−' 문자 9개와 '+' 문자 1개를 출력하기를 다섯 번 반복하는 방법도 있다.

ruler2

```
for x in range(1, 6):
    print('-' * 9, end = '')
    print('+', end = '')
```

문자열에 대한 곱셈은 반복이므로 '−' * 9는 '−−−−−−−−−'와 같으며 마지막에 '+' 문자를 하나 더 출력한다. 반복의 대상이 개별 문자가 아니라 10개의 문자가 모인 마디이므로 루프는 다섯 번만 돌면 된다. 이 경우 제어 변수는 반복 횟수만 통제하며 직접 사용하지는 않는다. while문으로도 똑같은 예제를 작성할 수 있다.

ruler3

```
x = 1
while x <= 50:
    if (x % 10):
        print('-', end= '')
    else:
        print('+', end = '')
    x += 1
```

x를 1로 초기화하고 50 이하인 동안 반복하면 된다. <= 연산자로 비교했으므로 50도 범위에 포함된다. for문은 제어 변수가 자동으로 변하는 데 비해 while문은 그렇지 않으므로 루프 내부에서 반드시 x를 1 증가시켜야 한다. 그렇지 않으면 루프가 끝나지 않는다. 이 경우는 while문보다는 for문이 더 적합하다.

이제 예제를 조금 변형해 보자. 선의 길이를 바꾸는 것은 range 함수의 끝을 늘리면 되니 너무 쉽고 간단하다. 이 실습에서 젯수 10은 '+' 문자가 나타날 주기인데 5로 바꾸면 매 5칸마다 '+' 문자가 나타난다. 매 10칸마다 출력하던 것을 매 5칸마다 출력하니 '+' 문자의 빈도가 2배로 높아진다.

ruler4

```
for x in range(1, 51):
    if (x % 5 == 0):
        print('+', end= '')
    else:
        print('-', end = '')
```

실행결과   ----+----+----+----+----+----+----+----+----+----+

그럼 이번에는 매 10칸마다 출력하되 5, 15, 25, 35, 45의 자리에 '+' 문자를 출력하여 + 문자를 각 마디의 중앙에 출력해 보자. 주기는 똑같이 10이지만 출력 위치에 변화를 주었다.

ruler5

```
for x in range(1, 51):
    if (x % 10 == 5):
        print('+', end= '')
    else:
        print('-', end = '')
```

실행결과   ----+---------+---------+---------+---------+-----

젯수는 여전히 10이되 나머지가 5인 자리를 찾으면 된다. 이 예제에서 각 숫자의 변화에 따라 무엇이 바뀌는지 잘 관찰해 보자. range의 끝 수는 선의 길이이며 젯수는 마디의 주기가 되고 나머지는 마디에서 '+' 문자의 위치가 된다.

하나의 문제를 여러 가지 방법으로 풀어 봤는데 보다시피 코드에 정답이라는 것은 없다. 굉장히 많은 해결책이 있으며 요구 사항대로 출력되면 다 정답이다. 다만, 수많은 해결책 중에 가장 효율적이고 짧은 코드가 있을 뿐이다. 그래서 코딩은 부단한 연습과 경험이 필요하다.

break

반복문은 조건을 만족하는 동안 계속 실행하는 문장이라 일단 시작하면 끝까지 진행한다. 하지만 중간에 어떤 이유로 반복을 중지하거나 현재 반복을 건너뛰어야 할 경우가 있는데 이럴 때 흐름 제어문을 사용한다.

break 명령은 반복문을 끝낸다. 어떤 이유로 더 이상 반복할 수 없거나 반복이 의미 없어졌다면 루프를 즉시 끝내고 다음 명령으로 이동한다. 무조건 탈출하는 것이 아니라 특정한 조건에 의해 탈출하므로 보통 if문과 함께 사용한다.

break

```
score = [ 92, 86, 68, 120, 56]
for s in score:
    if (s < 0 or s > 100):
        break
    print(s)
print("성적 처리 끝")
```

실행결과	92 86 68 성적 처리 끝

이 예제는 리스트에 저장된 학생 다섯 명의 성적을 출력한다. 성적 데이터가 항상 정확하다면 루프를 끝까지 실행하겠지만 오류가 발생할 수도 있다. 4번째 학생의 성적인 120은 정상적인 성적이 아니다. 성적은 음수가 될 수 없고 100보다 커서도 안 된다.

루프 처리 중에 비정상적인 데이터가 발견되면 더 이상 처리를 계속할 수 없으므로 break로 루프를 탈출하여 반복을 중지한다. break 전에 print 명령으로 데이터에 이상이 있음을 보고할 수도 있다. 루프 실행 중간에 탈출했으므로 3번 학생의 성적까지 출력되고 4번 이후의 학생 성적은 출력되지 않는다.

continue

break 명령은 루프를 탈출하는 데 비해 continue 명령은 이번 루프 하나만 건너뛰고 나머지는 계속 수행한다. 현재 반복만 중지하고 루프의 선두로 돌아가 조건을 점검한 후 다음 번 반복을 계속 수행한다. break와 마찬가지로 특정 조건일 때만 실행하므로 보통 if문과 함께 사용한다.

continue

```
score = [ 92, 86, 68, -1, 56]
for s in score:
    if (s == -1):
        continue
    print(s)
print("성적 처리 끝")
```

실행결과

```
92
86
68
56
성적 처리 끝
```

이번에도 성적 데이터에 뭔가 이상한 값이 하나 포함되어 있는데 −1이라는 값은 결석이라고 가정하자. 몸이 아파서 시험을 못 보는 학생도 있고 컨닝하다가 잡혀 부정 처리되는 경우도 있다. 이 경우 해당 학생 성적 하나만 잘못된 것일 뿐 나머지는 유효하므로 이 학생에 대한 처리만 건너뛰고 다음 처리는 계속해야 한다.

이럴 때 사용하는 명령이 continue이다. 점수가 −1이면 continue 명령으로 루프 선두로 즉시 돌아가므로 4번 학생의 성적은 출력되지 않는다. continue 전에 print 명령으로 이 학생은 시험을 보지 않았음을 보고할 수도 있다. 결석한 학생만 건너뛴 것이므로 5번 학생의 성적은 정상적으로 출력된다. 두 흐름 제어문의 순서도를 그려 보면 다음과 같다.

```
for s in score:
    명령
    if ...: break
    if ...: continue
다음 명령
```

break는 루프를 빠져나오는 것이고 continue는 하나만 건너뛰고 선두로 돌아가 루프를 계속 실행하는 것이다. 두 명령은 while문에도 똑같이 적용되며 조건에 따라 루프의 계속 실행 여부를 통제한다.

6.2 루프의 활용

이중 루프

루프 안에 들어가는 명령의 종류에는 제약이 없어 또 다른 루프가 들어갈 수도 있다. 루프끼리 중첩된 것을 이중 루프라고 한다. 반복하는 동작을 또 반복하는 셈인데 그만큼 반복이 흔하다. 이중 루프의 전형적인 예는 구구단이다. 각 단에 2 ~ 9까지 곱하는 동작을 2 ~ 9단까지 반복해야 하니 이중 루프이다.

gugudan

```
for dan in range(2, 10):
    print(dan, "단")
    for hang in range(2, 10):
        print(dan, "*", hang, "=", dan * hang)
    print()
```

실행결과

```
2 단
2 * 2 = 4
2 * 3 = 6
2 * 4 = 8
2 * 5 = 10
2 * 6 = 12
2 * 7 = 14
2 * 8 = 16
2 * 9 = 18

3 단
3 * 2 = 6
3 * 3 = 9
. . . .
```

루프의 이름은 제어 변수로 붙이는데 이 예제는 두 개의 루프가 있다. 바깥쪽에 dan 루프가 있고 각 단에 대해 안쪽의 hang 루프가 중첩되어 있어 안쪽 루프가 바깥 루프에 완전히 포함된다. 각 단의 앞에 2단, 3단 식으로 이름을 출력하고 뒤에는 빈 줄을 하나 삽입하여 단끼리 구분한다.

바깥쪽 dan 루프의 각 단에 대해 안쪽의 hang 루프 전체를 반복한다. dan 값이 range(2, 10)인 2 ~ 9까지 변하며 각 dan에 대해 hang 값이 2 ~ 9까지 변하면서 dan * hang 값을 출력하면 2 ~ 9단까지 각 단에 대해 2 ~ 9행까지 구구단이 출력된다.

```
       ┌ for dan in range(2, 10):
       │     print(dan. "단')
dan    │hang┌for hang in range(2,10):
루프  ┤루프└    print(dan, "*", hang, "=", dan * hang)
       │     print()
       └
```

이중 루프를 작성할 때도 들여쓰기에 주의해야 한다. dan 루프에 속한 세 명령인 단 이름 출력, hang 루프, 빈 줄 출력문이 한 칸씩 들여 써 있고 hang 루프에 속한 print 명령이 두 칸 들여 써 있음을 유의하자. 어떤 루프에 소속된 명령인가에 따라 들여쓰기를 정확히 지켜야 한다.

안쪽 루프의 총 반복 횟수는 중첩된 두 루프의 곱이며 이 경우 총 64회 반복된다. 반복이 워낙 흔한 일이어서 중첩은 자주 사용되며 삼중, 사중으로 중첩되는 경우도 많다. 똑같은 예제를 while문으로도 작성할 수 있다.

gugudanwhile
```
dan = 2
while dan <= 9:
    hang = 2
    print(dan, "단")
    while hang <= 9:
        print(dan, "*", hang, "=", dan * hang)
        hang += 1
    dan += 1
    print()
```

제어 변수를 직접 초기화하고 증감까지 시켜야 하므로 for문에 비해 코드가 더 길고 복잡해 보인다. 구구단은 반복 횟수가 정해져 있으므로 while문보다는 for문이 더 어울린다. 다음은 2장에서 실습으로 작성했던 삼각형 그리기 예제인데 이중 루프를 사용한다.

```
for y in range(1, 10) :
    for x in range(y) :
        print('*', end = '')
    print()
```

```
*
**
***
****
*****
******
*******
********
*********
```

y가 1에서 9까지 변하며 루프 내부에서 x 루프를 돌린다. 각 x 루프에서 * 문자를 출력하되 x 루프의 반복 횟수는 y만큼이다. 그래서 첫 줄에 * 하나를 출력하고 개행, 다음 줄에 * 두 개를 출력하고 개행하는 식으로 개수가 계속 늘어나 전체적으로 삼각형이 그려진다.

이 예제의 핵심은 안쪽 루프에서 바깥쪽 루프의 제어 변수를 참조한다는 점이다. 루프 내부에서 제어 변수는 언제든지 참조할 수 있다. x 루프의 반복 횟수를 바깥쪽의 y 제어 변수값으로 결정하므로 각 행에 출력되는 * 문자의 개수가 1 에서 9까지 점점 늘어난다.

반복 범위나 바깥쪽 제어 변수 참조 방법을 변경하면 역삼각형이나 이등변삼각형을 그릴 수도 있다. 이 예제는 이중 루프의 전형적인 활용 예를 잘 보여 주지만 파이썬이라면 훨씬 더 간단한 방법으로 문제를 해결할 수 있다.

```
for y in range(1, 10) :
    print("*" * y)
```

문자열에 정수를 곱하면 그 수만큼 반복된 문자열이 생성된다는 점을 이용하면 굳이 이중 루프를 돌지 않아도 1에서 10까지 점점 늘어나는 문자열이 출력된다. 코드는 훨씬 짧지만 실행 결과는 같다. 사실은 문자열에 정수를 곱하는 코드 자체가 내부적으로 루프이다.

무한 루프

무한 루프는 반복 횟수를 정하지 않고 무한히 반복하는 루프이다. 루프를 시작할 때 반복 횟수를 미리 알 수 없다면 무한히 반복하도록 해 놓고 루프 중간에서 조건을 점검하여 탈출하는 형식이다. while문으로 작성하며 for문으로는 무한 루프를 만들 수 없다.

```
while True:
    명령
    if 탈출조건: break
```

while문의 조건식에 상수 True를 적어 두면 반복 조건이 항상 참이므로 이 루프는 무한히 반복된다. 진짜 무한히 반복해서는 안 되므로 루프 중간에 반드시 break 명령을 두어 적당한 조건이 되었을 때 루프를 끝내야 한다.

infinite

```
print("3 + 4 = ?")
while True:
    a = int(input("정답을 입력하시오 : "))
    if (a == 7): break
print("참 잘했어요")
```

실행결과	3 + 4 = ? 정답을 입력하시오 : 6 정답을 입력하시오 : 12 정답을 입력하시오 : 7 참 잘했어요

이 예제는 간단한 덧셈 문제를 출제하고 사용자로부터 정답을 입력받아 답을 체크한다. 사용자가 정답을 입력할 때까지 반복하되 문제는 언제 정답을 입력할지 미리 알 수 없다는 점이다. 그래서 형식적으로는 무한 루프를 구성하고 정답을 입력할 때까지 계속 반복한다.

사용자가 정답을 입력하면 비로소 break로 탈출한다. 반복 횟수를 미리 정해 놓지 않고 "똑바로 할 때까지" 무한히 반복하는 것이다. 결국 무한 루프란 진짜 무한히 반복한다는 뜻이 아니라 루프 내부에서 끝낼 시점을 결정하는 루프이다. 결국 언젠가는 끝이 나긴 한다.

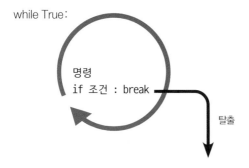

```
while True:
      명령
      if 조건 : break
                              탈출
```

컴퓨터가 제일 잘 하는 일이 똑같은 일을 지치지 않고 반복하는 것이고 프로그램이 하는 일 중 제일 흔한 일도 유사한 작업을 계속해 대는 것이다. 조건이 만족할 때까지 반복할 일이 워낙 많아 무한 루프를 쓸 일이 굉장히 많다. 다음 코드는 게임의 전체적인 구조이다.

```
while True:
      입력 받아 주인공 이동
      적과 총알 이동
      화면 그림
      if 주인공과 적의 충돌: break
```

게임은 사용자로부터 계속 입력을 받아 주인공을 움직이며 적과 총알도 마구잡이로 움직인다. 그러면서 주인공과 적, 총알을 초당 수십 번씩 화면에 그려 보여 주어야 한다. 이 과정을 주인공이 죽을 때까지 반복해야 하는데 문제는 언제 죽을지 미리 알 수 없다는 것이다. 이럴 때 무한 루프를 구성하고 루프 내부에서 충돌을 판정하여 탈출하는 구조를 사용한다.

범위의 원칙

일상생활에서는 당연한 상식이 컴퓨터의 세계에서 완전히 달라지는 경우가 있다. 아날로그와 디지털 세계의 차이라고 할 수 있는데 프로그래밍은 컴퓨터의 세계에서 일어나는 일이므로 이런 차이점에 유의해야 한다.

일상생활에서 범위를 칭할 때는 항상 끝부분을 포함한다. 예를 들어 오늘 청소 당번은 1 ~ 10번이라고 하면 10번 학생도 청소 당번이다. 그러나 컴퓨터에서 범위를 칭할 때는 끝 요소를 제외하고 그 직전까지만 포함한다. range(1, 10)은 1 ~ 10이 아닌 1 ~ 9 범위의 리스트를 만든다.

range 함수가 범위의 끝을 제외하는 이유는 범위의 구간을 나누어 반복적인 처리를 할 때 구간을 나누기 편해서이다. 0 ~ 50의 구간을 다섯 등분할 때 일상생활에서와 컴퓨터에서 범위를 나누는 방식이 다르다.

일상생활에서의 범위	컴퓨터에서의 범위
1~10	0~10
11~20	10~20
21~30	20~30
31~40	30~40
41~50	40~50

우리가 범위를 나눌 때는 첫 범위의 끝에서 1 더한 값으로 다음 범위의 시작을 설정한다. 매번 1을 더해야 한다는 점에서 은근히 불편하고 실수할 위험이 많다. 범위에서 끝을 제외하면 앞 범위의 끝이 다음 범위의 시작과 같아져 루프를 돌리기 편하고 반복적인 처리가 쉬워진다.

수를 세는 방식도 좀 다른데 사람은 자연수를 쓰기 때문에 항상 1부터 시작하며 0은 수라고 생각하지 않는다. 그러나 익숙해서 자연스럽게 느껴질 뿐 실제로는 늘상 쓰는 수 체계도 좀 이상한 면이 있다. 다음 예를 보자.

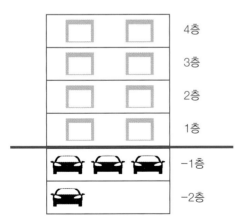

건물의 충수를 셀 때 지상 층을 1층이라고 하며 위로 2층, 3층이 있고 1층 밑에는 지하 1층, 지하 2층이라고 부른다. 너무 자연스러운 거 같지만 층 간을 계산해 보면 뭔가 이상하다. 한 층과 다음 층의 간격은 1이며 3층과 2층의 간격은 분명 1이 맞다. 그러나 1층과 지하 1층의 간격은 1이 아니라 2이다.

이런 부자연스러움이 발생하는 이유는 중간에 0이 빠졌기 때문이다. 건물이 시작되는 지상 층을 0부터 센다면 계산이 맞다. 컴퓨터는 이런 어색함을 방지하기 위해 숫자를 항상 0부터 시작한다. 기준점(Base)에서의 상대적인 거리를 오프셋이라고 하는데 첫 요소의 오프셋이 0부터 시작해야 계산이 빠르고 자연스러워진다.

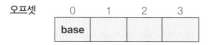

이렇게 되어야 리스트의 요소를 찾을 때 오프셋 * 요소 크기로 위치를 간단히 찾을 수 있다. 그래서 리스트의 첫 요소는 [1]번이 아니라 [0]번이다. 위에서 설명한 두 가지 사항을 다음 예제로 확인해 보자.

zerobase

```
for ten in range(0, 5) :
    for num in range(ten * 10, ten * 10 + 10) :
        print(num, end = ',')
    print()
```

실행결과	0,1,2,3,4,5,6,7,8,9, 10,11,12,13,14,15,16,17,18,19, 20,21,22,23,24,25,26,27,28,29, 30,31,32,33,34,35,36,37,38,39, 40,41,42,43,44,45,46,47,48,49,

숫자의 처음을 0부터 시작하고 범위의 끝을 제외하기 때문에 이런 루프를 자연스럽게 돌릴 수 있다. 사실 범위를 정하는 방식이나 숫자를 세는 방식은 하나의 약속에 불과하기 때문에 어떻게 정하더라도 일관되게 지키면 문제가 없다. 디지털의 세계에서는 디지털에 맞게 약속을 정한 것 뿐이므로 우리는 여기에 익숙해져야 한다.

연습문제

1. while문을 사용하여 1에서 200까지 모든 3의 배수 합계를 계산하라.

2. while문에 대한 설명으로 잘못된 것은?

   ① 조건이 만족하는 동안 계속 실행한다.

   ② 루프 내부에 조건을 변경하는 문장이 있어야 한다.

   ③ 일정 횟수 반복할 때 적합하다.

   ④ 조건이 거짓이 되면 종료한다.

3. range(1, 10, 3)이 생성하는 리스트는 무엇인가?

   ① 1, 2, 3   ② 3, 6, 9   ③ 1, 4, 7, 10   ④ 1, 4, 7

4. 현재 루프 하나만 건너뛸 때 사용하는 명령은 무엇인가 ?

   ① break   ② continue   ③ return   ④ exit

5. for문으로 1에서 10까지 출력하되 3의 배수는 건너뛰는 예제를 작성하라.

6. 이중 루프를 사용하여 다음 삼각형을 출력하라.

```
        *
       **
      ***
     ****
    *****
   ******
  *******
 ********
*********
**********
```

7. 이중 루프를 사용하여 다음 삼각형을 출력하라.

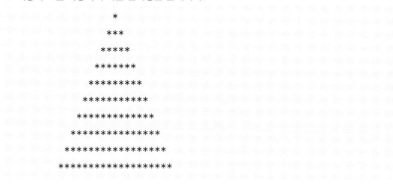

```
        *
       ***
      *****
     *******
    *********
   ***********
  *************
 ***************
*****************
*******************
```

7장

함수

Python

7.1 함수와 인수

반복되는 코드

프로그램이 하는 일은 늘상 비슷비슷해서 유사한 작업을 계속 반복한다. 한번 처리한 일을 다시 처리할 경우가 빈번하며 그러다 보니 비슷한 코드가 계속 반복되는데 다음 예제를 보자.

```
repeat

sum = 0
for num in range( 5):
    sum += num
print("~ 4 =", sum)

sum = 0
for num in range(11):
    sum += num
print("~ 10 =", sum)
```

실행결과	~ 4 = 10 ~ 10 = 55

4까지의 합계와 10까지의 합계를 구해 출력했다. 일정 범위의 정수 합계를 구하는 방법은 앞 장에서 이미 실습했다. sum 변수를 초기화하고 for 루프를 돌리며 누적합을 구하는 거의 똑같은 코드가 두 번 반복된다. 합계를 구하는 범위만 다를 뿐이다.

합계를 구할 일이 빈번하다면 앞으로도 이 뻔한 코드가 계속 반복될텐데 타이프치기 귀찮을 뿐만 아니라 소스가 길어지고 구조상으로도 좋지 않다. 이처럼 반복적으로 사용되는 코드는 한번 정의해 놓고 계속 사용하는 것이 좋다. 함수는 일련의 코드 블록에 이름을 붙여 정의한 것이다.

```
def 함수명(인수 목록):
    본체
```

def 키워드(define)를 앞에 쓴 후 함수의 이름을 정의한다. 함수명은 명칭이므로 자유롭게 붙일 수 있되 동작을 잘 표현하는 동사로 붙이는 것이 좋다. 인수 목록은 호출원이 함수로 전달하는 작업거리이며 함수 내부에서 사용한다. 본체는 함수의 동작을 처리하는 코드를 기술한다. 이렇게 함수를 정의해 놓고 다음 호출문으로 실행한다.

함수(인수 목록)

함수의 이름으로 호출하고 괄호 안에 작업거리인 인수를 전달한다. 호출문에 의해 함수의 본체로 인수가 전달되어 실행된다. 앞 예제를 함수를 사용하여 다시 작성해 보자.

calcsum

```python
def calcsum(n):
    sum = 0
    for num in range(n + 1):
        sum += num
    return sum

print("~ 4 =", calcsum(4))
print("~ 10 =", calcsum(10))
```

실행결과
```
~ 4 = 10
~ 10 = 55
```

합계를 계산하는 동작을 하므로 이름은 calcsum으로 붙였다. 인수 n은 합계를 구할 범위를 전달받으며 본체에서 n까지 루프를 돌며 정수의 합계를 구한다. n을 범위에 포함시키기 위해 range 함수의 끝 범위를 n + 1로 지정했다. sum을 0으로 초기화하고 루프를 돌며 누적합을 구한 후 sum을 리턴한다.

함수를 잘 정의해 두면 필요할 때마다 호출하여 일을 시킬 수 있다. 어디까지의 합계를 구할 것인가만 인수로 전달하면 된다. 4를 전달하면 4까지의 합계가 구해지고 10을 전달하면 10까지의 합계가 구해진다. calcsum(100), calcsum(1234) 식으로 인수를 바꿔 가며 호출만 하면 합계를 구해 준다.

파이썬은 소스를 처음부터 순서대로 읽어 실행하는 인터프리터 언어이다. 그래서 함수를 호출하기 전에 먼저 함수가 정의되어 있어야 한다. 다음 코드는 에러 처리된다.

```
print("~ 4 =", calcsum(4))
print("~ 10 =", calcsum(10))

def calcsum(n):
    sum = 0
    for num in range(n + 1):
        sum += num
    return sum
```

첫 줄에서 calcsum을 호출할 때는 아직 이 함수가 어떤 동작을 하는지 정의되지 않아 호출할 수 없다. 함수 정의문을 호출문보다 앞으로 옮기면 문제가 해결된다. def문은 함수를 정의하기만 할 뿐 실행하지는 않는다. 해석기는 함수의 코드를 기억해 두었다가 호출원에서 호출할 때 함수를 실행한다.

인수

인수는 호출원에서 함수로 전달되는 작업거리이며 호출하는 쪽과 함수를 연결한다는 의미로 매개변수라고도 부른다. 호출원에서 어떤 인수를 넘기는가에 따라 함수의 동작이 달라진다. 개수 제한이 없어 얼마든지 많이 전달할 수 있고 아예 없을 수도 있다. 다음 calcsum10 함수는 인수가 없으며 합계를 구할 범위가 10으로 고정되어 있어 딱 10까지의 합계만 구한다.

```
def calcsum10():
    sum = 0
    for num in range(11):
        sum += num
    return sum
```

인수가 없으면 함수의 동작이 항상 똑같아 활용성이 떨어진다. 이에 비해 앞에서 만든 calcsum 함수는 끝 범위를 인수로 전달받아 range 함수에 적용하기 때문에 다양한 범위의 합계를 구할 수 있다. 인수는 함수의 동작에 변화를 주어 활용성을 높인다.

함수 정의문의 인수를 형식 인수라고 하며 함수 호출문에서 전달하는 인수를 실인수라고 한다. calcsum 함수 정의문의 n이 형식 인수이며 호출문의 4와 10이 실인수이다. 함수를 호출할 때 실인수의 값이 형식 인수에 대입되어 본체에서 사용한다.

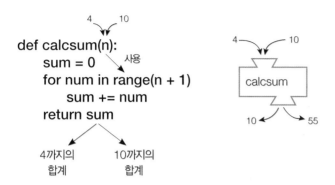

호출문에서 4를 전달하면 형식 인수 n은 4를 대입받아 4까지의 합계를 구하고 10을 전달하면 n은 10이 되어 10까지의 합계를 구한다. 함수는 입력에 따라 일정한 계산을 통해 출력을 리턴하는 기계에 비유된다. 호출문에서 어떤 인수를 전달하는가에 따라 함수의 동작과 리턴값이 달라진다.

형식 인수는 실인수값을 잠시 대입받는 임시 변수여서 이름은 아무래도 상관없지만 가급적이면 설명적인 이름을 붙이는 것이 좋다. n 대신 범위의 끝이라는 뜻으로 end로 붙이면 함수를 처음 보는 사람도 이 인수의 의미를 쉽게 파악할 수 있고 뭘 전달해야 하는지 직관적으로 알 수 있다.

```
def calcsum(end):
    sum = 0
    for num in range(end + 1):
        sum += num
    return sum
```

dog든 cow든 어떤 것이든 상관없이 형식 인수의 이름과 본체 내에서 참조하는 이름만 일치하면 된다. 인수는 필요한 만큼 얼마든지 받을 수 있다. 다음 함수는 범위의 시작과 끝을 두 개의 인수로 전달받아 두 정수 범위의 합계를 구한다.

```
def calcrange(begin, end):
    sum = 0
    for num in range(begin, end + 1):
        sum += num
    return sum

print("3 ~ 7 =", calcrange(3, 7))
```

실행결과　　3 ~ 7 = 25

끝값만 전달받는 calcsum은 범위의 시작이 1로 고정되어 있는 데 비해 시작과 끝을 모두 전달받는 calcrange 함수는 임의 범위의 합계를 구할 수 있어 활용성이 더 높다. 필요하다면 건너뛸 값을 step 인수로 전달받아 3, 5, 7씩으로 하나씩 건너뛰며 합계를 구할 수도 있다.

리턴값

리턴값은 함수의 실행 결과를 호출원으로 돌려주는 값이다. 인수는 호출원에서 함수로 전달되는 작업거리인 데 비해 리턴값은 실행 결과를 보고하는 값이다. 함수의 입장에서 볼 때 인수는 입력값이고 리턴은 출력값이다.

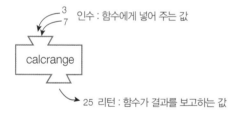

인수는 여러 개 있을 수 있지만 리턴값은 딱 하나밖에 없다. 리턴값을 반환할 때 return 명령 뒤에 반환할 값을 지정한다. calcsum 함수는 인수로 전달받은 범위에 대한 합계를 sum에 계산하여 이 값을 리턴한다.

```
    return sum
```

값을 리턴하는 함수의 호출문은 그 자체가 하나의 값이기 때문에 수식 내에서 바로 사용할 수 있다. 함수가 리턴하는 값을 다른 변수에 대입할 수 있고 다른 함수의 인수로 사용할 수도 있다.

```
a = calcsum(10)
print(calcsum(10))
```

calcsum(10) 호출문이 55라는 숫자와 같아 값이 들어갈 수 있는 모든 곳에 함수 호출문이 올 수 있다. 리턴값이 꼭 있어야 하는 것은 아니며 반환할 값이 없는 경우도 있다.

printsum

```
def printsum(n):
    sum = 0
    for num in range(n + 1):
        sum += num
    print("~", n, "=", sum)

printsum(4)
printsum(10)
```

실행결과	~ 4 = 10
	~ 10 = 55

이 예제의 printsum 함수는 합계를 구해 주는 것이 아니라 직접 출력한다. 내부에서 모든 것을 다 처리해 버리기 때문에 반납할 값이 없으며 따라서 함수의 본체에서 return문을 쓸 필요가 없다.

printsum(10)이라고 호출하면 알아서 10까지 합계를 구해 출력한다. 리턴값이 없는 함수는 동작만 처리할 뿐 값이 아니어서 단독으로만 호출해야 한다. 변수에 대입하거나 수식 내에서 사용해서는 안 된다.

```
a = printsum(4)         # None
print(printsum(4) * 2)  # 에러
```

printsum 함수의 리턴값이 없어 a에는 아무것도 아니라는 의미의 None 값이 대입된다. 리턴값이 없는 함수 호출문을 수식 내에서 사용하면 None과 숫자를 연산할 수 없어 에러 처리된다.

pass 명령

pass 명령은 파이썬의 모든 명령 중 가장 간단하며 아무 동작도 하지 않는다. 함수가 아닌 키워드이며 해석기가 직접 지원한다. 해석기는 pass 명령을 만나면 그냥 무시하고 건너뛴다.

```
print("타잔이 10원짜리 팬티를 입고")
pass
print("20원짜리 칼을 차고 노래를 한다.")
```

이런 코드를 작성하면 print 함수만 두 번 실행될 뿐 pass는 아무것도 하지 않는다. 동작은 없지만 앞으로 코드를 작성할 위치를 지정하는 역할을 한다. 예를 들어 calctotal이라는 함수를 만들 예정이라면 다음과 같이 작성한다.

```
def calctotal():
    pass
```

일단 함수를 만들어 놓고 본체는 천천히 완성할 계획이라면 본체 자리에 pass라고 적어 놓는다. 차후 이 위치에 구현 코드를 천천히 작성하면 된다. 여러 개의 함수를 한꺼번에 만들 때는 일단 함수를 만들어 두고 본체는 천천히 만드는 경우가 많은데 그렇다고 해서 코드는 쓰지 않고 함수 이름만 덜렁 만들어 두면 본체가 없다는 에러로 처리된다.

```
def calctotal():
```

윗줄이 :으로 끝났으니 아랫줄에 뭔가 코드가 와야 하는데 그렇지 않으니 모양이 이상하고 불완전해 보인다. 주석으로 나중에 작성할 것이라고 해 놔도 해석기는 주석을 무시하기 때문에

역시 안 된다.

```
def calctotal():
    # 나중에 완성할 것
```

그래서 빈 코드임을 나타내는 pass 명령이 필요하다. pass는 아무것도 하지 않지만 어쨌거나 본체의 역할을 하므로 함수를 제대로 정의한 것이다. 즉, pass는 앞으로 작성할 코드에 대해 자리만 잡아 놓는 것이다.

다른 언어에는 빈 코드를 표시하는 별도의 키워드가 없다. 유독 파이썬에만 이런 키워드가 필요한 이유는 들여쓰기로 블록 구조를 만들기 때문이다. C나 자바에서는 빈 함수를 다음과 같이 정의한다.

```
void calctotal()
{
}
```

{ } 괄호가 빈 명령을 의미하는데 파이썬은 { } 괄호를 쓰지 않기 때문에 빈 코드를 의미하는 별도의 키워드가 필요하다. 함수뿐만 아니라 클래스나 조건문 등을 작성할 때도 빈 코드를 일단 만들어 둘 때는 pass 명령을 사용한다.

```
if score >= 90:
    pass
else:
    pass
```

이 문장은 현재는 아무것도 하지 않지만 차후 pass 자리에 코드를 작성하면 점수가 90점 이상일 때와 아닐 때의 처리를 추가할 수 있다. 코드 없이 if else만 있다고 해 보자.

```
if score >= 90:
else:
```

if문 다음에는 참일 때 실행할 명령이 와야 하는데 그 명령이 else: 라니 말이 안 된다. 게다가 들여쓰기도 맞지 않다. 나중에 작성할 코드라도 일단 구문을 맞춰야 하기 때문에 빈 명령인 pass가 꼭 필요하다.

7.2 인수의 형식

가변 인수

함수를 호출할 때 함수 정의문의 형식 인수 개수만큼 실인수를 전달해야 한다. calcrange 함수는 두 개의 인수를 요구하므로 두 인수 모두 넘겨야 한다. 하나만 전달하거나 세 개를 전달하면 에러 처리된다.

```
calcrange(3)
calcrange(3, 7, 10)
```

calcrange 함수는 범위의 시작과 끝을 모두 전달해야 제대로 동작한다. 일반적인 함수는 정의문에 필요한 인수의 개수가 명시되어 있고 호출할 때 이 개수에 맞게 실인수를 넘겨야 한다. 이에 비해 가변 인수는 임의 개수의 인수를 받는다. 인수 이름 앞에 * 기호를 붙이면 이 자리에 여러 개의 인수가 올 수 있다.

vararg

```
def intsum(*ints):
    sum = 0
    for num in ints:
        sum += num
    return sum

print(intsum(1, 2, 3))
print(intsum(5, 7, 9, 11, 13))
print(intsum(8, 9, 6, 2, 9, 7, 5, 8))
```

실행결과	6
	45
	54

intsum 함수는 정수의 합계를 구하되 개수는 미리 정해져 있지 않다. ints 인수 앞에 * 기호

가 있어 이 인수로 여러 개의 실인수를 한꺼번에 전달받는다. 파이썬은 호출문에 나타난 실인수를 튜플로 묶어 전달하는데 본체에서 for 루프를 돌며 튜플의 요소를 하나씩 꺼내 사용한다.

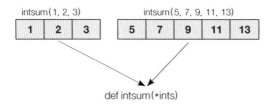

정수 3개를 넘기든 5개를 넘기든 모두 ints 튜플로 묶여 전달되므로 얼마든지 많은 정수의 합을 구할 수 있다. 몇 개든 간에 던지기만 하면 튜플로 포장해서 ints로 전달하고 함수는 튜플의 요소를 꺼내 합계를 구한다.

가변 인수는 이후의 모든 인수를 다 포함하기 때문에 인수 목록의 마지막에 와야 한다. 가변 인수 앞에는 일반 인수가 올 수 있지만 뒤쪽에 올 수는 없다. 가변 인수 뒤에 일반 인수가 더 있으면 어디까지 가변 인수인지 잘 구분되지 않기 때문이다.

```
intsum(s, *ints)       # 가능
intsum(*ints, s)       # 에러
intsum(*ints, *nums)   # 에러
```

같은 이유로 가변 인수가 2개 이상 있어서도 안 된다. 제일 마지막에 딱 하나만 와야 한다. intsum(1, 2, 3, 4, 5)로 호출할 때 앞쪽에 일반 인수가 있으면 1이 s로 전달되지만 뒤쪽에 일반 인수가 더 있거나 다른 가변 인수가 있으면 어디까지가 어떤 인수 소속인지 애매하다.

가변 인수를 사용하는 대표적이고 실용적인 함수가 기본 출력문인 print이다. 개수와 타입에 제한이 없어 문자열이든 숫자든 콤마로 구분하여 전달하면 된다. 출력 대상이 무엇이든, 어떤 형태이든 구분할 필요 없이 여러 개의 정보를 한 줄에 같이 출력할 수 있다.

```
print("순수한 선택, 성실한 실천")
print(a, b)
print("문자열", 1234, 3.14)
```

print 함수는 모든 인수를 가변 인수로 전달받아 하나씩 순서대로 꺼내 문자열 형태로 바꾼 후 화면으로 출력한다. 던지는 족족 출력해 주니 쓰기 편하다.

인수의 기본값

인수가 많으면 호출원에서 작업 지시를 섬세하게 전달할 수 있어 활용성이 높아진다. 인수를 하나만 받는 calcsum 함수보다 인수 두 개를 받는 calcrange 함수가 더 범용적이다. calcrange 함수에 증감값을 인수로 전달하면 범위 내의 수를 건너뛰며 합계를 구할 수도 있다. 이런 함수를 calcstep으로 다시 정의해 보자.

defaultarg

```
def calcstep(begin, end, step):
    sum = 0
    for num in range(begin, end + 1, step):
        sum += num
    return sum

print("1 ~ 10 =", calcstep(1, 10, 2))
print("2 ~ 10 =", calcstep(2, 10, 2))
```

실행결과	1 ~ 10 = 25 2 ~ 10 = 30

step 인수를 추가하여 range 함수의 증감값으로 전달하면 step만큼 건너뛰며 합계를 구한다. 1에서 10까지 2씩 건너뛰면 홀수의 합계이고 2에서 10까지 2씩 건너뛰면 짝수의 합계이다. 일정 범위에 대해 3의 배수나 4의 배수 합계를 구할 수도 있다.

인수가 추가되면 더 세밀한 작업 지시가 가능해져 다양하게 활용할 수 있지만 증감값이 1인 경우에도 꼭 1을 전달해야 하는 불편함이 있다. 예를 들어 1 ~ 100의 모든 정수 합계를 구하려면 다음과 같이 호출한다.

```
calcstep(1, 100, 1)
```

증감값은 웬만하면 1인 경우가 대부분인데 일일이 이 값을 전달해야 하니 오히려 불편해지는 면이 있다. 이처럼 잘 바뀌지 않는 인수는 인수 목록에 기본값을 지정해 둔다. 기본값이 있는 인수는 일종의 옵션으로 취급되어 생략 가능하다. 실인수를 생략하면 기본값을 전달한 것으로 가정한다.

```
calcstep

def calcstep(begin, end, step = 1):
    sum = 0
    for num in range(begin, end + 1, step):
        sum += num
    return sum

print("1 ~ 10 =", calcstep(1, 10, 2))
print("1 ~ 100 =", calcstep(1, 100))
```

실행결과
```
1~10 = 25
2~10 = 5050
```

calcstep 함수의 세 번째 step 인수에 = 1을 초기값으로 주어 기본값 1을 지정했다. calcstep(1, 10, 2) 식으로 3개의 인수를 지정하면 step은 2가 되고 calcstep(1, 100) 식으로 2개의 인수만 전달하면 step은 기본값인 1이 된다. 무난한 값일 때는 일일이 전달할 필요 없이 생략해 버리면 되니 간편하고 꼭 지정하고 싶으면 별도로 전달할 수 있어 활용성도 높다.

def calcstep(begin, end, step = 1):

기본값 지정

어떤 인수든지 기본값을 지정할 수는 있다. calcstep의 end 인수에 기본값 100을 지정하면 끝값 생략 시 자동으로 100이 된다. begin도 마찬가지로 기본값을 지정할 수 있다. 그러나 기본값을 가지는 인수 뒤에 일반 인수가 올 수는 없다. 중간의 인수가 기본값을 가지면 호출문에서 이를 생략할 수 없기 때문이다. calcstep 함수를 다음과 같이 작성했다고 해 보자.

```
calcstep(begin, step = 1, end)
```

calcstep(1, 100) 호출문이 step을 100으로 지정한 건지, 아니면 step은 기본값 1이고 end 가 100인지 애매하다. 그렇다고 calcstep(1, , 100) 식으로 중간 인수를 비워 두는 것은 허용 하지 않는다. 중간을 생략할 수는 없고 끝부분만 생략할 수 있으므로 기본값을 가지는 인수는 목록의 뒤쪽에 적어야 한다.

키워드 인수

함수를 호출할 때 함수 정의문에 선언된 순서대로 실인수를 전달하며 호출문에 나타나는 순 서에 따라 형식 인수에 차례대로 대입된다. 순서대로 인수를 전달하는 방식을 위치 인수 (Positional Argument)라고 하는데 호출문이 짧고 간단하지만 인수의 수가 많아지면 은근히 헷갈린다. 다음 예를 보자.

```
getscore(grade, clano, stuno, subject, month)
```

한 학생의 성적을 구하는 함수인데 학년, 반, 학생 번호, 과목, 시기 등 인수가 무척 많다. 2학 년 3반 15번 학생의 4번 과목 6월 성적을 구하려면 getscore(2, 3, 15, 4, 6)이라고 호출한다. 비슷비슷한 숫자가 반복되어 순서를 외우기 어렵고 때로는 무척 헷갈리기도 한다. 학생 번호와 과목 번호를 바꿔 버리면 엉뚱한 값이 나오거나 없는 정보를 조회하여 다운될 수도 있다.

위치 인수가 헷갈리는 이유는 등장 순서대로 형식 인수와 대응되며 정확하게 호출하려면 인 수의 순서와 의미를 숙지해야 하기 때문이다. 그래서 순서와 무관하게 인수를 전달하는 방법 을 제공한다. 인수의 이름을 지정하여 대입 형식으로 전달하는 방식을 키워드 인수(Keyword Argument)라고 한다. 이름으로 구분 가능하므로 순서가 바뀌어도 상관없다.

keywordarg

```
def calcstep(begin, end, step):
    sum = 0
    for num in range(begin, end + 1, step):
        sum += num
    return sum
```

```
print("3 ~ 5 =", calcstep(3, 5, 1))
print("3 ~ 5 =", calcstep(begin = 3, end = 5, step = 1))
print("3 ~ 5 =", calcstep(step = 1, end = 5, begin = 3))
print("3 ~ 5 =", calcstep(3, 5, step = 1))
print("3 ~ 5 =", calcstep(3, step = 1, end = 5))
```

```
3 ~ 5 = 12
3 ~ 5 = 12
3 ~ 5 = 12
3 ~ 5 = 12
3 ~ 5 = 12
```

calcstep 함수를 여러 가지 방식으로 호출해 보았다. 첫 번째 호출문은 위치 인수만 사용했으며 (3, 5, 1)로 전달하면 위치에 따라 차례대로 형식 인수 begin, end, step에 대입되며 가장 짧고 자연스럽다.

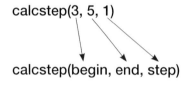

두 번째 호출문은 각 인수에 이름을 지정하여 전달했는데 위치 인수와 순서가 같아 이 경우는 굳이 이름을 줄 필요가 없다. 인수의 이름을 지정하면 순서가 바뀌어도 상관없다. 세 번째 호출문은 step, end, begin 순으로 전달했지만 형식 인수의 이름을 분명히 지정했으므로 순서와 상관없이 정확하게 전달된다.

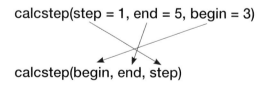

마지막 두 호출문은 위치 인수와 키워드 인수를 섞어서 호출한다. 위치 인수를 먼저 적고 뒤쪽에 키워드 인수를 적는데 위치 인수는 순서를 맞춰야 하지만 키워드 인수의 순서는 바뀌어도 상관없다. 이름이 없는 위치 인수는 순서에 맞게 대입되고 이름이 있는 키워드 인수는 이름이 지정하는 형식 인수에 대입된다. 그러나 다음은 안 된다.

```
calcstep(begin = 3, 5, 1)
calcstep(end = 5, 3, 1)
```

위치 인수가 항상 먼저 와야 하며 앞쪽에 키워드 인수가 왔으면 뒤쪽에는 위치 인수가 올 수 없다. 앞쪽에 이미 키워드 인수가 왔으면 뒤쪽 인수도 이름을 지정해야 정확한 짝을 찾을 수 있다. 규칙이 좀 복잡해 보이는데 짝을 제대로 찾을 수만 있으면 된다.

print 함수의 sep, end 가 대표적인 키워드 인수이며 기본값까지 지정되어 있다. 출력할 내용 사이에 sep 문자를 넣고 마지막으로 end 문자를 출력한다. print 함수의 도움말을 찾아보면 다음과 같이 되어 있다.

```
print(value, ..., sep=' ', end='\n', file=sys.stdout, flush=False)
```

sep의 기본값이 공백이고 end의 기본값이 개행이어서 변수 사이에 공백이 삽입되고 다 출력한 후 자동 개행된다. 키워드 인수를 생략하면 디폴트가 적용되지만 두 인수를 원하는 대로 변경하여 구분자와 끝 문자를 바꿀 수 있다.

```
print(a, b)                    # 3 4
print(a, b, sep=',')           # 3,4
print(a, b, sep=',', end='$')  # 3,4$
print(a, b, end='$', sep=',')  # 3,4$
```

sep 인수와 end 인수의 순서는 중요하지 않으며 필요한 것만 지정하면 된다. 생략한 인수에는 무난한 디폴트가 적용된다. print 함수는 가변 인수를 취하면서도 필요할 때 구분자와 끝 문자를 이름으로 지정할 수 있어 직관적이고 사용하기 쉽다.

키워드 인수는 순서에 상관없이 쓸 수 있어 편리하지만 위치 인수보다 호출 구문이 길고 인수의 이름을 정확하게 외워야 한다는 단점이 있다. 하지만 사람은 숫자나 위치보다 단어를 훨씬 잘 기억하기 때문에 오히려 더 쉬운 면이 있고 함수 호출문을 작성할 때 개발툴이 툴팁으로 힌트를 주기도 한다.

calcstep(

> (begin, end, step)

calcstep 함수명을 입력하고 괄호를 열면 툴팁을 열어 인수명을 보여 준다. 우리가 만든 함수뿐만 아니라 내장 함수에 대해서도 상세한 인수 목록이 나타난다. 개발툴의 이런 서비스를 잘 활용하려면 인수 이름도 쉽게 붙여야 한다.

키워드 가변 인수

키워드 인수를 가변 개수 전달할 때는 인수 목록에 ** 기호를 붙인다. 호출원에서 여러 개의 키워드 인수를 전달하면 인수의 이름과 값의 쌍을 사전으로 만들어 전달한다. 함수 내부에서는 사전을 읽듯이 인수값을 꺼내 사용한다.

keywordvararg

```
def calcstep(**args):
    begin = args['begin']
    end = args['end']
    step = args['step']

    sum = 0
    for num in range(begin, end + 1, step):
        sum += num
    return sum

print("3 ~ 5 =", calcstep(begin = 3, end = 5, step = 1))
print("3 ~ 5 =", calcstep(step = 1, end = 5, begin = 3))
```

실행결과	3 ~ 5 = 12 3 ~ 5 = 12

calcstep은 **args 인수 하나로 모든 작업거리를 다 전달받는다. 사전은 원래 순서가 없는 집합이어서 인수의 전달 순서는 아무래도 상관없으며 함수 내부에서도 전달 순서를 알 수 없다. 사전의 키로부터 인수값을 추출하여 사용하면 그만이다.

calcstep(begin = 3, end = 5 , step = 1)

begin	3	
end	5	사전으로
step	1	만들어 전달

calcstep(**args)

위 예제의 calcstep 함수는 키워드 인수만 받겠다고 선언되어 있으므로 반드시 키워드 인수만 넘겨야 한다. calcstep(3, 5, 1) 식으로 위치 인수를 넘기면 에러 처리된다. 또 세 개의 인수를 다 사용하고 있으므로 세 인수를 모두 전달해야 한다.

위치 인수와 키워드 인수를 동시에 가변으로 취할 수도 있다. 이때는 위치 인수가 먼저 오고 키워드 인수가 뒤에 온다. 일반 인수도 있다면 제일 앞에 온다. 실전에서 이렇게 복잡한 함수가 필요한 경우는 드물지만 이 모든 것을 다 가지는 복잡한 함수를 만들어 보자.

calcscore

```python
def calcscore(name, *score, **option):
    print(name)
    sum = 0
    for s in score:
        sum += s
    print("총점 :", sum)
    if (option['avg'] == True ):
        print("평균 :", sum / len(score))

calcscore("김상형", 88, 99, 77, avg = True)
calcscore("김한슬", 99, 98, 95, 89, avg = False)
```

실행결과	김상형 총점 : 264 평균 : 88.0 김한슬 총점 : 381

일반 인수인 name은 반드시 첫 번째 인수로 전달해야 한다. name 다음에 가변 위치 인수 score가 오는데 점수의 개수는 몇 개든 상관없다. 함수 호출문의 이름이 없는 모든 인수가 튜플로 묶여 score 인수로 전달된다.

마지막으로 option 가변 키워드 인수에는 성적을 처리하는 방식을 지정하는 옵션 값이 온다. 임의의 이름으로 얼마든지 많은 옵션을 포함할 수 있으며 옵션의 이름과 값이 사전으로 묶여 전달된다. 예제에서는 평균값을 출력할 것인지를 지정하는 avg 인수만 정의했다.

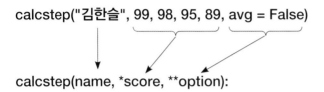

위치 가변 인수와 키워드 가변 인수를 둘 다 받으면 임의의 모든 인수를 개수에 상관없이 다 받을 수 있는 셈이다. 파이썬의 유연성이 잘 드러나는 부분이지만 너무 과도하게 쓰면 인수 전달 과정이 헷갈려 어려워지는 단점이 있다.

7.3 변수의 범위

지역 변수

함수는 동작에 필요한 변수를 얼마든지 사용할 수 있는데 함수 내부에서 선언하는 변수를 지역 변수라고 한다. 복잡한 동작을 처리하려면 많은 변수가 필요하다. 앞에서 만들었던 calcsum 함수는 누적 합계를 저장하기 위해 sum이라는 지역 변수를 사용한다.

```python
def calcsum(n):
    sum = 0                  # 지역 변수 초기화
    for num in range(n + 1):
        sum += num           # 누적
    return sum               # 리턴
```

함수 선두에서 0으로 초기화하고 루프 내부에서 정수를 sum에 누적시켜 합계를 구한다. 정해진 범위를 다 돈 후 구해진 합계인 sum을 호출원으로 리턴한다. 지역 변수는 함수 안에서만 사용될 뿐 밖으로는 알려지지 않는다. 다음 예제로 이를 확인해 보자.

local
| ```python
def kim():
    temp = "김과장의 함수"
    print(temp)

kim()
print(temp)
``` |

실행결과	김과장의 함수
	Traceback (most recent call last):
	  File "C:/Python/test.py", line 6, in <module>
	    print(temp)
	NameError: name 'temp' is not defined

```

kim 함수 안에서 temp라는 지역 변수에 초기값을 대입하고 출력한다. 호출원에서 kim 함수를 호출하는데 이 과정에서 kim은 내부적으로 temp 변수를 만들고 초기화하여 사용한다. 지역 변수는 함수의 동작을 처리하기 위해 잠시 사용하는 것이어서 함수가 종료되면 사라진다. kim 함수를 호출한 후 temp 변수를 출력했는데 이는 에러이다. temp 지역 변수는 kim 함수가 실행 중인 동안에만 존재하며 따라서 사용 범위는 함수 내부로 국한된다.

```
def kim():
    temp = "김과장의 함수"      ⎫   temp 지역 변수의
    print(temp)                ⎬   사용 범위

kim()
print(temp) ──────────▶  이 시점에는 temp가
                         존재하지 않는다.
```

지역 변수의 사용 범위를 함수 내부로 제한하는 이유는 이름 충돌을 피하고 함수의 동작에 필요한 모든 것을 내부에 포함시켜 독립성을 향상시키기 위해서이다. 다음 예제를 보자.

local2

```
def kim():
    temp = "김과장의 함수"
    print(temp)

def lee():
    temp = 2 ** 10
    return temp

def park(a):
    temp = a * 2
    print(temp)

kim()
print(lee())
park(6)
```

실행결과	김과장의 함수 1024 12

세 함수에서 temp라는 지역 변수를 똑같은 이름으로 사용하고 있다. 팀 작업을 하면 각자 필요한 함수를 자유롭게 만들어 쓰게 되고 변수의 이름을 붙이는 것도 자유이므로 지역 변수 이름이 중복되기도 한다.

이름이 같고 타입도 제각각이지만 각 지역 변수는 자신이 속한 함수 내부에서만 사용되므로 문제되지 않는다. 지역 변수는 함수가 호출될 때만 잠시 생겼다 사라져 동시에 존재하지 않으며 사용 범위도 다르다. 그래서 다른 함수의 지역 변수와 이름 충돌을 걱정할 필요가 없다.

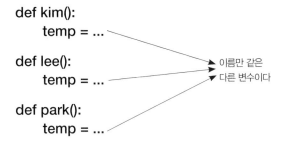

```
def kim():
    temp = ...

def lee():
    temp = ...

def park():
    temp = ...
```

이름만 같은
다른 변수이다

또 지역 변수는 함수의 동작에 필요한 모든 것을 내부에 완벽하게 소유할 수 있도록 하여 재활용성을 향상시킨다. calcsum 함수는 합계를 구하는 루프와 합계를 저장할 지역 변수를 모두 포함하고 있어 함수 정의문만 복사하면 다른 프로젝트에 바로 사용할 수 있다. 별도의 변수를 더 선언하지 않아도 calcsum 함수만으로도 잘 동작한다.

이 외에도 지역 변수는 여러 가지 이점을 제공한다. 지속 시간이 함수 실행 중으로 제한되어 필요할 때만 기억장소를 차지하므로 메모리를 절약한다. 지역 변수로 인해 골치 아픈 문제가 생겨도 사용 범위가 좁아 문제를 금방 찾을 수 있으며 디버깅이 쉽다.

전역 변수

지역 변수는 함수 내부에서 선언하여 초기화하는 변수이다. 이와 반대로 함수 바깥에서 선언하는 변수를 전역 변수라고 한다. 지역 변수는 함수 소속이어서 함수 내부에서만 참조할 수 있는 데 비해 전역 변수는 프로그램 소속이어서 어디에서나 참조할 수 있다.

```
salerate = 0.9

def kim():
    print("오늘의 할인율 :", salerate)

def lee():
    price = 1000
    print("가격 :", price * salerate)

kim()
salerate = 1.1
lee()
```

```
오늘의 할인율 : 0.9
가격 : 1100.0
```

소스 선두에 선언하고 초기화한 salerate가 전역 변수이다. 어디에서나 참조할 수 있어 kim, lee 두 함수는 물론이고 함수 외부의 코드에서도 언제든지 읽고 쓸 수 있다. kim에서 salerate 를 출력하고 외부에서 이 값을 1.1로 변경하며 lee는 가격에 할인율을 곱해 가격을 계산한다.

함수에서 전역 변수를 읽는 것은 아무 문제가 없지만 쓰는 것은 약간 주의해야 한다. 함수 내부에서 처음 대입하는 변수는 항상 지역 변수로 간주된다. 파이썬은 명시적인 선언이 없고 대입에 의해 변수를 생성하다 보니 초기화하는 장소에 따라 범위가 결정된다. 그래서 함수에서 외부 변수를 쓰기 어려운 문제가 있다. 다음 예제의 구조와 동작을 잘 관찰해 보자.

```
price = 1000

def sale():
    price = 500

sale()
print(price)
```

```
1000
```

price는 함수 외부에 1000으로 초기화된 전역 변수이며 프로그램 전 영역에서 참조할 수 있다. sale 함수는 price 변수를 500원으로 낮추어 반값 할인 행사를 준비한다. sale 함수를 호출하고 가격을 다시 출력했는데 이상하게도 가격은 500원이 되지 않고 여전히 1000원이다.

이렇게 되는 이유는 함수 내부에서 초기화하는 변수는 전역 변수와 이름이 같더라도 항상 지역 변수로 간주되기 때문이다. 함수 내부에서 전역 변수를 읽을 수는 있지만 대입하여 초기화하면 새로운 지역 변수가 생성된다. 그래서 sale 함수에서 선언한 price는 전역 변수 price와 아무 상관이 없는 별도의 지역 변수이다.

price = 1000 ──────────▶ 전역 price 변수

def sale():
      price = 500 ──────▶ sale 함수 안에서만 쓰는
                                   지역 price 변수

그냥 우연히 이름이 같을 뿐이며 값을 저장하는 메모리 위치가 다른 별개의 변수이다. 과연 그런지 변수의 주소를 찍어 보자. id 함수는 변수의 고유한 식별자를 조사하는데 주로 값을 저장하는 주소를 리턴한다.

id
```
price = 1000

def sale():
    price = 500
    print("sale", id(price))

sale()
print("global", id(price))
```
실행결과	sale 51892848 global 51892832

이름은 같은 price이지만 sale 함수 내의 지역 변수 price와 전역 변수 price의 주소가 다름을 알 수 있다. 값이 저장되는 주소가 다르다는 것은 아예 다른 변수라는 뜻이며 따라서 지역 price를 바꾼다고 해서 전역 price가 바뀌는 것은 아니다.

전역 변수와 같은 이름의 지역 변수를 선언할 수 없다면 함수를 재활용할 때 전역 변수와의 이름 충돌이 빈번해 불편해진다. calcsum 함수를 다른 프로젝트로 가져갔는데 이미 sum이라는 전역 변수가 있다면 지역 변수 sum의 이름을 바꿔야 하는 문제가 있다.

그래서 지역, 전역끼리는 이름이 같아도 상관없되 함수 내부에서는 지역 변수가 우선이라는 규칙을 적용한다. 이 규칙에 의해 sale 함수 내에서 price = 500 대입문은 전역 price의 값을 바꾸는 것이 아니라 지역 price 변수를 초기화하는 문장이다.

앞 예제의 sale 함수에서 참조하는 price는 의도상 새로운 지역 변수를 의미하는 것이 아니라 전역 변수 price의 값을 변경하고자 하는 것이다. 이런 경우는 이 변수가 지역이 아니라 전역임을 가르쳐 주어야 하며 이때 사용하는 명령이 global이다.

---

global3

```
price = 1000

def sale():
    global price
    price = 500

sale()
print(price)
```

실행결과 500

함수 선두에 global price라고 써 주면 함수 내부에서 price 변수를 사용할 때 지역 변수 price를 새로 만들지 않고 전역의 price 변수를 참조한다. global 명령은 이 변수가 외부에 이미 있으니 지역 변수를 새로 만들지 말라는 뜻이다. sale 함수에 의해 전역 price는 500으로 변경되고 반값 할인 행사를 무사히 수행한다.

변수의 이름을 자유롭게 붙일 수 있고 또 여러 명이 팀을 이루어 작업하다 보니 이름 충돌은 어쩔 수 없이 발생한다. 충돌 시 어떤 변수를 의미하는지 지정하는 global 명령이 제공되는데 가급적 사용하지 않은 것이 좋다. 원칙적으로는 전역 변수를 자제하는 것이 좋고 정 필요하다면 g_price 식으로 이름에 전역임을 표시하여 충돌을 원천적으로 방지하는 것이 합리적이다.

docstring

함수는 내가 쓰기 위해 만들기도 하지만 잘 만든 함수는 여러 사람이 재사용하기도 한다. 모든 것을 직접 만들 수는 없으니 다른 개발자가 만든 함수를 구해 쓰는 경우도 빈번하다. 함수의 재활용성을 높이려면 자세한 함수 사용법이나 인수의 의미, 주의 사항 등을 문서로 남겨야 한다.

별도의 문서나 주석으로 설명을 남길 수도 있지만 공식적인 방법은 docstring을 작성하는 것이다. docstring은 함수 선언문과 본체 사이에 작성하는 문자열인데 한 줄일 때는 단순 따옴표를 쓸 수도 있지만 보통 삼겹 따옴표로 여러 줄의 긴 설명을 작성하고 서식까지 지정할 수 있다.

docstring은 이 함수를 사용할 사람을 위해 작성하는 단순한 설명일 뿐 코드가 아니어서 실행에는 아무런 영향을 미치지 않는다. docstring을 읽을 때는 help 함수를 사용하며 인수로 함수명을 전달한다. 다음 예제는 함수에 설명을 붙이고 그 설명을 출력한다.

docstring

```
def calcsum(n):
    """1 ~ n까지의 합계를 구해 리턴한다."""
    sum = 0
    for i in range(n+1):
        sum += i
    return sum

help(calcsum)
```

실행결과
```
Help on function calcsum in module __main__:

calcsum(n)
    1 ~ n까지의 합계를 구해 리턴한다.
```

help는 함수의 소속과 호출 형식 그리고 개발자가 작성해 놓은 docstring을 출력한다. 아주 짧은 설명이지만 calcsum 함수의 기능이 무엇이고 어떻게 사용하는지 알 수 있다. 인수의 의미나 리턴값에 대한 설명, 호출하는 예, 기타 주의 사항 등의 상세한 문서를 작성해 넣으면 처음 보는 사람도 이 함수를 편리하게 사용할 수 있다.

설명문만 읽으려면 함수 내부의 __doc__ 변수를 읽는다. 위 예제의 경우 calcsum.__

doc__을 읽으면 함수 선두의 docstring을 실행 중에 조사할 수 있다. 함수를 사용하는 다른 사람을 위해 자세한 사용법을 함수 내부에 문서화해 두는 것이 좋다. 이런 노력에 의해 help(print), help(input) 식으로 명령행에서 특정 함수에 대한 간략한 도움말을 바로 읽을 수 있다.

함수의 장점

함수는 엄격한 형식에 따라 작성해야 하며 규칙이 다소 복잡한데다 호출 과정을 거쳐야 하므로 필요한 코드를 바로 작성하는 것보다 번거로운 면이 있다. 그러나 한번 잘 작성해 놓으면 다음과 같은 여러 가지 장점을 제공한다.

❶ 반복을 제거한다. 비슷한 코드를 한번 정의해 놓고 여러 번 호출할 수 있어 소스가 짧아지고 프로그램 크기도 줄어든다. 잘 만들어 놓은 calcsum 함수를 인수를 바꿔 가며 수백 번 호출해 먹을 수 있다.

❷ 핵심 코드가 함수 내부에 딱 한 번만 구현되므로 비슷한 코드를 계속 나열하는 방법에 비해 수정하기 쉽다. 합계를 구하는 방식이 바뀌었다면 반복된 코드를 일일이 수정할 필요 없이 calcsum 함수 하나만 수정하면 된다.

❸ 잘 만들어 놓은 함수는 재사용하기 쉽다. 직접 만든 함수가 아니라도 남이 만든 함수를 복사해 와 복잡한 기능을 공짜로 사용할 수 있다. 내가 만든 함수를 옆자리의 박대리한테 주면 박대리는 합계를 구할 때 calcsum 함수를 잘 써먹을 것이다. 기본 입출력 명령인 print, input 같은 것도 다 함수이다.

❹ 복잡한 세부 논리를 숨겨 작업 자체에만 집중할 수 있게 해 주며 실수의 가능성을 줄여 준다. range 함수는 끝 범위가 제외되지만 이런 것에 신경 쓸 필요 없이 calcsum 함수로 끝 숫자만 알려 주면 된다.

함수는 특정한 작업 하나를 분담함으로써 프로그램의 부품 역할을 한다. 기능별로 함수를 잘 구성해 놓으면 다음부터 함수만 호출하여 조립식으로 프로그램을 신속하게 작성할 수 있다. 함수가 세부 기능을 분담함으로써 사소한 것에 신경 쓸 필요 없이 전체적인 설계를 할 수 있어 개발자의 사고를 단순화해 준다.

함수를 제대로 작성하고 활용하는 것은 예상보다 굉장히 고급 기술이다. 함수를 정의하고 호출하는 문법 자체는 쉽지만 큰 작업을 기능별로 잘게 나누고 탄탄한 구조를 만드는 것은 또 다른 수준의 기술이다. 문법을 잘 한다고 해서 작문을 잘 하는 것이 아닌 것과 같다. 수많은 시행착오를 해 보고 경험해 봐야 한다.

내장 함수

실무 프로그래밍을 하려면 굉장히 많은 함수가 필요한데 다행히 모든 함수를 직접 만들 필요는 없다. 파이썬 해석기가 내부적으로 미리 정의해 놓은 함수를 내장 함수(built in function)라고 한다. 해석기에 내장된 함수여서 별도의 import문을 쓰지 않아도 언제든지 사용할 수 있다. 앞에서 명령이라고 표현했던 것들이 모두 내장 함수이다. 대표적인 예는 다음과 같다.

- 입력과 출력 : print, input
- 타입 변환 : int, str, float
- 진법 변환 : hex, oct, bin

일정한 범위의 리스트를 만드는 range 함수, 도움말을 보여 주는 help 함수도 모두 파이썬 해석기에 내장된 것이며 변수의 주소를 조사하기 위해 사용했던 id 함수도 내장 함수이다. 이런 내장 함수가 3.6 버전 기준으로 68개나 제공된다.

Built-in Functions				
abs( )	dict( )	help( )	min( )	setattr( )
all( )	dir( )	hex( )	next( )	slice( )
any( )	divmod( )	id( )	object( )	sorted( )
ascii( )	enumerate( )	input( )	oct( )	staticmethod( )
bin( )	eval( )	int( )	open( )	str( )
bool( )	exec( )	isinstance( )	ord( )	sum( )
bytearray( )	filter( )	issubclass( )	pow( )	super( )
bytes( )	float( )	iter( )	print( )	tuple( )
callable( )	format( )	len( )	property( )	type( )
chr( )	frozenset( )	list( )	range( )	vars( )
classmethod( )	getattr( )	locals( )	repr( )	zip( )
compile( )	globals( )	map( )	reversed( )	__import__( )
complex( )	hasattr( )	max( )	round( )	
delattr( )	hash( )	memoryview( )	set( )	

if, for, while, return 같은 키워드는 언어의 기본 구조를 정의하는 데 비해 print, range 같은 내장 함수는 언어의 기본 동작을 정의한다. 여기서는 간단한 수학 함수 몇 개를 구경해 보자. abs 함수는 절대값을 조사하고 min, max 함수는 최대, 최소값을 찾는다. 여러 개의 값을 인수로 전달할 수도 있고 리스트를 줄 수도 있다.

builtin

```
print(abs(-5))
print(max(3, 7))
print(min([8, 9, 1, 6, 2]))
```

실행결과	5 7 1

앞으로도 관련 부분에서 내장 함수를 순서대로 소개한다. 아주 쉬운 것도 있고 전문적인 지식을 알아야 제대로 쓸 수 있는 것도 있어 지금 당장 한꺼번에 배우기는 어렵다. 모든 내장 함수를 자유자재로 쓸 수 있다면 파이썬을 마스터한 것이라고 봐도 된다.

1. 함수를 정의할 때 사용하는 키워드는 무엇인가?

① proc

② func

③ def

④ define

2. 다음 함수 정의문의 문제점을 지적하라.

```
def calcsum(n)
    sum = 0
    for i in range(n + 1):
        sum += i
    return sum
```

3. 인수에 대한 설명으로 잘못된 것은?

① 호출원이 함수에게 전달하는 작업거리이다.

② 호출할 때 전달하는 인수를 실인수, 이를 받는 함수의 인수를 형식 인수라 한다.

③ 실인수와 형식 인수는 이름이 일치해야 한다.

④ 인수의 개수에는 제약이 없어 얼마든지 많은 인수를 받을 수 있다.

4. 함수의 입장에서 볼 때 인수는 입력값이고 (　　)은 출력값이다.

5. 리턴값에 대한 설명으로 잘못된 것은?

① 하나의 값만 리턴할 수 있다.

② 리턴값이 없을 수도 있다.

③ 리턴이 있는 함수는 수식 내에서 바로 사용할 수 있다.

④ 리턴이 없는 함수의 값은 0으로 평가된다.

6. 세 개의 정수를 전달받아 평균값을 구해 리턴하는 함수를 작성하라.

7. 임의 개수의 인수를 전달받아 가장 큰 숫자를 찾아 리턴하는 함수를 작성하라.

8. 인수의 기본값에 대한 설명으로 잘못된 것은?

① 호출할 때마다 바뀌는 인수에 주로 지정한다.

② 함수 정의부에 =기본값 형식으로 지정한다.

③ 호출식에서 실인수를 생략하면 기본값이 적용된다.

④ 뒤쪽에 있는 인수만 기본값을 지정할 수 있다.

9. calcstep(begin, end, step) 함수에 대한 호출문으로 적당하지 않은 것은?

① calcstep(step=1, end=5, begin=3)

② calcstep(3, 5, step=1)

③ calcstep(begin=3, 5, 1)

④ calcstep(3, step=1, end=5)

10. 지역 변수의 장점이 아닌 것은?

① 함수끼리 지역 변수 이름이 같아도 상관없다.

② 한번 저장된 값을 계속 기억한다.

③ 함수의 재사용성을 향상시킨다.

④ 계속 생성 및 파괴되어 기억장소를 절약한다.

11. 전역 변수임을 선언하는 키워드는?

① global

② local

③ static

④ forever

12. 함수의 장점이 아닌 것은?

① 복잡한 세부 논리를 드러내어 동작 과정을 훤히 볼 수 있다.

② 여러 번 반복되는 코드를 정의해 놓고 계속 사용한다.

③ 논리가 한 곳에 집중되어 있어 수정하기 쉽다.

④ 재사용하기 쉽다.

8장

문자열
관리

Python

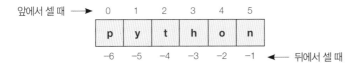

8.1 문자열 분리

첨자

파이썬은 문자열을 기본 타입으로 지원할 뿐만 아니라 문자열을 조작하는 풍부한 명령을 제공한다. 문자열은 메모리상에 개별 문자들이 일렬로 쭉 늘어선 형태로 저장된다. 문자열을 구성하는 개별 문자를 읽을 때는 [ ] 괄호와 문자의 위치인 첨자를 적는다. 첨자는 앞에서 셀 수도 있고 뒤에서 셀 수도 있다.

앞에서 셀 때는 0부터 시작하여 첫 문자가 [0]번이며 뒤로 갈수록 1씩 증가한다. 뒤에서 셀 때는 음수를 사용하여 제일 마지막 문자가 [-1]번이며 앞으로 갈수록 1씩 감소한다.

index
| ```python
s = "python"
print(s[2])
print(s[-2])
``` |

실행결과	t o

s[2]는 s 문자열의 2번째 문자를 의미하는데 앞에서부터 세어 0, 1, 2번째 즉, 세 번째 문자인 t가 된다. 2번째 문자라고 해서 두 번째 문자인 y가 아님을 유의하자. s[-2]는 끝에서부터 두 번째 문자를 의미하며 o가 된다. 중간에 있는 h 문자는 s[3]으로 읽을 수도 있고 s[-3]으로 읽을 수도 있다.
```

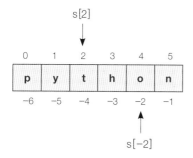

첨자는 반드시 문자열의 길이 범위 안이어야 한다. 문자열의 길이가 6인데 s[7]이나 s[−9]를 읽으면 범위를 벗어났다는 에러 메시지가 출력된다. 문자열은 문자로 구성된 리스트의 일종이어서 for문으로 순회하여 개별 문자를 순서대로 꺼낼 수 있으며 각 문자에 대해 원하는 작업을 할 수 있다.

stringindex

```
s = "python"
for c in s:
    print(c, end = ',')
```

실행결과 p,y,t,h,o,n,

s 문자열을 구성하는 문자를 c 변수로 하나씩 읽어 콤마로 구분하여 출력했다. 문자를 순회하는 대신 문자열 길이만큼 첨자로 순회하며 각 위치의 문자를 읽을 수도 있다.

```
for i in range(len(s)):
    print(s[i], end = ',')
```

제어 변수 i를 0에서 시작하여 len(s) 직전까지 돌며 s[i]를 읽으면 첫 문자부터 끝까지 순서대로 모든 문자를 순회한다. 루프의 반복 범위를 조정하면 원하는 부분만 읽을 수도 있다.

파이썬의 문자열은 변경 불가능한(Immutable) 자료형이어서 한번 초기화되면 바꿀 수 없다. [ ]로는 개별 문자를 읽을 수만 있으며 다른 문자를 대입하거나 삽입, 삭제할 수는 없다. 다음 코드는 될 것 같지만 대입할 수 없다는 에러가 발생한다.

```
s = "python"
s[2] = 'k'
```

한번 초기화한 문자열을 변경할 수 없도록 한 이유는 편집을 금지하면 메모리를 훨씬 더 절약하고 속도도 빨라지기 때문이다. 문자열을 변경하는 경우가 예상보다 많지 않아 최소한의 메모리로 저장하고 빠른 속도로 읽는 데 최적화되어 있다. 물론 가끔 문자열을 바꾸어야 할 경우도 있는데 이럴 때는 변경된 문자열을 새로 만드는 방식을 사용한다.

슬라이스

[ ] 괄호에 첨자를 하나만 적으면 해당 위치의 문자를 읽지만 범위를 지정하면 부분 문자열을 추출한다. [ ] 괄호 안에 시작, 끝, 증가값을 지정하는데 range 함수와 구조가 같다.

```
[begin:end:step]
```

범위의 원칙에 의해 시작 위치는 포함되지만 끝 위치는 포함되지 않아 끝 위치 직전의 문자까지만 추출된다. 시작 위치를 생략하면 0이 적용되어 문자열의 처음부터 추출하며 끝 위치를 생략하면 문자열의 끝까지 추출한다.

slice
| ```
s = "python"
print(s[2:5])
print(s[3:])
print(s[:4])
print(s[2:-2])
``` |

실행결과	tho hon pyth th

s[2:5]는 2번째 문자에서 시작해서 5번째 문자 직전까지인 2, 3, 4번째 문자로 구성된 "tho" 문자열을 읽는다. 추출된 문자열은 원본과는 독립적인 새 문자열이다.
```

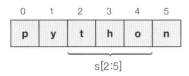

s[3:]은 3번째 문자에서부터 끝까지 추출하여 "hon"이 되며 s[:4]는 처음부터 4번째 문자 직전까지 추출하여 "pyth"가 된다. 범위 지정에 음수 첨자도 사용할 수 있는데 s[2:-2]는 2번째에서 -2번째 직전까지 추출하여 "th"가 된다. 슬라이스 기능을 잘 활용하면 일정한 형식을 가진 문자열에서 원하는 정보만 쏙 뽑아낼 수 있다.

slice2

```
file = "20171224-104830.jpg"
print("촬영 날짜 : " + file[4:6] + "월 " + file[6:8] + "일")
print("촬영 시간 : " + file[9:11] + "시 " + file[11:13] + "분")
print("확장자 : " + file[-3:])
```

실행결과	촬영 날짜 : 12월 24일 촬영 시간 : 10시 48분 확장자 : jpg

디지털 카메라의 파일명에는 촬영 날짜와 시간 등의 정보가 기록되어 있다. 각 정보의 위치가 정해져 있어 범위만 제대로 지정하면 딱 원하는 정보만 추출해 낼 수 있다. 월은 4, 5번째 위치에 두 자리로 기록되어 있고 일은 6, 7번째 위치의 두 자리이다.

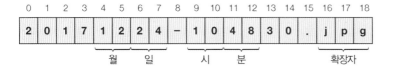

확장자는 보통 파일 끝 쪽에서 3글자이므로 끝에서부터 추출하는 것이 편리하고 정확하다. file[16:]으로 앞에서 추출할 수도 있지만 이렇게 되면 앞쪽의 파일 이름 길이에 영향을 받아 파일 종류에 따라 엉뚱한 결과가 나올 수도 있다. file[-3:] 표현식은 파일 이름의 길이에 상관없이 정확하게 뒤에서 3글자를 추출한다.

범위의 마지막 값인 step은 건너뛸 문자 수를 지정하는데 생략 시 1을 적용하여 모든 문자를 차례대로 읽는다. step을 2로 지정하면 두 칸씩 점프하여 한 문자씩 건너뛰며 읽는다. −1을 지정하면 문자열을 거꾸로 읽기도 한다.

slice3

```
yoil = "월화수목금토일"
print(yoil[::2])
print(yoil[::-1])
```

실행결과	월수금일 일토금목수화월

yoil 문자열에 요일을 순서대로 적어 두고 두 칸씩 건너뛰며 읽어 보고 끝에서부터 거꾸로 읽어 보기도 했다.

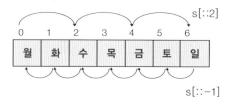

step을 −2로 지정하면 거꾸로 읽으면서 두 칸씩 건너뛴다. 시작, 끝, 증가값까지 자유롭게 지정할 수 있어 [ ] 괄호만 제대로 사용해도 다양한 방법으로 원하는 부분만 정확하게 추출할 수 있다.

8.2 문자열 메서드

검색

문자열은 수치형에 비해 복잡하고 길이도 가변적이어서 연산자로 자유자재로 조작하기 어렵다. 그래서 문자열을 관리하는 여러 가지 복잡한 함수가 제공된다. 수만 많을 뿐 어렵지는 않으니 하나씩 예제를 만들어 가며 익혀 보자. 다음 예제는 문자열에서 특정 문자를 검색한다.

find
| ```python
s = "python programming"
print(len(s))
print(s.find('o'))
print(s.rfind('o'))
print(s.index('r'))
print(s.count('n'))
``` |
| **실행결과**
18
4
9
8
2 |

len 함수는 문자열의 길이를 조사하는데 인수로 문자열을 전달하면 문자의 개수를 리턴한다. 내장 함수(Built In)여서 문자열뿐만 아니라 리스트나 튜플 같은 다른 컬렉션에도 사용할 수 있으며 요소의 개수를 조사한다.

메서드는 클래스에 소속되어 있는 함수이며 객체에 대해 특화된 작업을 수행한다. 객체.메서드() 식으로 대상 객체가 메서드를 호출한다. 내장 함수와 객체 소속의 메서드는 호출 방식이 다르다는 점을 유의하자. len 함수는 내장이어서 s.len()이 아닌 len(s)로 호출한다.

```
len(s)          # 내장 함수
s.find('o')     # 메서드
```
```

find 메서드는 인수로 지정한 문자 또는 부분 문자열의 위치를 조사한다. rfind의 r은 rear의 약자이며 뒤에서 검색을 시작한다. 똑같은 문자 'o'를 찾아도 앞에서부터 찾을 때와 뒤에서부터 찾을 때의 검색 결과가 다르다. 문자열 내에 'o'가 하나밖에 없다면 어느 방향에서 찾으나 같지만 여러 개 있을 때는 방향에 따라 찾는 위치가 다르다.

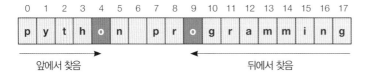

대상 문자가 없을 경우 두 함수 모두 −1을 리턴한다. 찾는 문자가 꼭 있다고 보장할 수 없으므로 리턴값을 잘 점검해 보아야 한다. index 메서드도 문자를 찾는다는 면에서 기능은 같지만 해당 문자가 없을 때 예외가 발생한다는 점이 다르다. 반드시 예외 처리 구문으로 감싸야 한다는 면에서 find보다는 쓰기 까다롭다. rindex 함수는 뒤에서부터 검색한다.

count 메서드는 특정 문자의 개수를 센다. 예제의 문자열에 n이 2개 있으므로 count('n')은 2를 리턴한다. 해당 문자나 문자열이 발견되지 않으면 0을 리턴한다. 문자뿐만 아니라 count('sub') 식으로 부분 문자열도 검색할 수 있다.

count
```
s = """생각이란 생각할수록 생각나므로 생각하지 말아야 할 생각은 생각하지
않으려고 하는 생각이 옳은 생각이라고 생각합니다."""
print("생각의 출현 횟수 :", s.count('생각'))
```
실행결과　　생각의 출현 횟수 : 9

find는 어디에 있는지 첫 번째 발견 위치만 찾는 데 비해 count는 몇 개나 있는지 전체 문자열을 다 조사한다. 똑같은 검색 동작을 하지만 조사하는 정보가 조금씩 달라 상황에 맞는 함수를 잘 선택해야 한다.

조사

특정 문자가 어디에 있는지는 관심이 없고 단순히 있는지 없는지만 알고 싶을 때는 in 구문

을 사용한다. 함수가 아닌 키워드여서 "단어 in 문자열" 형식으로 사용한다. 포함되어 있으면 True를 리턴하고 그렇지 않으면 False를 리턴한다. 반대로 not in은 포함되어 있지 않은지 조사한다.

in

```
s = "python programming"
print('a' in s)
print('z' in s)
print('pro' in s)
print('x' not in s)
```

실행결과	True False True True

s 문자열에 'a'는 포함되어 있지만 'z'는 포함되어 있지 않다. 'x'도 문자열 내에 없으므로 not in 으로 조사하면 True가 리턴된다. in, not in 구문은 문자열뿐만 아니라 이후에 알아볼 리스트, 튜플, 사전 등의 컬렉션에 공통적으로 적용된다.

startswith 메서드는 특정 문자열로 시작되는지 조사한다. 문자열 전체나 중간이 아닌 앞부분 의 일부만 비교한다는 점에서 find나 index와 다르다. 반대로 endswith 메서드는 특정 문자 열로 끝나는지 뒷부분만 비교한다.

startswith

```
name = "김한결"
if name.startswith("김"):
    print("김가입니다.")
if name.startswith("한"):
    print("한가입니다.")

file = "girl.jpg"
if file.endswith(".jpg"):
    print("그림 파일입니다.")
```

실행결과	김가입니다. 그림 파일입니다.

사람의 성씨를 알고 싶으면 이름은 볼 필요 없이 앞부분이 "김", "이", "황보"인지만 조사하면 된다. 이럴 때 startswith 메서드로 문자열의 앞부분만 점검한다. 앞부분의 일치 여부로만 판단하며 해당 문자가 중간에 있어도 참을 리턴하지 않는다. "한"자는 name 문자열의 처음이 아닌 중간에 있으므로 startswith로 조사하면 거짓으로 판단한다.

find나 count는 해당 문자열이 중간에 있어도 검색해 내지만 startswith는 앞부분에 있는 문자열만 검색한다. 파일의 종류를 판별할 때는 뒷부분이 특정 확장자인지 점검해 보면 되니 endswith 함수가 적합하다. 파일명의 끝 4 글자가 ".jpg"이면 그림 파일이다.

다음 함수는 문자열을 구성하는 문자의 속성을 조사한다. 모든 문자가 기준에 맞으면 True를 리턴하며 하나라도 맞지 않는 문자가 있으면 False를 리턴한다. 숫자 여부를 조사하는 함수가 여러 개 있는데 ½이나 제곱 표시 같은 특수문자를 취급하는 방식이 약간씩 다를 뿐 일반 문자에서는 별 차이가 없다.

함수	설명
isalpha	모든 문자가 알파벳인지 조사한다.
islower	모든 문자가 소문자인지 조사한다.
isupper	모든 문자가 대문자인지 조사한다.
isspace	모든 문자가 공백인지 조사한다.
isalnum	모든 문자가 알파벳 또는 숫자인지 조사한다.
isdecimal	모든 문자가 숫자인지 조사한다.
isdigit	모든 문자가 숫자인지 조사한다.
isnumeric	모든 문자가 숫자인지 조사한다.
isidentifier	명칭으로 쓸 수 있는 문자로만 구성되어 있는지 조사한다.
isprintable	인쇄 가능한 문자로만 구성되어 있는지 조사한다.

사용자로부터 수치값을 입력받아야 한다고 해 보자. 이때 반드시 0 ~ 9까지의 아라비아숫자만 입력해야 하는데 실수로 엉뚱한 값을 입력할 수도 있다. 사용자가 제대로 입력했는지 조사할 때 isdecimal 함수로 모두 숫자가 맞는지 조사한다.

isdecimal

```
height = input("키를 입력하세요 :")
if height.isdecimal():
    print("키 =", height)
else:
    print("숫자만 입력하세요.")
```

실행결과	키를 입력하세요 :안알랴줌 숫자만 입력하세요.

키를 물어 봤는데 175나 180으로 대답하면 제대로 입력한 것이다. "엄청 큼", "적당함" 따위로 입력하면 숫자가 아니므로 에러 처리한다. "175센티"는 숫자가 아닌 다른 문자가 포함되어 있으므로 역시 에러이다. isdecimal이 True를 리턴한다면 이 문자열은 int 함수로 전달하여 정수로 안전하게 바꿀 수 있다.

변경

lower 메서드는 영문자를 전부 소문자로 바꾸며 upper 메서드는 반대로 전부 대문자로 바꾼다. swapcase는 대소문자를 반대로 뒤집는다. capitalize는 문장의 첫 글자만 대문자로 바꾸고 title은 모든 단어의 처음을 대문자로 바꾼다.

대소문자의 개념은 알파벳에만 있을 뿐 숫자나 기호, 한글에는 해당되지 않아 영문자가 아닌 문자는 원래대로 유지된다. 한글은 대소문자의 개념이 없지만 영문은 대소문자 구분이 있어 적절히 바꿔야 할 경우가 많다. 예를 들어 제품키나 에러 코드 등은 대소문자를 엄격히 구분하므로 원하는 형식으로 바꾼 후 저장, 비교해야 한다.

lower

```
s = "Good morning. my love KIM."
print(s.lower())
print(s.upper())
print(s)

print(s.swapcase())
print(s.capitalize())
print(s.title())
```

실행결과
```
good morning. my love kim.
GOOD MORNING. MY LOVE KIM.
Good morning. my love KIM.
gOOD MORNING. MY LOVE kim.
Good morning. my love kim.
Good Morning. My Love Kim.
```

파이썬의 문자열은 한번 초기화되면 이후에는 바뀌지 않는 특성이 있다. lower는 모두 소문자로 바꾼 새로운 문자열을 리턴할 뿐 문자열 자체를 변경하지는 않는다. lower와 upper를 호출한 후에도 s는 여전히 원래 값을 유지한다. 만약 s의 모든 문자를 소문자로 바꾸고 싶다면 lower가 리턴하는 값을 s에 다시 대입한다.

```
s = s.lower()
```

이렇게 하면 s문자열 자체가 바뀐다. lower 메서드가 원본 s 문자열을 소문자로 바꾼 새로운 문자열을 만들어 리턴하고 이 문자열을 s가 다시 대입받는 방식이다. 원래의 s 문자열은 더 이상 필요치 않으므로 사라진다.

다른 문자열 변경 메서드도 문자열 자체는 건드리지 않고 변경된 새로운 문자열을 리턴한다는 점을 유의하자. 변경한 문자열을 변수에 대입하여 저장할 수도 있지만 한번만 필요하다면 메서드 호출문을 바로 사용하는 것이 편리하다. 위 예제에서처럼 소문자로 바꾼 문자열을 출력만 한다면 굳이 대입할 필요는 없다. 다음 예제는 문자열을 비교한다.

strlower
```
python = input("파이썬의 영문 철자를 입력하시오 : ")
if python.lower() == "python":
    print("맞췄습니다.")
```

실행결과
```
파이썬의 영문 철자를 입력하시오 : Python
맞췄습니다.
```

그냥 python == "python"이라고 비교하면 될 거 같지만 이렇게 비교하면 Python이나 PYTHON으로 입력하면 오답으로 평가해 버린다. Shift 나 Caps Lock 의 상태에 상관없이 철자만 점검해 보려면 사용자가 입력한 문자열을 소문자로 바꾼 후 "python" 문자열과 비교해야 한다.

사용자로부터 문자열을 입력받거나 다른 문자열에서 분리해 내면 앞뒤로 불필요한 공백이 들어가는 경우가 빈번하다. 공백은 눈에 보이지 않지만 쓸데 없이 공간을 차지하며 id나 코드값처럼 정확한 값을 비교할 때 엉뚱한 결과가 나오기도 한다. 의미 없는 공백을 제거할 때는 다음 메서드를 사용한다.

strip

```
s = "  angel   "
print(s + "님")
print(s.lstrip() + "님")
print(s.rstrip() + "님")
print(s.strip() + "님")
```

실행결과	angel 님 angel 님 angel님 angel님

s에 사용자 ID를 입력받는데 앞뒤로 공백을 잔뜩 넣었다고 해 보자. 이대로 출력하면 보기 좋지 않으므로 불필요한 공백을 제거한다. lstrip은 왼쪽 공백만, rstrip은 오른쪽 공백만 제거하며 strip은 양쪽의 공백을 모두 제거한다.

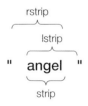

DB에 기록하거나 네트워크로 전송할 문자열은 앞뒤의 공백을 깔끔하게 정리한 후 사용해야 한다. 그렇지 않으면 기억장소를 낭비할 뿐만 아니라 차후 여러 가지 문제를 일으킨다.

분할

split 메서드는 구분자를 기준으로 문자열을 분할한다. 하나의 문자열이 여러 개의 부분 문자열로 쪼개져 리스트에 저장된다. 이 리스트로부터 개별 문자열을 하나씩 빼내 사용한다.

split

```
s = "짜장 짬뽕 탕슉"
print(s.split())

s2 = "서울->대전->대구->부산"
city = s2.split("->")
print(city)
for c in city:
    print(c, "찍고", end = ' ')
```

실행결과
```
['짜장', '짬뽕', '탕슉']
['서울', '대전', '대구', '부산']
서울 찍고 대전 찍고 대구 찍고 부산 찍고
```

인수 없이 그냥 호출하면 공백을 기준으로 문자열을 분할한다. 즉 디폴트 구분자는 공백이어서 문자열을 구성하는 단어를 분할한다. 구분자 자체는 분할된 문자열에 포함되지 않는다.

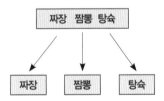

인수로 구분 문자열을 주면 해당 문자열을 기준으로 분할한다. 꼭 하나의 문자일 필요는 없고 문자열도 상관없다. "->"를 구분 기호로 주면 이 문자열이 나올 때마다 문자열을 분할한다. 분할된 리스트를 순회하면 개별 문자열을 읽을 수 있다.

splitlines 메서드는 개행 문자나 파일 구분자, 그룹 구분자 등을 기준으로 문자열을 잘라 리스트로 만든다. 주로 개행 코드를 기준으로 한 행씩 잘라내며 긴 문서를 각 행별로 쪼개 관리할 때 편리하다. 다음 예제는 시를 행별로 나누어 출력한다.

splitlines

```
traveler = """강나루 건너서\n밀밭 길을\n\n구름에 달 가듯이\n가는 나그네\n
길은 외줄기\n남도 삼백리\n\n술 익는 마을마다\n타는 저녁놀\n
구름에 달 가듯이\n가는 나그네"""
poet = traveler.splitlines()
for line in poet:
    print(line)
```

그냥 출력해도 결과는 같지만 행별로 나누어 놓으면 각 행에 대해 개별적인 처리가 가능하다. 예를 들어 행별로 번호를 붙인다거나 정렬을 다르게 지정할 수 있다. split 메서드와 반대로 join 메서드는 문자열의 각 문자 사이에 다른 문자열을 끼워 넣는다.

join

```
s = "._."
print(s.join("대한민국"))
```

실행결과	대._.한._.민._.국

대한민국의 각 글자 사이에 ._. 문자가 삽입된다. join 메서드를 호출하는 문자열이 삽입 대상임을 유의하자. "대한민국".join(s)가 아니다. join 메서드는 문자열 요소를 가지는 리스트에 대해서도 사용할 수 있다.

splitjoin

```
s2 = "서울->대전->대구->부산"
city = s2.split("->")
print(" 찍고 ".join(city))
```

실행결과	서울 찍고 대전 찍고 대구 찍고 부산

split 메서드로 문자열을 분할하고 join 메서드로 다시 합치되 중간 중간에 " 찍고 " 문자열을 삽입했다. 두 메서드로 문자열을 쪼개고 합치면 각 부분 문자열에 대한 개별적인 처리가 가능하고 구분자를 원하는 다른 것으로 쉽게 교체할 수도 있다.

대체

replace 메서드는 특정 문자열을 찾아 다른 문자열로 바꾼다. 첫 번째 인수로 검색할 문자열을 지정하고 두 번째 인수로 바꿀 문자열을 지정한다. 문자열 전체를 뒤져 원본 문자열을 모조리 찾아 다른 문자열로 바꾼다.

replace

```
s = "독도는 일본땅이다. 대마도도 일본땅이다."
print(s)
print(s.replace("일본", "한국"))
```

실행결과
```
독도는 일본땅이다. 대마도도 일본땅이다.
독도는 한국땅이다. 대마도도 한국땅이다.
```

필요하다면 세 번째 인수로 바꿀 개수를 지정하여 앞쪽의 일부만 교체할 수도 있다. 문자열을 일괄 변경할 때 효율적이며 정규 표현식을 사용하면 더 정밀한 검색과 대체도 가능하다.

다음 함수들은 문자열을 특정 폭에 맞추어 정렬한다. 정렬이란 공백을 어디다 둘 것인가를 결정하는 것인데 좌, 우, 중앙으로 정렬할 수 있다. 인수로 정렬할 폭을 지정한다.

just

```
message = "안녕하세요."
print(message.ljust(30))
print(message.rjust(30))
print(message.center(30))
```

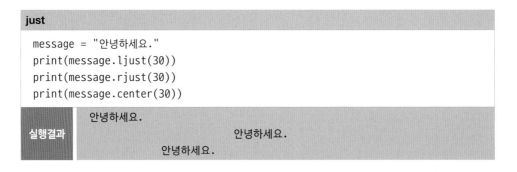

실행결과
```
안녕하세요.
                     안녕하세요.
          안녕하세요.
```

ljust 후 문자열 폭은 30이 되고 글자는 왼쪽에 배치된다. rjust는 폭을 30으로 늘리고 글자를 오른쪽에 배치한다. 문자열 앞에 24개의 공백을 삽입하는 것과 같다. center는 공백을 양쪽에 균등하게 배분하여 글자를 중앙에 배치한다. 좌우에 12개의 공백이 들어가고 문자열이 가운데 온다.

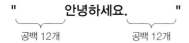

"   **안녕하세요.**   "

공백 12개   공백 12개

특정 폭에 맞게 가지런히 출력하려면 정렬 기능이 꼭 필요하다. 다음 예제는 모든 행을 30으로 늘리고 중앙 정렬하여 시를 보기 좋게 출력한다.

8장

center

```
traveler = """강나루 건너서\n밀밭 길을\n\n구름에 달 가듯이\n가는 나그네\n
길은 외줄기\n남도 삼백리\n\n술 익는 마을마다\n타는 저녁놀\n
구름에 달 가듯이\n가는 나그네"""
poet = traveler.splitlines()
for line in poet:
    print(line.center(30))
```

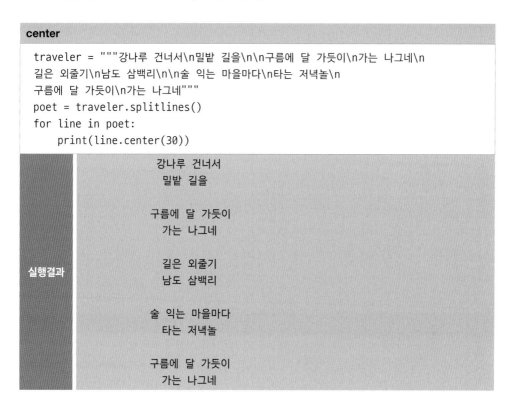

실행결과

```
         강나루 건너서
          밀밭 길을

        구름에 달 가듯이
          가는 나그네

          길은 외줄기
          남도 삼백리

        술 익는 마을마다
          타는 저녁놀

        구름에 달 가듯이
          가는 나그네
```

문자열 메서드의 간단한 사용 방법을 살펴봤는데 생략 가능한 인수까지 다 활용하면 더 섬세하게 조작할 수 있다. 이외에도 encode, translate 등 더 복잡한 동작을 하는 메서드도 있다. 인수에 대한 상세한 설명과 고급 메서드에 대해서는 레퍼런스를 참조하사.

8.3 포맷팅

포맷팅

문자열 안에 여러 가지 세부 정보를 포함하여 출력할 때는 + 연산자로 연결한다. 문자열에 + 연산자를 연거푸 사용하면 뒤에 정보를 계속 추가하여 얼마든지 많이 연결할 수 있다. 다음 예제는 문자열 중간에 price 변수의 값을 집어 넣어 출력한다.

stringcat
```
price = 500
print("궁금하면 " + str(price) + "원!")
```
실행결과　　궁금하면 500원!

잘 동작하지만 + 연산자를 여러 번 사용해야 한다는 점과 문자열이 아닌 값은 연결하기 전에 str 함수로 일일이 문자열로 변환해야 한다는 점이 불편하다. 중간에 삽입될 값이 여러 개이면 식이 너무 복잡하고 길어져 편집하기도 어렵다. 다음과 같이 개별 변수를 출력할 수도 있다.

```
print("궁금하면 ", price, "원!")
```

print 함수가 가변 인수를 받기 때문에 콤마로 구분하여 임의의 값을 넘기기만 하면 된다. 그러나 이 방법은 정보 사이에 공백이 들어가고 출력만 할 뿐 하나의 문자열을 만들어 내는 것은 아니다. 포맷팅은 문자열 사이사이에 다른 정보를 삽입하여 조립하는 기법이다. 문자열에 다음과 같은 표식을 넣고 뒤에 대응되는 변수를 밝히면 표식 자리에 정보가 삽입된다.

표식	설명
%d	정수
%f	실수
%s	문자열
%c	문자 하나
%h	16진수
%o	8진수
%%	% 문자

대응되는 값의 타입에 따라 서식이 나누어져 있으며 진법이나 상세한 출력 형식까지 지정할 수 있다. 서식을 사용하여 위 코드를 다시 작성해 보면 다음과 같다.

format
```
price = 500
print("궁금하면 %d원!" % price)
```

price 값이 들어갈 자리에 %d 표식을 배치해 둔다. 문자열 뒤에 % 연산자와 표식 위치에 들어갈 값을 밝히면 price의 실제값이 %d 자리에 삽입된다. 여러 개의 정보를 원하는 곳에 삽입할 수 있는데 서식이 두 개 이상이면 (값1, 값2) 식으로 실제값을 괄호로 묶어 나열한다. 괄호로 묶은 값의 집합을 튜플이라고 한다.

format2
```
month = 8
day = 15
anni = "광복절"
print("%d월 %d일은 %s이다." % (month, day, anni))
```
실행결과 8월 15일은 광복절이다.

문자열 안에 세 개의 서식이 포함되어 있으며 뒤쪽의 변수도 세 개 있다. 서식이 나타난 순서대로 뒤쪽의 변수값이 하나씩 대응되어 삽입된다.

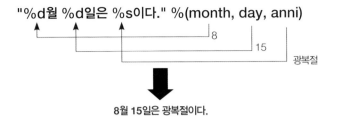

"%d월 %d일은 %s이다." %(month, day, anni)

8
15
광복절

8월 15일은 광복절이다.

첫 %d 자리에 month의 값인 8이 삽입되고 두 번째 %d 자리에 day의 값인 15, 세 번째 %s 자리에 anni의 값인 "광복절"이 삽입된다. 포맷팅 기능이 없다면 다음과 같이 문자열을 조립해야 한다.

```
print(str(month) + "월 " + str(day) + "일은 " + anni + "이다.")
```

따옴표를 계속 열었다 닫았다 하니 실수할 가능성이 높고 문자열이 아닌 것은 변환도 직접 해야 한다. 연결식이 복잡할 뿐만 아니라 편집하기도 성가시다. 포맷팅은 이런 번거로운 연결식을 간단히 조립해 준다.

서식은 이 자리에 어떤 정보가 들어간다는 것 뿐만 아니라 값을 어떻게 출력할 것인가도 지정한다. %와 기호 사이에 전체 폭과 정렬 방식, 유효 자리수 등의 상세한 지시 사항을 적어 넣는다.

%[-]폭[.유효자리수]서식

형식이 조금 복잡한데 실제 예를 보면 직관적으로 이해할 수 있다. 별도의 폭 지정이 없으면 변수의 자리수만큼 차지하지만 폭을 지정하면 최소 이만큼의 폭을 확보한다. 다음 예제로 확인해 보자. 좌우의 ###은 폭을 확인하기 위해 넣은 것이다.

width
```
value = 123
print("###%d###" % value)
print("###%5d###" % value)
print("###%10d###" % value)
print("###%1d###" % value)
```

value는 3자리의 숫자여서 %d만 쓰면 이 위치에 3자리의 숫자가 삽입된다. 반면 %5d라고 쓰면 5자리를 차지하여 왼쪽에 공백 2개가 삽입되며 %10d라고 쓰면 10칸을 차지한다. 서식이 지정하는 폭은 강제 폭이 아니라 최소 폭이어서 자리수보다 작은 폭을 주어도 최소한 숫자의 자리수만큼은 차지한다. %1d라고 지정했다 해서 강제로 1자리로 맞추지는 않는다.

일정한 폭을 강제로 할당하여 출력하면 변수의 값에 상관없이 숫자의 자리수를 가지런히 맞출 수 있어 보기 좋고 숫자 파악이 쉽다. 다음 예를 보자.

align

```
price = [30, 13500, 2000]
for p in price:
    print("가격:%d원" % p)
for p in price:
    print("가격:%7d원" % p)
```

실행결과

```
가격:30원
가격:13500원
가격:2000원
가격:     30원
가격:  13500원
가격:   2000원
```

폭을 지정하지 않고 %d 서식을 사용하면 가격의 자리수에 따라 숫자가 들쭉날쭉해 대소 관계를 한눈에 파악하기 어렵지만 %7d 서식으로 7자리를 강제 지정하면 오른쪽 끝이 가지런해서 숫자를 한눈에 파악할 수 있다.

폭에 -를 지정하면 왼쪽으로 정렬한다. 숫자는 보통 오른쪽 정렬하지만 문자열은 왼쪽으로 정렬하는 것이 보기 좋다. 다음 예제를 통해 %7d와 %-7d의 차이점을 확인해 보자.

```
price = [30, 13500, 2000]
for p in price:
    print("가격:%-7d원" % p)
```

실행결과	가격:30 원
	가격:13500 원
	가격:2000 원

실수는 폭 지정 외에 . 기호와 함께 유효 자리수를 밝혀 소수점 이하 얼마까지 표시할 것인지 정밀도를 지정한다.

```
pie = 3.14159265
print("%10f" % pie)
print("%10.8f" % pie)
print("%10.5f" % pie)
print("%10.2f" % pie)
```

실행결과	3.141593
	3.14159265
	3.14159
	3.14

별다른 지정이 없으면 소수점 이하 6자리까지 반올림하여 표시한다. 더 정밀한 값이 필요하면 유효 자리수를 늘리고 더 간략하게 표시하려면 유효 자리수를 줄인다. %10.2f 서식에 의해 다음과 같이 출력된다.

평균값은 소수점 이하 두 자리 정도까지만 표시하는 것이 보기 좋다. 더 정밀하게 출력해 봐야 큰 의미도 없고 꼬랑지가 너무 길면 정신만 사납다.

신형 포맷팅

파이썬 2.6 이후부터 새로운 문자열 포맷팅 방법을 지원하는데 아직 많이 사용되지는 않으므로 간략하게 알아보자. 정보를 삽입할 위치에 {} 괄호를 적고 format 메서드의 인수로 삽입할 변수를 나열한다. {} 괄호 자리에 차례대로 인수값이 삽입된다.

```
name = "한결"
age = 16
height = 162.5
print("이름:{}, 나이:{}, 키:{}".format(name, age, height))
```

실행결과   이름:한결, 나이:16, 키:162.5

{} 괄호 안에는 0부터 시작하는 순서값을 지정하는데 순서를 생략하면 0부터 차례대로 번호를 매긴다. 그래서 위 출력문은 다음과 같이 지정한 것과 같다.

```
print("이름:{0}, 나이:{1}, 키:{2}".format(name, age, height))
```

{} 괄호의 순서와 변수의 순서가 같다면 굳이 번호를 매길 필요 없지만 번호를 사용하면 순서를 임의대로 바꿀 수 있다. name을 맨 뒤로 보내 놓고 {2}라고 적으면 2번째 항목을 이 위치에 삽입한다.

"이름:{2}, 나이:{0}, 키:{1}".format(age, height, name)

{} 괄호 안에 변수 이름을 적어 두고 format의 인수열에 변수의 값을 나열할 수도 있다. 키워드 인수로 값을 지정하므로 인수의 순서는 아무래도 상관없다.

```
print("이름:{name}, 나이:{age}, 키:{height}".format(name = "한결", age = 20,
height = 160.9))
```

8장 문자열 관리 **193**

사전에 저장된 값을 출력할 때는 사전을 인수로 주고 [ ] 괄호 안에 키를 적는다. 사전의 키로부터 값을 검색하여 문자열 중간에 삽입한다.

```
boy = {"name":"한결", "age":16, "height":162.5}
print("이름:{0[name]}, 나이:{0[age]}, 키:{0[height]}".format(boy))
```

검색과 조립을 한번에 수행하므로 사전을 덤프할 때는 이 방법이 편리하다. { } 괄호 안의 : 다음에 인수의 타입을 지정한다. 문자열은 s, 정수는 d, 실수는 f의 타입을 사용한다.

newformat2
```
name = "한결"
age = 16
height = 162.5
print("이름:{0:s}, 나이:{1:d}, 키:{2:f}".format(name, age, height))
```

폭과 정밀도를 지정하는 방식은 이전 방식과 유사하다. :과 타입 문자 사이에 폭과 정밀도를 지정한다.

newformat3
```
name = "한결"
age = 16
height = 162.5
print("이름:{0:10s}, 나이:{1:5d}, 키:{2:8.2f}".format(name, age, height))
```
실행결과	이름:한결 , 나이: 16, 키: 162.50

별다른 정렬 지정이 없으면 문자열은 왼쪽으로 정렬되고 수치값은 오른쪽으로 정렬된다. 정렬을 지정할 때는 〈 왼쪽, 〉 오른쪽, ^ 중앙 정렬 기호를 폭 앞에 붙인다.

newformat4
```
name = "한결"
age = 16
height = 162.5
print("이름:{0:^10s}, 나이:{1:>5d}, 키:{2:<8.2f}".format(name, age, height))
```
실행결과	이름: 한결 , 나이: 16, 키:162.50

좌우 정렬뿐만 아니라 중앙 정렬도 가능하다는 점에서 구형 포맷팅 방법에 비해 기능이 더 많다. 정렬 문자 이전에 채움 문자를 지정하면 공백 대신에 채움 문자를 출력한다.

newformat5

```
name = "한결"
age = 16
height = 162.5
print("이름:{0:$^10s}, 나이:{1:0>5d}, 키:{2:!<8.2f}".format(name, age,
height))
```

실행결과 | 이름:$$$$한결$$$$, 나이:00016, 키:162.50!!

신형 포맷팅 방식은 예전 방식과 다를 뿐, 더 쉽다고 보기는 어렵다. 그래서 아직도 예전의 익숙한 방식을 더 많이 사용한다. 예전 방식은 3.0 이후에도 여전히 잘 지원되어 호환성이 더 좋다.

1. s = "universe"이다. s[2]와 s[-2]는 각각 어떤 문자인가?

① n, s

② i, s

③ n, r

④ i, r

2. s = "universe" 일 때 한 행에 한 글자씩 출력하는 코드를 작성하라.

3. s = "차종:코란도C, 제조사:쌍용, 배기량:1998" 문자열에서 제조사만 추출하여 출력하라.

① s[13:14]

② s[14:16]

③ s[13:15]

④ s[14:15]

4. 문자열에 포함된 문자 또는 부분 문자열의 개수를 구하는 메서드는 무엇인가?

① find

② rfind

③ index

④ count

5. domain 변수는 임의의 웹 주소를 가지고 있다. 이 도메인이 .kr로 끝나는 한국 도메인인지 확인하는 코드를 작성하라.

6. sosi 문자열에 "태연, 서연, 수영" 이름이 저장되어 있다. 각 가수의 이름을 추출하여 "사랑해"와 함께 출력하라.

7. "아침에 커피로 시작하고 밥 먹고 커피 마시고 자기 전에도 커피를 마신다." 문자열에서 모든 커피를 우유로 바꾸어 출력하라.

8. 임의의 주민등록번호 901231-1914983에서 생년과 성별을 추출하여 "90년생 남자"라는 결과를 출력하라.

9. sum 변수에 총점 356이 저장되어 있고, avg 변수에 평균 89.2785가 저장되어 있다. 두 변수의 값을 한 문자열로 조립하여 출력하되 평균은 반올림하여 소수점 2자리만 출력하라.

9장

리스트와
튜플

자료의 집합

개별 변수는 정수면 정수, 실수면 실수 식으로 딱 하나의 값만 저장하는 데 비해 리스트는 여러 개의 값을 집합적으로 저장한다. 다른 언어의 배열에 해당하며 실제로 배열과 비슷한 방식으로 사용한다. [ ] 괄호 안에 요소를 콤마로 구분하여 나열함으로써 초기화한다.

```
score = [ 88, 95, 70, 100, 99 ]
name = [ "최상미", "이한승", "김기남" ]
```

score는 다섯 개의 성적을 하나의 리스트에 저장하고 name은 세 개의 이름을 저장한다. 개수의 제한이 없어 얼마든지 많은 변수를 모아서 저장할 수 있다.

리스트에 소속되는 각각의 값을 요소(Element) 또는 원소라고 한다. 리스트의 요소는 보통 같은 타입이지만 반드시 그런 것은 아니다. 사람 이름과 성적처럼 다른 타입의 값을 섞어서 저장하는 것도 가능하다.

```
namescore = [ "최상미", 88, "이한승", 95 ]
```

이런 식으로도 쓸 수 있다는 것이지 일반적이지는 않다. 같은 타입의 값을 모아 두어야 실질적인 의미가 있고 현실적인 실용성이 있다. 다음 예제는 성적의 합계를 구한다.

listscore

```
score = [ 88, 95, 70, 100, 99 ]
sum = 0
for s in score:
    sum += s
print("총점 : ", sum)
print("평균 : ", sum / len(score))
```

실행결과	총점 : 452 평균 : 90.4

성적이 저장되어 있는 리스트를 for문으로 순회하며 각 학생의 성적을 꺼내 더하면 총점을 쉽게 구할 수 있다. 여러 개의 값이 하나의 컬렉션에 모여 있기 때문에 다루기 쉽다. 각 학생의 성적이 개별 변수에 따로 따로 저장되어 있다고 해 보자.

```
score1 = 88
score2 = 95
score3 = 70
score4 = 100
score5 = 99
```

이름이 비슷비슷하지만 별개의 변수여서 일일이 더해야 하며 루프를 돌릴 수 없어 반복 처리가 불가능하다. 리스트는 하나의 변수에 여러 개의 값을 모아 놓은 것이어서 루프를 돌리면 개별 요소를 쉽게 꺼낼 수 있다.

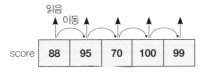

또한 가변적인 규모에도 쉽게 대응할 수 있다. 학생이 5명이 아니라 100명, 1000명으로 늘어나도 리스트의 요소만 늘리면 될 뿐 변수가 더 필요한 것은 아니다. 각 학생의 성적을 읽는 방법이나 총점을 구하는 코드는 그대로 사용할 수 있다.

평균은 총점을 학생 수로 나누어 구한다. 학생 수가 5명이므로 sum / 5로 계산할 수 있지만 상수를 쓰는 것보다 len 함수로 score의 요소 개수를 구해 쓰는 것이 더 바람직하다. 요소 개수를 실시간으로 조사하도록 해 두면 요소가 늘어나도 코드는 더 이상 수정하지 않아도 된다.

빈 리스트는 [ ] 또는 list() 함수로 만든다. 요소를 전혀 가지지 않는 빈 리스트를 만들어 두고 실행 중에 요소를 추가할 수 있다. list() 함수는 튜플이나 문자열 등 다른 타입을 리스트로 변환할 때도 사용한다. 문자열도 일종의 리스트인데 list() 함수로 문자열을 전달하면 개별 문자를 하나씩 쪼개 문자의 리스트를 만든다. 명령행에서 간단하게 확인해 보자.

```
>>> print(list("Korea"))
['K', 'o', 'r', 'e', 'a']
```

"Korea"를 구성하는 각각의 글자를 요소로 가지는 리스트가 생성된다. split, splitlines 등의 문자열 함수는 긴 문자열을 구분자나 개행 코드로 분리하여 여러 개의 문자열로 구성된 리스트를 생성한다.

리스트의 요소

리스트는 여러 가지 면에서 문자열과 유사한데 사실 문자열이 문자들을 모아 놓은 일종의 리스트이다. 그래서 리스트를 관리하는 방법은 문자열을 관리하는 방법과 비슷하며 문자열을 잘 다룰 수 있다면 리스트도 마찬가지 방법으로 다룰 수 있다.

리스트의 개별 요소를 읽을 때는 [ ] 괄호 안에 읽고자 하는 요소의 순서값을 적는다. 첨자는 0부터 시작하며 첫 번째 요소가 [0]번이다. 음수는 뒤쪽에서부터의 순서를 지정하며 제일 마지막 요소가 [-1]번이다.

```
score = [ 88, 95, 70, 100, 99 ]
print(score[0])      # 88
print(score[2])      # 70
print(score[-1])     # 99
```

요소의 순서값을 매기는 방법이 문자열과 똑같고 첨자가 범위를 벗어나면 에러 처리되는 것도 같다.

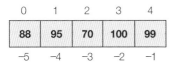

첫 요소의 첨자가 0이므로 score[2]는 두 번째 요소인 95가 아니라 세 번째 요소인 70임을 주의하자. [ ] 기호 안에 범위를 지정하여 일부 요소만 분리하는 것도 문자열과 같다.

[begin:end:step]

begin과 end로 범위를 지정하되 범위의 끝은 포함되지 않는다. 시작을 생략하면 처음부터 읽고 끝을 생략하면 리스트의 끝까지 읽는다. 증가값을 생략하면 1이 적용되어 중간의 모든 요소를 읽지만 2로 지정하면 하나씩 건너뛰며 읽는다. 다음 예제로 리스트를 자르는 여러 가지 예를 보자.

listslice

```
nums = [0,1,2,3,4,5,6,7,8,9]
print(nums[2:5])            # 2~5까지
print(nums[:4])             # 처음부터 4까지
print(nums[6:])             # 6에서 끝까지
print(nums[1:7:2])          # 1~7까지 하나씩 건너뛰며
```

실행결과	[2, 3, 4] [0, 1, 2, 3] [6, 7, 8, 9] [1, 3, 5]

문자열은 변경 불가능한 타입인 데 비해 리스트는 변경할 수 있다는 큰 차이점이 있다. 리스트의 요소는 컬렉션에 포함되어 있을 뿐 개별적인 변수여서 [ ] 기호에 첨자를 지정하여 자유롭게 읽고 쓸 수 있다.

listassign

```
score = [ 88, 95, 70, 100, 99 ]
print(score[2])     # 70
score[2] = 55       # 값 변경
print(score[2])     # 55
```

실행결과	70 55

score[2]에 값을 대입하면 이 요소만 바뀐다. 개별 요소뿐만 아니라 범위를 지정하여 여러 요소를 한꺼번에 일괄 변경할 수도 있다.

listreplace

```
nums = [0, 1, 2, 3, 4, 5, 6, 7, 8, 9]
nums[2:5] = [20, 30, 40]
print(nums)
nums[6:8] = [90, 91, 92, 93, 94]
print(nums)
```

실행결과	[0, 1, 20, 30, 40, 5, 6, 7, 8, 9] [0, 1, 20, 30, 40, 5, 90, 91, 92, 93, 94, 8, 9]

nums[2:5] = [20, 30, 40] 대입문은 일정 범위를 새로운 리스트로 교체한다. 2 ~ 5의 범위에 있는 세 요소가 한꺼번에 20, 30, 40으로 변경된다. 원본과 대입되는 값의 개수가 꼭 같을 필요는 없다. 3개 빼고 2개를 넣을 수도 있고 2개 빼고 5개를 넣을 수도 있다. 예제에서 6, 7 자리에 90 ~ 94까지 다섯 개의 값을 삽입했다.

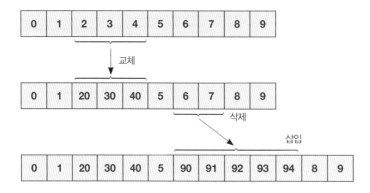

일정 범위에 대해 빈 리스트를 대입하면 해당 범위의 요소를 모두 삭제한다. 다음 예제는 2 ~ 5 사이의 2, 3, 4 요소를 제거한다. [2, 3, 4] 부분 리스트가 빈 리스트인 [ ]로 대체되므로 삭제하는 것과 효과가 같다. 요소 하나만 삭제할 때는 del 명령을 사용한다.

rangeremove

```
nums = [0, 1, 2, 3, 4, 5, 6, 7, 8, 9]
nums[2:5] = []
del nums[4]
print(nums)
```

실행결과   [0, 1, 5, 6, 8, 9]

+ 연산자와 * 연산자의 동작도 문자열과 같다. 리스트끼리 + 연산자로 더하면 두 리스트를 연결한다. 리스트에 정수를 곱하면 요소를 정수 번 반복한다.

listcat

```
list1 = [1, 2, 3, 4, 5]
list2 = [10, 11]
listadd = list1 + list2
print(listadd)
listmulti = list2 * 3
print(listmulti)
```

실행결과   [1, 2, 3, 4, 5, 10, 11]
　　　　　　[10, 11, 10, 11, 10, 11]

두 연산자 모두 기존의 리스트는 변경하지 않고 연결 및 반복한 새로운 리스트를 만들어 리턴한다. 이 예제를 실행한 후에 list1과 list2는 원래의 값을 그대로 유지한다.

이중 리스트

리스트의 요소에는 제약이 없어 숫자나 문자열은 물론이고 심지어 리스트 자체도 요소가 될수 있다. 리스트끼리 중첩되는 셈인데 [ ] 괄호 안에 또 다른 [ ] 괄호를 넣으면 된다.

```
lol = [ [1, 2, 3], [4, 5], [6, 7, 8, 9]]
print(lol[0])
print(lol[2][1])

for sub in lol:
    for item in sub:
        print(item, end=' ')
    print()
```

실행결과	[1, 2, 3] 7 1 2 3 4 5 6 7 8 9

리스트 안에 작은 리스트들이 포함되어 있다. 전체 리스트인 lol은 lol[0], lol[1], lol[2] 세 개의 부분 리스트로 구성되고 각 부분 리스트는 정수로 구성된다. 이 리스트가 메모리에 저장된 모습은 2차원 형태의 도표로 생각하면 된다.

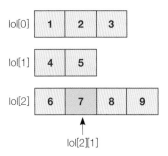

부분 리스트의 길이나 타입은 일치하지 않아도 상관없다. 이 상태에서 lol[0]을 읽으면 첫 번째 부분 리스트인 [0, 1, 2]가 출력된다. 부분 리스트 안의 정수값 하나를 읽으려면 [ ] 기호를 두 번 연거푸 사용한다. lol[2][1]은 2번째 부분 리스트의 1번째 요소를 의미하므로 7이다. 여러 단계로 중첩되어 있더라도 큰 단위부터 순서대로 찾아 나가면 된다.

이중 리스트를 순회하며 최종값을 모두 읽으려면 루프도 이중으로 돌아야 한다. sub 루프로 전체 리스트인 lol을 순회하면 부분 리스트가 추출되며 각 부분 리스트에 대해 item 루프를 돌면 리스트 내의 정수가 구해진다.

전체 리스트의 　　부분 리스트 순회

for sub in lol :
 for item in sub:

부분 리스트의 　　요소 순회

루프 내부에서 참조하는 item은 전체 리스트 lol의 정수를 좌에서 우로, 위에서 아래로 읽는 것과 같다. 이차원 리스트로 성적을 처리하는 예제를 만들어 보자.

---

nestscore

```
score = [
    [88, 76, 92, 98],
    [65, 70, 58, 82],
    [82, 80, 78, 88]
    ]

total = 0
totalsub = 0
for student in score:
    sum = 0
    for subject in student:
        sum += subject
    subjects = len(student)
    print("총점 %d, 평균 %.2f" % (sum, sum / subjects))
    total += sum
    totalsub += subjects
print("전체평균 %.2f" % (total / totalsub))
```

실행결과	총점 354, 평균 88.50 총점 275, 평균 68.75 총점 328, 평균 82.00 전체평균 79.75

score 리스트는 학생 3명의 4개 과목에 대한 성적을 저장한다. student 전체 루프는 각 학생에 대한 루프이며 안쪽의 subject 루프는 각 과목에 대한 루프이다. 각 행의 성적을 모두 더하면 학생별 총점이 구해지며 이를 과목 수로 나누면 해당 학생의 평균 점수가 된다. 각 학생의 총점을 모두 더한 후 총 과목 수로 나누면 전체 평균이 된다.

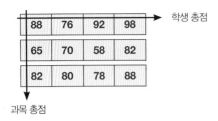

정보가 한곳에 모여 있으면 어떤 형태로든 처리할 수 있어 원하는 값을 구하기 쉽다. 수직으로 루프를 돌며 합계를 구하면 과목별 총점과 평균을 구할 수 있고 이렇게 구한 총점을 정렬하면 석차도 산출할 수 있다.

리스트 컴프리헨션

리스트 안의 요소가 일정한 규칙을 가지는 수열이라면 일일이 나열할 필요 없이 다음 문법으로 요소의 집합을 정의한다. 이 기능은 하스켈 언어의 문법에서 빌려 온 것이며 리스트 컴프리헨션(List Comprehension)이라고 한다.

[수식 for 변수 in 리스트 if 조건]

[ ] 괄호 안에 요소를 생성하는 for문과 if문이 포함되어 있다. 내부의 리스트를 순회하며 각 요소에 대해 수식을 적용하여 최종 요소를 생성해 낸다. if 조건은 그중 일부 요소만 추려 내는데 필요 없을 시 생략 가능하다. 1~10의 원소를 가지는 리스트라면 다음 식으로 선언한다.

```
[n for n in range(1, 11)]   # [1, 2, 3, 4, 5, 6, 7, 8, 9, 10]
```

for문으로 1에서 10까지 순회하며 n에 순서대로 대입하여 n을 요소로 정의한다. 순회하는 값을 바로 취했으므로 1~10의 요소가 생성된다.

수식의 자리에서 순회값에 대한 식을 정의하면 변수를 원하는 대로 가공할 수 있다. 1에서 10까지 순회하며 그 2배되는 값을 취하려면 다음과 같이 한다.

```
nums = [n * 2 for n in range(1, 11)]
for i in nums:
    print(i, end = ', ')
```

실행결과　　2, 4, 6, 8, 10, 12, 14, 16, 18, 20,

range 함수가 만들어 내는 범위의 각 요소에 2를 곱했다. 1에서 10까지의 수에 대해 2를 곱한 값이 리스트의 요소로 추가된다. 이 구문은 다음 코드와 같다.

```
nums = []
for n in range(1, 11):
    nums.append(n * 2)
```

빈 리스트를 만들어 두고 범위에 대해 루프를 직접 돌며 범위의 각 값에 대해 2를 곱한 값을 추가하면 된다. 이 구문을 간단하게 압축한 것이 위 예제의 구문이다.

일정한 조건을 지정하려면 뒤에 if문을 붙이며 조건이 참인 요소만 리스트에 삽입된다. 1~10의 값 중 3의 배수만 취하려면 if문에 n이 3의 배수라는 조건을 작성한다. 3의 배수만 골라 그 제곱 값으로 구성된 리스트를 만들 수도 있다.

```
[n for n in range(1, 11) if n % 3 == 0]# [3, 6, 9]
[n*n for n in range(1, 11) if n % 3 == 0] #[9, 36, 81]
```

원본 리스트와 수식, 조건식 등을 잘 조합하면 복잡하고 거대한 리스트를 손쉽게 민들 수 있으며 for문을 중첩시켜 2중 루프를 돌며 두 변수의 조합 값을 취하는 것도 가능하다. 다른 언어에는 없는 무척 재미난 기능이지만 구문이 함축적이어서 난이도는 높은 편이다.

리스트 관리

삽입

리스트는 문자열과는 달리 변경 가능하다. [ ] 괄호와 관리 메서드를 활용하여 요소를 마음대로 편집할 수 있다. 동작이 간단하고 직관적이므로 예제를 통해 구경만 해 보면 쉽게 익힐 수 있다.

```
listinsert
nums = [1, 2, 3, 4]
nums.append(5)
nums.insert(2, 99)
print(nums)
```
실행결과   [1, 2, 99, 3, 4, 5]

append는 인수로 전달한 요소를 리스트의 끝에 덧붙여 추가한다. insert는 삽입할 위치와 요소값을 전달받아 리스트의 중간에 삽입한다. 리스트의 끝에 5를 추가하고 2번째 위치에 99를 삽입했다.

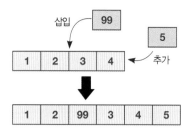

길이 4의 nums 리스트에 두 개의 요소를 추가, 삽입하여 길이는 6이 된다. 여러 요소를 한꺼번에 삽입할 때는 범위에 리스트를 대입한다. 다음 예제의 동작을 잘 관찰해 보자.

insertrange

```
nums = [1, 2, 3, 4]
nums[2:2] = [90, 91, 92]
print(nums)

nums = [1, 2, 3, 4]
nums[2] = [90, 91, 92]
print(nums)
```

실행결과
```
[1, 2, 90, 91, 92, 3, 4]
[1, 2, [90, 91, 92], 4]
```

[2:2] 범위에 3개의 요소를 대입했다. 범위의 끝은 제외되기 때문에 [2:2] 범위의 길이는 사실
상 0이지만 삽입할 위치를 알려 주는 역할을 한다. 길이 0의 범위에 길이 3의 리스트를 대입했
으니 세 개의 요소를 삽입하는 것과 같다.

반면 [2]번째 위치의 요소에 리스트를 대입하는 것은 효과가 완전히 다르다. 대입에 의해 요소
가 바뀌며 2번째 요소값이 길이 3의 리스트로 대체되어 요소 개수에는 변화가 없다. 리스트끼
리 중첩 가능하기 때문에 요소 자리에 리스트가 들어갈 수 있다.

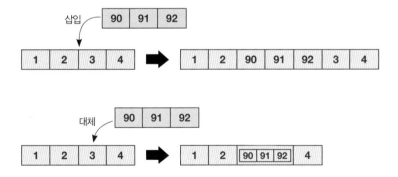

범위에 대한 대입은 해당 범위의 요소를 대체하는 것이되 원본 범위의 길이가 0이면 삽입하는
것과 같다. 요소에 대한 대입은 그것이 정수이든 리스트이든 해당 요소 하나만 교체하는 것이
다. 정수 요소에 리스트를 대입하면 부분 리스트로 교체된다. 리스트에 다른 리스트를 추가하
여 병합할 때는 extend 메서드를 사용한다.

```
list1 = [1, 2, 3, 4, 5]
list2 = [10, 11]
list1.extend(list2)
print(list1)
```

실행결과   `[1, 2, 3, 4, 5, 10, 11]`

길이 5의 list1에 길이 2의 list2를 병합하여 list1은 길이 7이 된다. 리스트끼리 연결하는 + 연산자와는 약간 다르다. + 연산자는 양쪽의 리스트는 건드리지 않고 두 리스트를 연결한 새로운 리스트를 리턴한다. 그래서 합친 결과를 별도의 변수로 대입받아야 한다. 반면 extend 메서드는 호출한 리스트에 인수로 주어진 리스트를 합친다.

```
list3 = list1 + list2     # 연결한 리스트를 리턴한다.
list1.extend(list2)       # 직접 연결한다.
```

+ 연산은 list1을 읽기만 하고 변경하지 않지만 extend 메서드는 list1에 직접 list2를 덧붙이므로 list1의 길이가 늘어난다. += 연산자는 extend와 같아 list1 += list2로 써도 효과가 같다. + 연산자로 똑같은 효과를 내려면 합친 결과를 자신이 다시 대입받아야 한다.

```
list1 = list1 + list2
```

이 처리를 한번에 해 주는 메서드가 extend이다. 그래도 잘 이해되지 않으면 정수에 대해 a + b와 a += b가 어떻게 다른지 생각해 보자.

삭제

리스트의 요소를 삭제할 때는 대상을 선택하는 방법에 따라 메서드를 골라 사용한다. 다음 예제로 실습해 보자.

```
listremove

score = [ 88, 95, 70, 100, 99, 80, 78, 50 ]
score.remove(100)
print(score)
del(score[2])
print(score)
score[1:4] = []
print(score)
```

실행결과
```
[88, 95, 70, 99, 80, 78, 50]
[88, 95, 99, 80, 78, 50]
[88, 78, 50]
```

remove는 인수로 전달받은 요소값을 찾아 삭제한다. 리스트 소속의 메서드이므로 score. remove(값) 식으로 호출한다. 해당 값이 없으면 예외를 발생시키고 값이 2개 이상이면 처음 발견한 요소 하나만 삭제한다.

del 명령은 순서값을 지정하여 삭제하며 할당의 반대 동작을 수행한다. del은 파이썬의 키워 드여서 del(score[2])의 함수 형식으로 호출할 수도 있고 del score[2]로 호출할 수도 있다. 메서드가 아니므로 score.del(2)로 호출해서는 안 된다.

일정한 범위의 요소 여러 개를 지울 때는 범위에 대해 빈 리스트를 대입한다. score[1:4]의 범 위를 빈 리스트인 [ ]로 대체한다는 것은 곧 지우는 것과 같다. 아니면 del score[1:4] 명령으 로 범위를 직접 삭제해도 된다.

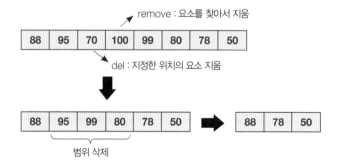

리스트의 모든 요소를 다 지워 리스트를 비울 때는 clear 메서드를 사용한다. 또는 score[:] = [ ] 식으로 전체 범위에 대해 빈 리스트를 대입하거나 del score[:] 명령으로 전체 범위를 다

삭제해도 효과는 같다.

remove와 del은 요소를 지우기만 하는 데 비해 pop은 삭제한 요소를 꺼내 리턴한다. 첨자를 지정하여 지울 대상을 지정하되 인수가 없으면 마지막 요소를 빼낸다. 인수를 생략하면 pop(-1)을 호출하는 것과 같다.

pop
```
score = [ 88, 95, 70, 100, 99 ]
print(score.pop())
print(score.pop())
print(score.pop(1))
print(score)
```

실행결과	99 100 95 [88, 70]

pop() 을 두 번 호출하여 끝의 두 요소를 꺼내 출력하고 pop(1)은 1번째 요소를 꺼낸다. 5개의 요소를 가진 리스트에서 3개의 요소를 빼냈으므로 2개의 요소만 남는다.

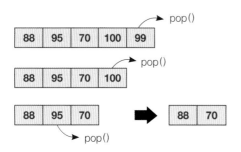

pop은 요소를 삭제하면서 그 값을 다시 리턴하므로 리스트의 값을 순서대로 제거하며 읽을 때 유용하다. 리스트의 끝에서 append로 추가하고 pop으로 제거하면 선입 선출 방식으로 동작하는 스택(Stack)이 된다.

pop(0) 호출로 리스트의 선두 요소를 빼내면 큐(Queue)로도 사용할 수 있지만 앞쪽의 요소를 지우는 동작은 뒤쪽의 모든 요소를 이동시켜야 하므로 느리고 비효율적이다. 파이썬은 큐자료 구조를 제공하는 별도의 Queue 객체를 지원하므로 리스트를 큐로 쓰지는 않는다.

검색

리스트의 검색 메서드는 문자열의 경우와 거의 같다. index는 특정 요소의 위치를 찾으며 발견되지 않을 경우 예외를 발생시킨다. count는 특정 요소값의 개수를 조사한다.

listindex

```python
score = [ 88, 95, 70, 100, 99, 80, 78, 50 ]
perfect = score.index(100)
print("만점 받은 학생은 " + str(perfect) + "번입니다.")
pernum = score.count(100)
print("만점자 수는 " + str(pernum) + "명입니다")
```

실행결과	만점 받은 학생은 3번입니다. 만점자 수는 1명입니다

리스트의 길이를 조사할 때는 len 내장 함수를 사용한다. min, max 내장 함수는 리스트의 요소 중 최소값, 최대값을 찾는다. 성적이 저장된 리스트에 대해 두 함수를 호출하면 최고 성적과 최저 성적을 쉽게 구할 수 있다.

listmin

```python
score = [ 88, 95, 70, 100, 99, 80, 78, 50 ]
print("학생 수는 %d명입니다." % len(score))
print("최고 점수는 %d점입니다." % max(score))
print("최저 점수는 %d점입니다." % min(score))
```

실행결과	학생 수는 8명입니다. 최고 점수는 100점입니다. 최저 점수는 50점입니다.

요소가 있는지 검사할 때는 in, not in 연산자를 사용한다. 리스트와 이 연산자를 사용하면 여러 개의 가능한 값 중 하나인지 간편하게 조사할 수 있다.

listin

```python
ans = input("결제 하시겠습니까? ")
if ans in ['yes', 'y', 'ok', '예', '당근']:
    print("구입해 주셔서 감사합니다.")
else:
    print("안녕히 가세요.")
```

사용자는 워낙 변화무쌍한 존재라 질문에 뭐라고 대답할지 정확히 알 수 없다. 긍정에 해당하는 답 목록을 리스트로 작성해 두고 in 연산자로 그중 하나에 해당하는지 조사하면 여러 조건을 한번에 검사할 수 있다. 위 조건문을 평이하게 풀어 쓰면 다음과 같다.

```
if ans == 'y' or ans == 'yes' or ans == 'ok' or ans == '예' or ans == '당근':
```

가능한 모든 값에 대해 일일이 점검하여 or 논리 연산자로 결합하는 것이 원칙적이지만 코드가 너무 길고 장황하다. 리스트와 in 연산자를 사용하면 코드도 짧고 응답 목록을 관리하기도 쉽다.

정렬

정렬은 요소를 크기순으로 재배열하는 것이다. sort 메서드는 리스트를 정렬하며 이 과정에서 요소의 순서가 조정되어 리스트 자체가 바뀐다. reverse 메서드는 요소의 순서를 반대로 뒤집는다. 다음 예제는 성적을 오름차순으로 정렬한다.

sort

```
score = [ 88, 95, 70, 100, 99 ]
score.sort()
print(score)
score.reverse()
print(score)
```

| 실행결과 | [70, 88, 95, 99, 100]
[100, 99, 95, 88, 70] |

score 리스트에는 성적이 불규칙하게 저장되어 있지만 sort 메서드를 호출하면 제일 낮은 점수가 앞으로 이동하고 뒤로 이동할수록 점점 높아진다. 오름차순으로 성적을 정렬한 것이며 이 상태에서 reverse를 연이어 호출하면 요소의 순서를 반대로 뒤집어 내림차순으로 바뀐다.

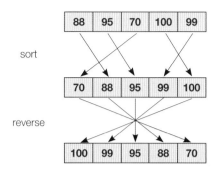

sort 함수는 두 개의 키워드 인수를 가지는데 reverse 인수를 True로 지정하면 내림차순으로 정렬한다. reverse의 디폴트값이 False여서 인수 없이 호출하면 오름차순 정렬된다. sort와 reverse를 차례로 호출할 필요 없이 다음 호출문 하나로 내림차순 정렬 가능하다.

```
score.sort(reverse=True)
```

key 인수는 정렬 시 요소를 비교할 키를 추출하는 함수이다. 이 함수로 키를 변형하여 비교 기준으로 사용한다. 숫자는 크기순으로 비교하는 것이 당연하지만 문자열이나 더 복잡한 타입은 여러 방식으로 비교할 수 있다. 다음 예제를 보자.

sort2
```
country = ["Korea", "japan", "CHINA", "america"]
country.sort()
print(country)
country.sort(key = str.lower)
print(country)
```

실행결과	['CHINA', 'Korea', 'america', 'japan'] ['america', 'CHINA', 'japan', 'Korea']

나라 이름을 그냥 비교하면 대문자가 더 작은 것으로 평가되어 CHINA가 america보다 더 앞쪽에 배치된다. 대소문자를 무시하고 비교하려면 key 인수에 str.lower를 주어 소문자로 바꾼 후 비교한다. 비교할 때만 소문자로 잠시 바꿀 뿐이며 요소 자체가 바뀌는 것은 아니다.

sort 메서드는 리스트를 직접 정렬하는 데 비해 sorted 내장 함수는 리스트는 그대로 두고 정렬된 새로운 리스트를 만들어 리턴한다. 원본은 유지되므로 정렬된 결과를 별도의 변수에 대입받아야 한다.

sorted

```
score = [ 88, 95, 70, 100, 99 ]
score2 = sorted(score)
print(score)
print(score2)
```

실행결과	[88, 95, 70, 100, 99] [70, 88, 95, 99, 100]

sort 메서드와 마찬가지로 reverse, key 키워드 인수를 통해 내림차순으로 정렬하거나 비교 방식을 지정한다. 원본을 유지할 것인가 아닌가에 따라 sort 메서드와 sorted 내장 함수 중 적당한 것을 골라 사용한다.

9.3 튜플

불변 자료 집합

튜플은 값의 집합이라는 면에서 리스트와 유사하지만 초기화한 후 편집할 수 없다는 점이 다르다. 그래서 튜플을 상수 리스트라고도 부른다. 튜플을 정의할 때는 [ ] 괄호가 아닌 ( ) 괄호를 사용한다. 앞에서 리스트로 만들었던 성적 처리 예제를 튜플로 다시 만들어 보자.

tuplescore

```
score = ( 88, 95, 70, 100, 99 )
sum = 0
for s in score:
    sum += s
print("총점 : ", sum)
print("평균 : ", sum / len(score))
```

실행결과	총점 : 452 평균 : 90.4

score의 요소값을 감싸는 기호가 [ ]에서 ( )로 바뀌었을 뿐 코드는 같다. 성적으로부터 총점이나 평균을 구하려면 읽기만 하면 된다. 성적 데이터를 데이터베이스나 네트워크에서 구했다면 굳이 변경할 필요는 없으니 튜플을 사용해도 무방하다.

print 함수는 튜플을 출력할 때 ( ) 괄호를 같이 출력하여 리스트가 아닌 튜플임을 나타낸다. 그러나 정의할 때는 꼭 ( ) 괄호를 감쌀 필요 없이 값만 나열해도 상관없다. 콤마로 구분된 값이 나열되어 있으면 튜플이라고 파악한다. 앞 예제의 score는 더 간단하게 다음과 같이 쓰면 된다.

```
score = 88, 95, 70, 100, 99
```

괄호를 감싸지 않아도 되니 간편하다. 단, 요소가 하나밖에 없는 튜플은 일반 변수와 구분되지 않아 값 다음에 여분의 콤마를 찍어 튜플임을 표시한다.

onetuple

```
tu = 2,
value = 2
print(tu)
print(value)
```

실행결과	(2,) 2

2,는 요소 하나를 가진 튜플이라는 뜻이고 2는 정수라는 뜻이다. 괄호를 싸 (2)라고 적어도 정수 2와 구분되지 않으니 (2,) 또는 2,로 콤마를 꼭 적어야 한다. 둘 이상일 때는 끝에 콤마가 없어도 상관없으며 괄호도 굳이 필요치 않다.

리스트나 튜플이나 둘 다 요소 타입의 제한은 없어 임의 타입의 요소를 가질 수 있다. 그러나 리스트는 동일 타입의 집합인 경우가 많은 데 비해 튜플은 다른 타입의 집합으로도 흔히 사용된다.

튜플로 가능한 일

튜플의 요소를 읽는 것은 언제든 가능하다. 범위를 추출하여 일부를 잘라낼 수도 있고 + 연산자로 튜플끼리 연결하거나 * 연산자로 튜플의 요소를 반복할 수도 있다. 그러나 튜플의 요소를 변경하거나 삭제하는 것은 불가능하다.

tupleop

```
tu = 1, 2, 3, 4, 5
print(tu[3])        # 가능
print(tu[1:4])      # 가능
print(tu + (6, 7))  # 가능
print(tu * 2)       # 가능
tu[1] = 100         # 불가능
del tu[1]           # 불가능
```

| 실행결과 | ```
4
(2, 3, 4)
(1, 2, 3, 4, 5, 6, 7)
(1, 2, 3, 4, 5, 1, 2, 3, 4, 5)
Traceback (most recent call last):
  File "C:/Python/test.py", line 6, in <module>
    tuple[1] = 100          # 불가능
TypeError: 'tuple' object does not support item assignment
``` |
|---|---|

연결이나 반복은 원본 튜플로부터 새로운 튜플을 만드는 것이지 튜플 자체를 바꾸지는 않는다. 잘 실행되다가 tu[1] = 100 대입문에서 에러가 발생한다. 요소를 변경하거나 삭제하는 것은 튜플의 요소가 바뀌는 것이어서 허락되지 않는다.

리스트가 제공하는 append나 insert 같은 메서드가 없어 요소를 추가, 삽입할 수 없고 삭제도 할 수 없다. 제공하는 메서드가 index와 count 두 개밖에 없어 요소를 찾거나 개수를 세는 것만 가능하다. 일체의 변경은 할 수 없고 오로지 읽기만 해야 한다.

튜플은 여러 개의 변수에 값을 한꺼번에 대입하는 아주 재미있는 기능을 제공한다. 좌변에 변수 목록을 적고 우변에 튜플을 대입하면 튜플의 요소가 하나씩 변수에 대입된다. 이때 좌변의 변수 개수와 튜플의 요소 개수는 같아야 한다.

unpacking

```
tu = "이순신", "김유신", "강감찬"
lee, kim, kang = tu
print(lee)
print(kim)
print(kang)
```

실행결과	이순신 김유신 강감찬

세 개의 요소를 가지는 튜플을 정의하고 세 변수를 튜플로 만들어 튜플끼리 대입하면 대응되는 요소끼리 대입된다. 결국 좌변의 세 변수에 튜플의 세 요소가 순서대로 대입된다.
```

lee, kim, kang = 이순신 | 김유신 | 강감찬

튜플에 저장된 요소를 풀어헤쳐(Tuple Unpacking) 각 변수에 나누어 대입하는 셈이다. 이 기능을 사용하면 두 변수의 값을 한꺼번에 초기화할 수 있고 두 값을 쉽게 교환할 수도 있다.

swap

```
a, b = 12, 34
print(a, b)
a, b = b, a
print(a, b)
```

실행결과	12 34
	34 12

a, b에 12, 34 튜플을 대입하면 두 변수에 튜플의 요소가 차례대로 대입된다. a, b = b, a 대입문은 두 변수의 값을 서로 바꾸어 대입하므로 두 값이 교환된다. 요소를 하나씩 순서대로 대입하는 것이 아니라 우변을 모두 평가한 후 한꺼번에 대입한다. 만약 하나씩 대입한다면 a, b = b, a는 다음과 같을 것이다.

```
a = b
b = a
```

이렇게 되면 a가 먼저 바뀌어 버리기 때문에 원래의 a 값을 잃어 버려 교환되지 않는다. 우변의 두 값을 먼저 결정하여 그 값을 a, b에 각각 대입하기 때문에 좌변의 변수가 우변에 나와도 상관없다.

튜플을 사용하면 리턴값을 여러 개 반환할 수 있다. 인수는 얼마든지 많이 넘길 수 있지만 리턴값은 딱 하나밖에 없는 것이 원칙이다. 그러나 내부에 요소를 포함하는 튜플을 사용하면 두 개 이상의 값을 반환할 수 있다.

```
tworeturn

import time

def gettime():
    now = time.localtime()
    return now.tm_hour, now.tm_min

result = gettime()
print("지금은 %d시 %d분입니다" % (result[0], result[1]))
```

실행결과   지금은 5시 26분입니다

소스의 첫 행에 있는 import 구문은 모듈의 기능을 사용하는 명령이다. 시간 관련 기능을 쓰려면 time 모듈을 임포트해야 하는데 자세한 건 다음에 알아보되 일단은 외부 기능을 빌려 오는 선언문으로 생각하면 된다.

gettime 함수는 현재 시간을 조사하여 리턴한다. 시간은 시, 분, 초 등의 여러 가지 값으로 구성되는데 초는 무시하고 시, 분 정보만 리턴한다고 해 보자. 이를 위해 return문에 콤마로 구분하여 시, 분 두 개의 값을 리턴했다. 두 값은 튜플로 묶여 호출원으로 반환된다.

시	분

호출한 쪽에서는 gettime 함수의 리턴값을 result로 대입받아 result[0], result[1] 요소를 읽어 시, 분 정보를 뽑아낸다. 두 값이 묶여 있다 뿐이지 어쨌거나 리턴값은 튜플 하나인 셈이며 이런 식이면 얼마든지 많은 리턴값을 넘길 수 있다. 튜플의 요소를 추출하는 것이 귀찮다면 리턴값을 개별 변수에 직접 대입받는다.

```
hour, min = gettime()
print("지금은 %d시 %d분입니다" % (hour, min))
```

여러 개의 리턴을 받을 수 있다는 면에서 편리하지만 일단 대입받아야 쓸 수 있어 함수 호출문을 수식에 바로 쓰기는 어렵다. 내장 함수 중에도 튜플로 2개의 값을 반환하는 것이 있다. divmod 함수는 나눗셈의 몫과 나머지를 튜플로 묶어 리턴한다.

```
d, m = divmod(7, 3)
print("몫", d)
print("나머지", m)
```

실행결과	몫 2 나머지 1

divmod(7, 3)에 의해 7을 3으로 나누어 몫과 나머지를 구하고 그 결과인 (2, 1)을 튜플로 묶어 리턴한다. 호출원에서는 두 값을 d, m에 대입받아 출력했다.

튜플을 사용하는 이유

튜플로 가능한 일은 리스트로도 모두 가능하다. 값의 집합을 표현할 수 있고 요소를 변경하는 편집까지 가능하니 리스트는 튜플의 기능을 모두 포괄하는 더 큰 타입이다. 그럼에도 불구하고 굳이 변경 불가능한 튜플을 제공하는 데는 여러 가지 이유가 있다.

❶ 비용의 차이가 있다. 리스트는 변경 가능성을 항상 대비해야 하므로 더 많은 메모리를 사용하고 속도도 느리다. 이에 비해 튜플은 값의 집합만 표현할 뿐 바뀔 일이 없으므로 내부 구조가 훨씬 단순하고 읽는 속도도 빠르다.

❷ 편집할 수 없어 안정적이다. 리스트는 실수나 불의의 사고로 언제든지 값이 바뀔 수 있지만, 튜플은 한번 정해지면 절대로 바꿀 수 없어 실수할 위험이 없다. 데이터베이스에서 읽었거나 네트워크로 받은 정보는 단순히 참조만 하면 될 뿐 편집할 일이 없으므로 리스트보다 튜플로 받는 것이 더 안전하다.

요컨대 튜플은 변경할 수 없는 제약이 있는 대신 가볍고 빠르고 안전하다. 같은 이유로 문자열도 변경 불가능하다. 복잡하고 자주 바뀌는 집합을 표현할 때는 리스트를 쓰고 단순히 값의 목록만 표현할 때는 튜플을 쓰는 것이 간편하다. 꽃나무 하나 심는 데 삽이면 충분하지 포크레인 씩이나 동원할 필요는 없다.

튜플은 값이 고정적이어서 사전의 키로 사용할 수 있고 가변 인수 전달에도 사용된다. 가변 인수는 함수 안에서 읽기만 할 뿐 인수 목록을 바꿀 필요가 없으니 내부적으로 튜플로 묶어 전달한다.

리스트와 튜플은 값 변경 가능성 여부만 다를 뿐 내부 구조가 비슷해서 상호 변환 가능하다. 리스트를 튜플로 바꿀 때는 tuple 함수를 사용하며 튜플로 바뀌면 편집할 수 없다. 반대로 튜플을 리스트로 변환할 때는 list 함수를 사용하며 리스트로 바꾼 후 편집 가능하다.

convertlist

```
score = [ 88, 95, 70, 100, 99 ]
tu = tuple(score)
#tu[0] = 100
print(tu)
li = list(tu)
li[0] = 100
print(li)
```

실행결과
```
(88, 95, 70, 100, 99)
[100, 95, 70, 100, 99]
```

score 리스트를 tu 튜플로 바꾸었다. 내부 요소는 같지만 값을 변경할 수 없다. tu[0]에 값을 대입하면 에러 처리된다. tu 튜플은 다시 리스트로 바꿀 수 있으며 이렇게 되면 값을 편집할 수 있다. 튜플과 리스트를 상호 변환하는 것은 언제나 가능하지만 엄청난 시간이 소요됨을 유의해야 한다.

1. score 리스트에 성적값 8개를 저장하고 총점과 평균을 구해 출력하라.

2. score = [88, 95, 70, 100, 99] 리스트에서 2번 학생의 성적을 0점으로 변경하라.

3. 리스트 컴프리헨션 문법을 사용하여 1에서 100 사이의 짝수로 구성된 리스트를 생성하라.

4. [n*n for n in range(1, 10) if n % 3 == 0] 구문을 평이한 루프와 조건문, 연산식으로 풀어서 작성하라.

5. 리스트의 중간에 요소 하나를 삽입할 때 사용하는 메서드는?

    ① append

    ② insert

    ③ extend

    ④ remove

6. 리스트를 스택으로 사용할 때 필요한 메서드 두 개는 무엇인가?

    ① insert, remove

    ② insert, pop

    ③ append, remove

    ④ append, pop

7. 사용자로부터 5개의 성적을 입력받아 리스트에 저장한 후 오름차순으로 정렬하여 출력하라.

8. 100 요소값 하나만 저장된 튜플을 초기화하는 올바른 코드는?

    ① tu = 100

    ② tu = 100,

    ③ tu = (100)

    ④ tu = [100]

9. 튜플과 리스트의 가장 큰 차이점은 무엇인가?

    ① 리스트는 요소의 타입이 같고 튜플은 요소의 타입이 다르다.

    ② 리스트는 길이 제한이 없지만 튜플은 길이 제한이 있다.

    ③ 리스트는 편집할 수 있지만 튜플은 읽기 전용이다.

    ④ 리스트는 메모리를 적게 사용하지만 튜플은 메모리를 많이 사용한다.

10장

사전과
집합

10.1 사전
10.2 집합

키와 값의 쌍

사전(Dictionary)은 키와 값의 쌍을 저장하는 대용량의 자료구조이다. 해시 알고리즘을 사용하여 일대일로 대응되는 특성이 있어 맵이라고도 부르고 관련된 키와 값의 쌍이라고 해서 연관배열이라고도 부른다.

다른 언어는 라이브러리로 제공하는 고급 자료구조이지만 파이썬은 언어의 기본 기능으로 제공하여 언제든지 사용할 수 있다. 사전을 정의할 때는 { } 괄호 안에 키:값 형태로 콤마로 구분하여 나열한다.

dic
```
dic = { 'boy':'소년', 'school':'학교', 'book':'책' }
print(dic)
```
실행결과   {'book': '책', 'school': '학교', 'boy': '소년'}

영어 단어가 키이고 한글을 값으로 하는 세 쌍의 요소를 사전에 저장했다. 내부에는 다음과 같이 저장된다. 단어와 뜻이 쌍을 이루어 나란히 저장된 진짜 사전 모양이다.

키는 값을 찾는 기준이어서 중복되지 않는 고유의 값을 가져야 하지만 값은 중복되어도 상관없다. 사전에 단어가 두 번 나올 수는 없지만 비슷한 뜻을 가진 단어는 얼마든지 있을 수 있다. 키는 읽기 전용이어서 변경할 수 없으며 그래서 튜플은 키로 쓸 수 있지만 리스트는 안 된다.

값은 자유롭게 변경할 수 있다.

print 함수는 사전을 { } 괄호로 묶어 출력하는데 정의할 때의 순서와는 다르게 출력된다. 사전은 빠른 검색을 위해 키로부터 저장하는 위치를 결정하며 최대한 찾기 쉬운 위치에 저장하기 때문에 순서를 유지하지 않는다. 대신 검색이 엄청나게 빨라 거의 실시간으로 찾아낸다. 사전에 대해 [키] 형식으로 읽으면 값이 바로 구해진다.

dicread

```
dic = { 'boy':'소년', 'school':'학교', 'book':'책' }
print(dic['boy'])
print(dic['book'])
```

실행결과	소년 책

dic['boy']는 boy를 키로 하여 값을 찾는다. 순서가 없기 때문에 첨자로는 읽을 수 없고 키로부터 값을 찾는다. 소년이라는 값이 바로 검색된다. 사전의 크기가 작아 속도를 체감하기 어려운데 수백만 건의 자료가 있더라도 거의 실시간으로 찾아낸다. 사전에 단어가 수만 개 있어도 알파벳순으로 정렬되어 있어 찾기 쉬운 것과 같다.

찾는 키가 없으면 키가 없다는 예외가 발생한다. dic['student']라고 읽으면 예외가 발생하므로 예외 처리 구문을 사용해야 한다. 예외 처리 구문으로 감싸는 게 불편하다면 이때는 get 메서드로 값을 찾는다. get은 키가 없을 때 에러를 발생시키는 대신 None을 리턴하며 두 번째 인수로 대신 돌려줄 디폴트값을 지정할 수도 있다.

dicget

```
dic = { 'boy':'소년', 'school':'학교', 'book':'책' }
print(dic.get('student'))
print(dic.get('student', '사전에 없는 단어입니다.'))
```

실행결과	None 사전에 없는 단어입니다.

사전에 없는 키라도 예외가 발생하지 않으니 예외 처리 구문을 쓸 필요가 없어 간편하다. 검색 결과를 바로 출력할 수 있고 필요하다면 if문으로 검색 결과를 점검할 수도 있다. 특정 키가 사

전에 있는지 조사하려면 in 구문을 사용한다.

dicin
```
dic = { 'boy':'소년', 'school':'학교', 'book':'책' }
if 'student' in dic:
    print("사전에 있는 단어입니다.")
else:
    print("이 단어는 사전에 없습니다.")
```
실행결과　　이 단어는 사전에 없습니다.

"키 in 사전" 조건문은 키가 있으면 True를 리턴하고 그렇지 않으면 False를 리턴한다. 사전에 없는 단어인지 알고 싶으면 not in 구문을 사용한다. in 연산자로 먼저 점검한 후 [키]로 읽으면 항상 안전하다.

사전 관리

사전은 변경 가능한 자료형이어서 실행 중에 삽입, 삭제, 수정 등의 편집을 자유롭게 할 수 있다. [ ] 괄호와 대입문을 주로 사용한다.

dicchange
```
dic = { 'boy':'소년', 'school':'학교', 'book':'책' }
dic['boy'] = '남자애'
dic['girl'] = '소녀'
del dic['book']
print(dic)
```
실행결과　　{'boy': '남자애', 'girl': '소녀', 'school': '학교'}

사전[키] 식에 값을 대입하면 키의 존재 여부에 따라 동작이 달라진다. 키가 이미 존재하면 기존의 값이 변경되는데 사전은 키의 중복을 허락하지 않아 두 개의 키를 저장하지 않고 기존의 키 값을 변경한다. dic['boy']에 "남자애"라는 값을 대입하면 원래의 "소년"이라는 값이 수정된다.

없는 키에 대해 값을 대입하면 새로운 키와 값의 쌍이 추가되어 요소가 늘어난다. dic['girl']에 대해 '소녀'라는 값을 대입했는데 사전에 girl이 아직 없으므로 이 키가 추가되고 '소녀'가 저장된다. 똑같은 대입문인데 키의 존재 여부에 따라 동작이 다르다. 있으면 수정, 없으면 추가다.

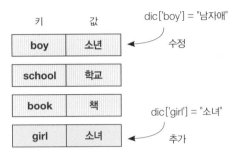

요소를 삭제할 때는 del 명령을 사용하며 해당 키를 찾아 값과 함께 사전에서 삭제한다. del dic['book'] 명령에 의해 사전에서 book 단어가 삭제된다. 없는 키에 대해 del 명령을 사용하면 예외가 발생한다. 사전의 모든 요소를 삭제하여 완전히 비울 때는 clear 메서드를 호출한다.

사전의 키, 값 목록을 얻으려면 keys, values 메서드를 호출한다. keys 메서드는 dict_key라는 리스트 객체를 리턴하며 이 리스트에는 키의 목록만 들어 있다. values 메서드는 dict_values라는 리스트 객체를 리턴하며 이 안에는 값의 목록만 들어 있다. items 메서드는 키와 값의 쌍을 튜플로 묶은 dict_items 객체를 리턴한다.

keys

```
dic = { 'boy':'소년', 'school':'학교', 'book':'책' }
print(dic.keys())
print(dic.values())
print(dic.items())
```

실행결과	dict_keys(['book', 'boy', 'school']) dict_values(['책', '소년', '학교']) dict_items([('book', '책'), ('boy', '소년'), ('school', '학교')])

파이썬 3.0 이전에는 목록을 직접 가지는 리스트를 리턴했지만 내부에서 거대한 리스트를 만드는 데 메모리와 시간이 너무 많이 소모되어 3.0에서는 값을 구하는 객체를 리턴하는 것으로 변경되었다. dict_* 객체는 리스트처럼 순회 가능하여 값을 순서대로 읽을 수 있다.

```
dic = { 'boy':'소년', 'school':'학교', 'book':'책' }
keylist = dic.keys()
for key in keylist:
    print(key)
```

```
boy
school
book
```

그러나 진짜 리스트는 아니어서 append, insert 등의 편집 함수를 호출할 수는 없다. keys는 키의 목록을 조사하는 것이 목적일 뿐 굳이 편집 가능한 리스트로 변환할 필요는 없다. 정 리스트로 만들려면 list() 함수로 변환한다.

```
keylist = list(dic.keys())
```

update 메서드는 두 개의 사전을 병합한다. 인수로 전달한 사전이 호출 사전에 병합되어 합쳐진다.

```
dic = { 'boy':'소년', 'school':'학교', 'book':'책' }
dic2 = { 'student':'학생', 'teacher':'선생님', 'book':'서적' }
dic.update(dic2)
print(dic)
```

```
{'boy': '소년', 'teacher': '선생님', 'student': '학생', 'school': '학
교', 'book': '서적'}
```

dic에 dic2를 병합하면 dic2에 있는 단어가 dic에 삽입된다. 중복된 키가 있으면 병합되는 키의 값이 적용된다. book은 dic에도 있고 dic2에도 있는데 이때는 dic2의 값이 적용되어 dic의 book 키가 '서적'으로 바뀐다.

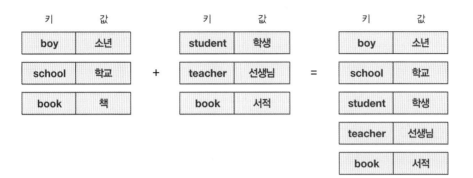

dict 함수는 빈 사전을 만들기도 하고 다른 자료형을 사전으로 변환하기도 한다. 2차원 리스트를 사전으로 바꿀 수 있는데 내부 리스트의 첫 요소는 키가 되고 두 번째 요소는 값이 된다. 다음은 영어 단어와 한글 해석의 2차원 리스트를 사전으로 변환한다.

listtodic

```
li = [ ['boy', '소년'], ['school', '학교'], ['book', '책'] ]
dic = dict(li)
print(dic)
```

실행결과 {'boy': '소년', 'school': '학교', 'book': '책'}

리스트에 중복되는 키가 있으면 뒤쪽에 있는 키의 값이 적용된다. 구조만 맞다면 튜플도 사전으로 바꿀 수 있다. 컬렉션은 값의 집합이라는 면에서 공통성이 있어 상호 변환이 자유로운 편이다.

사전의 활용

사전은 키의 중복을 허락하지 않는다는 점과 연관된 정보를 저장한다는 면에서 무척 실용적이다. 이 특성을 이용하면 대량의 관련 정보를 저장할 수 있을 뿐만 아니리 빠른 속도로 검색까지 할 수 있다. [ ] 괄호만으로 추가 및 수정이 가능해 사용하기도 쉽다.

팝송 가사에 등장하는 알파벳 문자의 출현 횟수를 세어 보자. 여러 가지 방법이 있지만 사전을 사용하는 것이 가장 깔끔하고 쉽다. 26개의 알파벳 문자를 키로 하고 값에 출현 횟수를 저장하면 된다. song 문자열을 순서대로 읽으며 알파벳에 해당하는 키를 찾아 값을 증가시킨다.

```
song = """by the rivers of babylon, there we sat down
yeah we wept, when we remember zion.
when the wicked carried us away in captivity
required from us a song
now how shall we sing the lord's song in a strange land"""

alphabet = dict()
for c in song:
    if c.isalpha() == False:
        continue
    c = c.lower()
    if c not in alphabet:
        alphabet[c] = 1
    else:
        alphabet[c] += 1

print(alphabet)
```

실행결과	{'b': 4, 'y': 5, 't': 9, 'h': 9, 'e': 22, 'r': 12, 'i': 10, 'v': 2, 's': 10, 'o': 10, ...

먼저 alphabet이라는 이름으로 빈 사전을 준비한다. for문으로 song 문자열을 처음부터 끝까지 순회하되 알파벳이 아닌 기호나 공백 등은 관심 대상이 아니므로 건너뛴다. isalpha 함수로 문자열을 점검하여 알파벳이 아니면 continue 명령으로 루프 처음으로 돌아가 버리면 된다. 아니면 이후의 처리를 isalpha 조건문 안에 두는 방법도 있다.

```
for c in song:
    if c.isalpha():
        c = c.lower()
        ....
```

continue 명령은 알파벳이 아닐 때 무시하는 작전인 데 비해 if isalpha 조건문은 알파벳일 때만 처리하는 방식이다. 관심 없는 것을 무시하나 관심 있는 것만 처리하나 효과는 같되 if 문은 들여쓰기가 한 칸 더 안쪽으로 들어가 모양새가 좋지 않다.

알파벳인 경우 lower 메서드로 소문자로 바꾼다. 영문은 대문자, 소문자가 번갈아 나오는데

A와 a는 같은 글자이므로 소문자로만 횟수를 세는 것이 편리하다. 소문자로 바꾼 알파벳 c가 alphabet 사전에 없으면 처음 등장한 것이므로 1을 대입하여 키를 추가한다. 새로운 키가 생성되고 1번 등장한 것으로 기록된다.

이미 등장한 문자이면 이때는 출현 횟수를 1 증가시킨다. 이런 식으로 song 문자열 전체를 순회하면 각 알파벳 문자별 출현 횟수가 alphabet 사전에 기록된다. print 함수로 사전을 출력해 보면 b는 네 번, y는 다섯 번 등장했음을 알 수 있다.

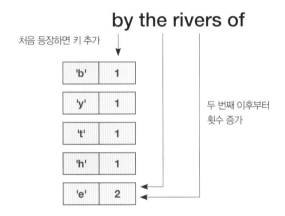

결과는 정확하지만 출력문이 알파벳 순서가 아니어서 보기 어렵다. 사전은 검색하기 편한 위치에 저장하기 때문에 순서가 없는 컬렉션이다. 알파벳순으로 정렬해서 출력하려면 별도의 출력 코드를 작성해야 한다. 제일 마지막의 print 함수 대신 다음 코드를 작성해 보자.

alphanum2

```
....
key = list(alphabet.keys())
key.sort()
for c in key:
    num = alphabet[c]
    print(c, "=>", num)
```

실행결과
```
a => 12
b => 4
c => 3
d => 6
e => 22
```

keys 함수로 키의 목록을 얻은 후 list 함수를 호출하여 리스트로 바꾼다. 리스트는 순서가 있는 컬렉션이므로 sort 함수로 정렬할 수 있다. 정렬된 키의 목록을 순회하며 각 키의 값을 읽어 출력하면 된다. j와 x는 문자열에 없어 결과 목록에 아예 나타나지 않는다.

키의 목록을 구해 정렬하는 것이 번거로우면 a ~ z까지 순회하며 각 알파벳의 등장 횟수를 조사하는 방법도 있다. 사전에 알파벳 키가 저장되어 있음을 뻔히 알고 있으므로 각 문자의 등장 횟수를 순서대로 조사한다.

alphanum3

```
....
for code in range(ord('a'), ord('z') + 1):
    c = chr(code)
    num = alphabet.get(c, 0)
    print(c, "=>", num)
```

range 함수는 정수만 받아들이기 때문에 문자열을 순회할 수는 없다. 그래서 ord 함수로 문자의 코드를 구해 a ~ z까지 순회하며 문자는 chr 함수로 구한다. 등장하지 않는 알파벳도 있으므로 [ ] 첨자로 값을 조사하면 예외가 발생한다. 이를 방지하기 위해 get 함수로 조사하되 없을 경우 디폴트인 0을 취한다. j와 x도 결과 목록에 나타나며 출현 횟수는 0이다.

이 실습에서 보다시피 문제를 푸는 방식은 정해져 있지 않으며 여러 가지 변형이 있다. 리스트로도 똑같은 문제를 풀 수 있고 알파벳순이 아닌 등장 횟수순으로 정렬해서 출력할 수도 있다. 그중 가장 빠르고 효율적인 방법을 찾아 적용하는 것이 프로그래머의 능력이다.

10.2 집합

집합 정의

집합은 여러 가지 값의 모임이며 중학교 수학 시간에 배운 집합과 같다. 다른 자료형보다는 다소 늦게 파이썬 2.3부터 도입되었는데 그만큼 실용성이 낮다는 얘기이기도 하다. 집합을 정의할 때는 { } 괄호 안에 키를 콤마로 구분하여 나열한다. 사전을 정의하는 괄호와 같지만 값은 없고 키만 있다는 점이 다르다.

set

```
asia = { 'korea', 'china', 'japan', 'korea' }
print(asia)
```

실행결과 `{'korea', 'china', 'japan'}`

asia 집합은 아시아의 나라 이름을 나열한다. 집합은 값을 포함하고 있느냐 아니냐만 중요할 뿐이어서 키의 중복은 허락하지 않으며 순서도 별 의미가 없다. 초기 식에 'korea' 요소가 두 개있지만 결과적으로는 하나만 저장된다. set() 함수는 빈 집합을 만들기도 하고 다른 컬렉션을 집합형으로 변환하기도 한다.

set2

```
print(set("sanghyung"))
print(set([12, 34, 56, 78]))
print(set(("신지희", "한주완", "김태륜")))
print(set({'boy':'소년', 'school':'학교', 'book':'책'}))
print(set())
```

실행결과
```
{'u', 'n', 'a', 's', 'y', 'h', 'g'}
{56, 34, 12, 78}
{'김태륜', '신지희', '한주완'}
{'boy', 'school', 'book'}
set()
```

문자열은 개별 문자들이 집합의 원소가 되는데 중복이 제거된다는 점을 유의하자. n, g는 두 번씩 나타나지만 집합에는 한 번만 포함된다. 순서가 중요하지 않아 원본 단어에 있던 순서와는 달라진다. 리스트나 튜플도 집합으로 바꿀 수 있고 사전은 키만 쏙 빼내 오며 값은 버린다.

공집합을 만들 때는 인수 없이 set( ) 함수를 호출한다. 다른 자료형은 [ ], ( ), { } 와 같이 빈 괄호만 쓰면 되지만 집합은 사전을 만들 때 쓰는 괄호와 같아 { } 요렇게 쓰면 빈 집합이 아니라 빈 사전이 만들어진다. 그래서 set( )으로 호출해야 공집합을 만들 수 있다. print 함수도 공집합을 출력할 때는 { }가 아니라 set( ) 으로 출력하여 사전이 아닌 집합임을 명시한다.

집합은 수정 가능한 자료형이어서 언제든지 키를 넣고 뺄 수 있다. 집합에 원소를 추가할 때는 add 메서드를 사용하며 원소를 제거할 때는 remove 메서드를 사용한다. update 메서드는 집합끼리 결합하여 합집합을 만든다.

setedit

```
asia = { 'korea', 'china', 'japan' }
asia.add('vietnam')           # 추가
asia.add('china')             # 추가 안됨
asia.remove('japan')          # 제거
print(asia)

asia.update({'singapore', 'hongkong', 'korea'})
print(asia)
```

실행결과
```
{'china', 'vietnam', 'korea'}
{'china', 'korea', 'hongkong', 'vietnam', 'singapore'}
```

집합은 중복을 허락하지 않음을 유의하자. 베트남을 추가하는 것은 가능하지만 이미 포함되어 있는 중국은 추가되지 않고 무시된다. update로 병합할 때도 양쪽 집합에 모두 있는 원소는 추가되지 않는다.

집합 연산

집합으로부터 여러 가지 연산을 하여 집합끼리 조합한다. 합집합, 교집합 정도는 중학교 때 배운 것이라 쉽다.

연산	기호	메서드	설명
합집합	|	union	두 집합의 모든 원소
교집합	&	intersection	두 집합 모두에 있는 원소
차집합	−	difference	왼쪽 집합의 원소 중 오른쪽 집합의 원소를 뺀 것
배타적 차집합	^	symmetric_difference	한쪽 집합에만 있는 원소의 합

합집합은 양쪽의 원소를 중복 없이 합치며 교집합은 두 집합에 동시에 존재하는 원소만 가려낸다. 다음 예제는 2의 배수 집합과 3의 배수 집합에 대해 여러 가지 새로운 집합을 생성한다.

setop

```
twox = { 2, 4, 6, 8, 10, 12 }
threex = { 3, 6, 9, 12, 15 }

print("교집합", twox & threex)
print("합집합", twox | threex)
print("차집합", twox - threex)
print("차집합", threex - twox)
print("배타적 차집합", twox ^ threex)
```

실행결과
```
교집합 {12, 6}
합집합 {2, 3, 4, 6, 8, 9, 10, 12, 15}
차집합 {8, 2, 10, 4}
차집합 {9, 3, 15}
배타적 차집합 {2, 3, 4, 8, 9, 10, 15}
```

twox는 2의 배수로 구성된 집합이며 threex는 3의 배수로 구성된 집합이다. twox & threex는 교집합을 구하며 twox.intersection(threex)와 같은 구문이다. 메서드보다 연산자가 짧아 편리하다. 벤 다이어그램으로 원소의 포함 관계를 그려 보면 두 집합의 관계가 한눈에 보인다.

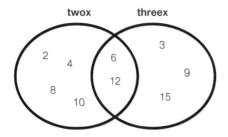

합집합과 교집합은 교환법칙이 성립하여 좌우변의 순서를 바꾸어도 결과가 같지만 차집합은 그렇지 않아 어떤 집합에서 어떤 집합을 빼는가에 따라 결과가 달라진다. 다음 연산은 부분 집합 여부를 조사한다.

연산	기호	메서드	설명
부분집합	<=	issubset	왼쪽이 오른쪽의 부분집합인지 조사한다.
진성 부분집합	<		부분집합이면서 여분의 원소가 더 있음
포함집합	>=	issuperset	왼쪽이 오른쪽 집합을 포함하는지 조사한다.
진성 포함집합	>		포함집합이면서 여분의 원소가 더 있음

특정 원소가 집합에 포함되어 있는지는 in 연산자로 조사한다. 포함 여부만 조사할 때는 in, not in 구문이 가장 간편하다. 다음 예제는 포유류와 영장류 집합으로부터 부분집합 여부를 조사한다.

setin

```
mammal = { '코끼리', '고릴라', '사자', '고래', '사람', '원숭이', '개' }
primate = { '사람', '원숭이', '고릴라' }

if '사자' in mammal:
    print("사자는 포유류이다")
else:
    print("사자는 포유류가 아니다.")

print(primate <= mammal)
print(primate < mammal)
print(primate <= primate)
print(primate < primate)
```

사자가 포유류 집합에 속하는지 알아보려면 in 연산자로 소속 여부를 조사한다. 한쪽의 모든 원소가 다른 집합에 포함되면 부분집합이라고 한다. 모든 영장류는 포유류의 일종이므로 영장류가 포유류의 부분집합이다.

진성 부분집합은 포함한 쪽에서 여분의 원소를 더 가지는 것을 말하며 한쪽이 더 넓은 범위를 포괄한다는 뜻이다. 포유류는 영장류를 포괄하면서 영장류 외의 동물이 더 있다. 따라서 포유류는 영장류의 진성 부분집합이다. 같은 집합끼리 부분집합은 성립하지만 진성 부분집합은 아니다. 포함집합은 부분집합의 반대 개념이다.

frozenset은 변경 불가능한 집합이다. set과 마찬가지로 집합을 표현하며 합집합, 교집합은 구할 수 있지만 추가, 삭제, 병합 등은 지원하지 않는다. 리스트와 튜플의 관계와 비슷하며 편집할 필요가 없다면 set 대신 frozenset을 사용하는 것이 유리하다.

1. 사전을 칭하는 다른 이름이 아닌 것은?

① 해시

② 맵

③ 리스트

④ 연관 배열

2. 키를 무지개 색인 빨, 주, 노, 초, 파, 남, 보로 하고 값을 각 색상의 영어 단어로 정의한 후 초록색의 영어 단어를 검색하는 예제를 작성하라.

3. 사전의 키를 [ ] 괄호로 검색할 때 키가 없으면 예외가 발생한다. 예외 회피를 위해 사용하는 메서드는 무엇인가?

① read

② get

③ in

④ query

4. dic[키] = 값 대입문의 동작으로 옳은 것은?

① 키가 이미 있을 경우 중복된 키가 삽입된다.

② 키가 없을 경우 새로운 키와 값을 추가한다.

③ 이미 존재하는 키의 값을 변경할 수 없다.

④ 같은 값을 가지는 키가 있으면 키를 바꾼다.

5. 집합의 정의로 옳지 않은 것은?

① 순서가 없다.

② 값의 중복을 허락하지 않는다.

③ 이미 있는 값을 추가하면 무시된다.

④ 한번 정하면 수정할 수 없다.

6. 합집합을 구하는 연산자는?

① *

② |

③ +

④ &

11장

컬렉션 관리

Python

11.1 컬렉션 관리 함수

enumerate

컬렉션은 여러 개의 값을 저장한다는 면에서 기능적으로 비슷해 관리하는 방법도 유사하다. 때로는 상호 대체 가능하고 필요할 때 서로 변환하기도 한다. 여기서는 컬렉션을 관리하는 고급 기법에 대해 연구해 보자.

여러 개의 요소가 모여 있는 컬렉션의 가장 기본적인 동작은 요소를 모두 순회하며 읽어 내는 것이다. 리스트의 요소를 순서대로 읽을 때는 for 반복문이 제일 편리하다. 학생 다섯 명의 성적을 출력한다면 다음 코드가 가장 간단하다.

```
sequence
score = [ 88, 95, 70, 100, 99 ]
for s in score:
    print("성적 :", s)
```

실행결과	성적 : 88 성적 : 95 성적 : 70 성적 : 100 성적 : 99

for문이 리스트의 성적을 하나씩 꺼내 제어 변수에 대입해 주니 루프에서는 변수만 읽으면 된다. 요소를 읽기는 편하지만 순서대로 읽어 줄 뿐이어서 순서값을 알 수는 없다. s가 100점일 때 이 성적이 몇 번째 학생의 성적인지 루프 내부에서 알 수가 없다.

내부적인 계산만 할 때는 상관없지만 출력할 때는 성적만 쭉 나열하면 누가 몇 점인지 바로 알아보기 어렵다. 성적뿐만 아니라 학생 출석 번호도 같이 출력하고 싶다면 어떻게 할까? 루프가 순서값을 알려 주지 않으니 별도의 변수를 사용해야 한다.

```
score = [ 88, 95, 70, 100, 99 ]
no = 1
for s in score:
    print(str(no) + "번 학생의 성적 :", s)
    no += 1
```

실행결과	1번 학생의 성적 : 88 2번 학생의 성적 : 95 3번 학생의 성적 : 70 4번 학생의 성적 : 100 5번 학생의 성적 : 99

no 변수를 1로 초기화하고 매 루프에서 1씩 증가시키면 출석 번호로 쓸 수 있다. 그러나 별도의 변수가 더 필요해 번거롭고 코드도 길다. 더 간단한 방법은 반복 대상을 요소가 아닌 순서값으로 하여 리스트의 길이만큼 순회하는 것이다. 요소로 순서값을 알 수는 없지만 순서값을 알면 요소는 쉽게 구할 수 있다.

sequence3

```
score = [ 88, 95, 70, 100, 99 ]
for no in range(len(score)):
    print(str(no + 1) + "번 학생의 성적 :", score[no])
```

len(score)로 길이를 조사하여 0 ~ 5 범위를 돌면 no가 계속 증가하는 출석 번호가 된다. 단, 순서값은 0부터 시작하지만 학생 번호는 1부터 시작하므로 1을 더해야 한다는 점이 좀 불편하다. 성적값은 루프 본체에서 [ ] 괄호와 첨자를 사용하여 score[no]로 구한다.

이 예제처럼 순서값과 요소값 둘을 한꺼번에 구해 주는 내장 함수가 enumerate이다. 리스트의 순서값과 요소값을 튜플로 묶은 컬렉션을 리턴한다. 두 값의 조합을 구성해야 하니 튜플로 묶은 컬렉션이 적합하다. 명령행에서 다음과 같이 테스트해 보자.

```
>>> race = ['저그', '테란', '프로토스']
>>> list(enumerate(race))
[(0, '저그'), (1, '테란'), (2, '프로토스')]
```

리스트의 각 종족이 0부터 시작하는 순서값과 함께 출력된다. 순서값은 0부터 시작하는 것이 보통이지만 enumerate의 두 번째 인수로 시작값을 지정하면 이 값에서 시작한다. 성적표는 다음과 같이 간단하게 출력할 수 있다.

enumerate

```
score = [ 88, 95, 70, 100, 99 ]
for no, s in enumerate(score, 1):
    print(str(no) + "번 학생의 성적 :", s)
```

enumerate(score, 1)은 1부터 시작하는 순서값과 요소값을 튜플로 생성하여 차례대로 리턴한다. 원하는 값이 다 들어 있으니 빼서 쓰기만 하면 된다.

| (1, 88) | (2, 95) | (3, 70) | (4, 100) | (5, 99) |

루프에서는 튜플의 요소를 각각 no와 s에 대입하고 번호와 성적을 출력했다. 두 값을 한번에 구할 수 있고 순서값의 시작도 지정할 수 있어 편리하다.

zip

zip 함수는 여러 개의 컬렉션을 합쳐 하나로 만든다. 두 리스트의 대응되는 요소끼리 짝을 지어 튜플의 리스트를 생성한다. 두 개의 리스트를 병렬로 순회할 때 편리하다.

zip

```
yoil = ["월", "화", "수", "목","금", "토", "일"]
food = ["갈비탕", "순대국", "칼국수", "삼겹살"]
menu = zip(yoil, food)
for y, f in menu:
    print("%s요일 메뉴 : %s" % (y, f))
```

실행결과	월요일 메뉴 : 갈비탕
	화요일 메뉴 : 순대국
	수요일 메뉴 : 칼국수
	목요일 메뉴 : 삼겹살

yoil 리스트에는 요일 이름이 있고 food 리스트에는 요리 이름이 있다. 이 두 리스트를 zip 함수로 병합하면 대응되는 요소끼리 튜플로 합쳐 menu라는 새로운 리스트가 생성된다.

합쳐지는 두 리스트는 길이가 달라도 상관없다. 짧은 쪽의 길이에 맞추어지며 긴 쪽의 남는 요소는 사용하지 않는다. 요일은 7개 있지만 요리가 4개밖에 없으므로 병합 결과 생성되는 menu 리스트의 길이는 4이다.

생성되는 튜플의 순서는 원본 리스트의 순서와 같다. zip(yoil, food)는 요일이 먼저 나오고 요리가 나중에 나오지만 zip(food, yoil)은 요리가 먼저 나오고 요일이 나중에 나온다. 세 개 이상의 리스트를 인수로 주어 병합할 수도 있으며 이때는 결과 튜플의 요소도 세 개이다.

zip 함수가 생성하는 튜플을 dict 함수로 넘겨 변환하면 앞 요소를 키로 하고 뒤 요소를 값으로 하는 사전이 만들어진다. 이 방법을 사용하면 요일별 식단을 손쉽게 만들 수 있고, 식단을 빠른 속도로 검색할 수도 있다.

```
dict(zip(yoil, food))
{'월': '갈비탕', '화': '순대국', '수': '칼국수', '목': '삼겹살'}
```

any 함수는 리스트를 순회하며 참인 요소가 하나라도 있는지 조사한다. 반면 all 함수는 리스트의 모든 요소가 참인지 조사한다. 리스트에 지장된 모든 요소의 진리값 조합을 구하는 것이다.

anyall

```
adult = [True, False, True, False ]
print(any(adult))
print(all(adult))
```

| 실행결과 | True
False |

빈 리스트에 대해서는 평가 방법이 독특하다. any 함수는 참이 하나도 없다고 판단하여 거짓으로 평가하는 데 비해 all 함수는 거짓이 하나도 없다고 판단하여 참으로 평가한다.

·

11.2 람다 함수

filter

filter 함수는 리스트의 요소 중 조건에 맞는 것만 골라낸다. 첫 번째 인수는 조건을 지정하는 함수이고 두 번째 인수는 대상 리스트이다. 함수의 인수로 함수를 전달하는 것이 좀 생소한데 함수를 정의해 놓고 인수 목록에 이름을 밝히면 된다.

filter

```
def flunk(s):
    return s < 60

score = [ 45, 89, 72, 53, 94 ]
for s in filter(flunk, score):
    print(s)
```

실행결과
```
45
53
```

flunk 함수는 점수 s를 인수로 받아 60 미만의 낙제점인지 조사한다. filter 함수는 점수 리스트의 각 값에 대해 flunk 함수를 호출하여 60보다 작은 요소를 가려낸다. filter 함수가 리스트를 리턴하므로 for 루프로 filter 호출식을 순회하면 골라낸 점수를 모두 구할 수 있다.

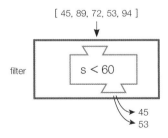

필터링 함수를 먼저 정의해야 한다는 면에서 호출 방법이 복잡하고 어려워 보인다. 조건을 점 검하는 것은 단순한 값이나 수식이 아닌 동작이어서 함수가 필요하다. 모든 요소에 대해 함수 를 호출하여 제어권을 넘겨 주므로 정밀한 점검을 할 수 있어 자유도가 높다. 단순히 크다, 작 다뿐만 아니라 특정 범위 안인지, 특정 수와 배수 관계인지 등을 모두 살펴볼 수 있다.

map

map 함수는 모든 요소에 대해 변환 함수를 호출하여 새 요소값으로 구성된 리스트를 생성한 다. 인수 구조는 filter 함수와 동일하며 요소값을 어떻게 변경할 것인가는 첫 번째 인수로 전 달된 변환 함수의 동작에 따라 달라진다.

map

```
def half(s):
    return s / 2

score = [ 45, 89, 72, 53, 94 ]
for s in map(half, score):
    print(s, end = ', ')
```

실행결과 `22.5, 44.5, 36.0, 26.5, 47.0,`

half 함수는 인수로 전달받은 s를 절반으로 나누어 리턴한다. map 함수는 score 리스트의 모 든 값에 대해 half를 호출하여 절반 값을 구하고 이 값으로 구성된 새 리스트를 생성한다. 원본 인 score 리스트는 읽기만 할 뿐 변경하지 않는다.

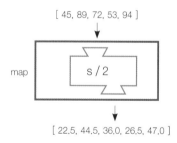

두 개 이상의 리스트를 받아 각 리스트의 요소를 조합할 수도 있는데 이때 변환 함수는 두 개의 요소값을 전달받아야 하므로 대상 리스트 인수가 두 개여야 한다.

```
def total(s, b):
    return s + b

score = [ 45, 89, 72, 53, 94 ]
bonus = [ 2, 3, 0, 0, 5 ]
for s in map(total, score, bonus):
    print(s, end=", ")
```

실행결과 47, 92, 72, 53, 99,

score 리스트에는 점수가 저장되어 있고 bonus 리스트에는 보너스가 저장되어 있다. 두 개의 정수값을 더해 리턴하는 total 함수를 정의하고 map으로 이 함수와 두 리스트를 전달하면 score와 bonus의 각 요소가 순서대로 total로 전달된다. total이 리턴하는 합계로 새로운 리스트가 생성된다.

람다 함수

filter 함수나 map 함수는 필터링과 변환을 위해 다른 함수를 인수로 받는다. 이 함수를 호출하기 전에 인수로 전달할 함수부터 정의해야 하기 때문에 귀찮은 면이 있다. 이럴 때 간편하게 쓸 수 있는 것이 람다식이다. 람다는 이름이 없고 입력과 출력만으로 함수를 정의하는 축약된 방법이다.

lambda 인수:식

키워드 lambda로 시작하고 인수와 리턴할 값을 밝힌다. 인수는 콤마로 구분하여 여러 개 가질 수 있다. return문이 없지만 인수로부터 계산한 식을 리턴한다. 가장 간단한 람다식의 예는 다음과 같다.

```
lambda x:x + 1
```

인수 x를 받아 x + 1을 리턴하는 람다식이다. 다음 함수와 기능적으로 같지만 함수 이름과 return 키워드가 생략되어 더 짧고 간단하다.

```
def increase(x):
    return x + 1
```

축약된 형태이다 보니 filter, map처럼 함수를 요구하는 호출식의 인수 목록에 람다식을 바로 사용할 수 있다. 앞에서 작성한 filter 예제를 람다식으로 다시 작성해 보자.

lambda
```
score = [ 45, 89, 72, 53, 94 ]
for s in filter(lambda x:x < 60, score):
    print(s)
```

filter의 첫 번째 인수로 람다식을 작성했으며 인수 x를 받아 이 값이 60 미만인지 조사하여 리턴한다. 람다식이 원래 예제의 flunk 함수와 똑같은 역할을 수행하며 함수 정의문이 없어 코드가 훨씬 짧다.

함수가 함수를 포함하고 있어 처음 보면 복잡해 보인다. 그러나 다른 함수 정의문을 찾아보지 않아도 인수 목록에서 모든 동작을 확인할 수 있어 코드를 읽기 편하다. map 예제도 마찬가지 방식으로 간략하게 작성할 수 있다.

lambda2
```
score = [ 45, 89, 72, 53, 94 ]
for s in map(lambda x:x / 2, score):
    print(s, end=", ")
```

인수 x를 받아 x의 절반 값을 리턴하며 map 예제의 half 함수와 똑같은 동작을 한다. 함수를 다른 함수의 인수로 전달할 때 진짜 함수 대신 람다식이 종종 사용된다. 특히 그래픽 환경에서 이벤트 핸들러를 작성할 때 편리하다.

11.3 컬렉션의 사본

리스트의 사본

기본형 변수는 서로 독립적이다. 대입하면 일시적으로 값이 같아질 뿐 이후 둘 중 하나를 바꾸어도 다른 변수에는 전혀 영향을 주지 않는다.

varcopy

```
a = 3
b = a
print("a = %d, b = %d" % (a, b))

a = 5
print("a = %d, b = %d" % (a, b))
```

실행결과	a = 3, b = 3
	a = 5, b = 3

b에 a를 대입하면 두 값 모두 3이 된다. 그러나 이후 a를 어떻게 바꿔도 b는 영향을 받지 않는다. 반대도 마찬가지로 b에 어떤 값을 대입해도 a는 전혀 바뀌지 않는다. 두 변수가 별개이니 너무 당연한 현상이다. 그러나 이 당연해 보이는 현상도 컬렉션의 경우는 다르다.

listcopy

```
list1 = [ 1, 2, 3 ]
list2 = list1

list2[1] = 100
print(list1)
print(list2)
```

실행결과	[1, 100, 3]
	[1, 100, 3]

list2에 list1을 대입하면 두 리스트의 내용이 같아진다. 대입한 상태에서 list2의 1번째 요소를 100으로 변경한 후 출력해 보면 list1의 1번째 요소도 같이 바뀌어 있다. 이렇게 되는 이유는 두 리스트가 독립된 사본이 아니라 같은 메모리를 가리키고 있기 때문이다.

같은 리스트를 두 변수가 가리키고 있는 상황이라 어느 쪽을 바꿔도 상대편이 영향을 받는다. list2 = list1 대입에 의해 list2가 list1의 별명이 될 뿐 독립적인 메모리까지 확보하는 것은 아니다. 두 리스트를 완전히 독립적인 사본으로 만들려면 copy 메서드로 복사본을 생성한다.

listcopy2

```
list1 = [ 1, 2, 3 ]
list2 = list1.copy()

list2[1] = 100
print(list1)
print(list2)
```

실행결과	[1, 2, 3] [1, 100, 3]

copy 메서드는 원본 리스트와 똑같은 리스트를 새로 생성하여 리턴한다. 메모리가 완전히 분리되어 별도의 저장소를 가지므로 한쪽을 바꿔도 영향을 받지 않는다. copy 메서드를 사용하는 대신 list1[:]으로 전체 범위에 대한 사본을 만들어도 효과는 같다.

```
list2 = list1[:]
```

[:]은 전체 범위를 의미한다. list1의 처음부터 끝까지 범위 추출하여 새로운 리스트를 만들어 list2에 대입하므로 두 리스트는 독립적이다. copy 메서드는 리스트의 요소들을 전부 복사하지만 얕은 복사를 수행하기 때문에 중첩된 리스트까지 사본을 뜨지는 않는다. 다음 예제를 실행해 보자.

deepcopy

```
list0 = [ 'a', 'b' ]
list1 = [ list0, 1, 2 ]
list2 = list1.copy()

list2[0][1] = 'c'
print(list1)
print(list2)
```

실행결과
```
[['a', 'c'], 1, 2]
[['a', 'c'], 1, 2]
```

list1 안에 list0가 포함되어 있는 상황인데 copy 메서드로 list2를 복사하면 두 리스트가 내부의 list0를 공유하게 된다. 이 상태에서 list2에 포함된 list0를 변경하면 list1도 영향을 받는다. 완전한 사본을 만들려면 깊은 복사를 수행해야 하는데 이때는 copy 모듈의 deepcopy 함수를 사용한다.

deepcopy2

```
import copy

list0 = [ "a", "b" ]
list1 = [ list0, 1, 2 ]
list2 = copy.deepcopy(list1)

list2[0][1] = "c"
print(list1)
print(list2)
```

실행결과
```
[['a', 'b'], 1, 2]
[['a', 'c'], 1, 2]
```

deepcopy 함수는 중첩된 리스트까지 모두 복사하여 안전한 사본을 만드는 깊은 복사를 수행한다. 이제 list2를 수정해도 list1이 영향을 받지 않는다.

is 연산자

두 변수가 같은 객체를 가리키고 있는지 조사할 때 is 구문을 사용한다. 좌우의 변수가 똑같은 객체를 가리키고 있으면 True를 리턴하고 그렇지 않다면 False를 리턴한다.

is
```
list1 = [ 1, 2, 3 ]
list2 = list1
list3 = list1.copy()

print("1 == 2" , list1 is list2)
print("1 == 3" , list1 is list3)
print("2 == 3" , list2 is list3)
```
실행결과
```
1 == 2 True
1 == 3 False
2 == 3 False
```

list2는 list1을 단순 대입받았으므로 같은 객체를 가리키고 있다. 두 리스트가 가리키는 대상이 같아 list1 is list2는 True를 리턴한다. 이 상태에서 둘 중 어떤 리스트를 변경하나 상대편이 영향을 받는다. 반면 list3은 copy 메서드로 list1의 사본을 뜬 것이어서 메모리가 완전히 분리된 다른 객체이다.

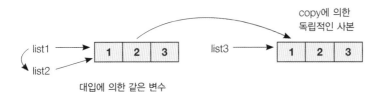

list2와 list3도 당연히 다른 변수이다. 컬렉션에 대한 대입은 단순히 별명을 하나 더 만드는 것과 같으며 완전히 분리된 사본을 만들려면 copy 메서드로 메모리를 복사해야 한다. 그렇다면 정수형 변수도 대입에 의해 같은 객체를 가리키는지 테스트해 보자.

```
a = 1
b = a
print("a =", a, " b =", b, ":", a is b)
b = 2
print("a =", a, " b =", b, ":", a is b)
```

실행결과	a = 1 b = 1 : True a = 1 b = 2 : False

a를 1로 초기화해 놓은 상태에서 b에 a를 대입하면 두 변수는 1이라는 같은 객체를 가리킨다. 파이썬은 상수까지도 객체로 취급하는데 1이라는 상수가 하나의 객체이며 두 변수가 같은 객체를 가리킨다. 이 상태에서 a is b는 True를 리턴한다.

그러나 리스트와는 달리 두 변수 중 하나를 변경한다고 해서 다른 변수의 값이 같이 바뀌지는 않는다. b에 2를 대입하는 순간 b가 가리키는 객체가 1에서 2로 바뀌며 a는 여전히 1을 가리키고 있다. 따라서 이 상태에서는 a와 b의 값이 달라지며 a is b도 False가 된다.

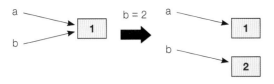

정수는 대입에 의해 일시적으로 같은 객체를 가리킬 수 있지만 다른 값을 대입하면 참조가 변경되어 즉시 분리된다. 따라서 컬렉션과는 달리 서로 독립적이다.

1. 1 ~ 10 정수의 리스트 a와 각 정수의 제곱의 리스트 b를 만든 후 두 리스트를 합쳐 사전으로 만들고 6의 제곱을 검색하여 출력하라.

2. price 리스트에 상품 가격 다섯 개가 저장되어 있다. 모든 상품의 가격을 20% 세일한 값으로 출력하라.

3. 다음 예제의 출력 결과를 예상해 보고 이유를 설명하라.

```
score = [77, 88, 99, 66, 55 ]
score2 = score
score2[3] = 100
print(score[3])
```

12장

표준 모듈

같은 모듈 소속의 함수는 콤마로 구분하여 여러 개 불러올 수 있다. 모듈의 모든 함수를 다 불러올 때는 함수명 자리에 * 문자를 사용한다.

fromimport

```
from math import sqrt

print(sqrt(2))
```

함수를 직접 임포트했으므로 소속을 밝힐 필요 없이 함수명으로 바로 호출할 수 있다. math. sqrt(2)로 호출하는 것이 아니라 sqrt(2)로 호출하면 된다. 소스에서 직접 정의한 함수와 호출 방식이 같아 사용하기 쉽고 호출문이 짧아 편리하다.

그러나 sqrt 함수만 임포트했기 때문에 math에 속한 다른 함수는 사용할 수 없다. 이때는 from math import *으로 math에 속한 모든 함수를 다 임포트하면 된다. 너무 많은 함수를 임포트하면 다른 모듈과 이름이 충돌하는 골치 아픈 문제가 발생할 수도 있으므로 가급적이면 소속을 밝히고 쓰는 것이 안전하다.

모듈 이름이 길고 복잡하면 함수명 앞에 모듈명을 일일이 붙이기 귀찮다. 패키지 안에 있는 모듈은 경로가 굉장히 긴데 이럴 때는 임포트문의 as 다음에 모듈의 별명을 지정한다. 이후 모듈명 대신 별명을 사용한다.

importas

```
import math as m

print(m.sqrt(2))
```

math 모듈을 임포트하되 별명을 m으로 짧게 지정했다. 이후 m.sqrt로 더 짧게 쓸 수 있다. 함수에 대해서도 똑같은 방식으로 별명을 지정한다. 다음 예제는 sqrt 함수에 대해 sq라는 짧은 별명을 지정하며 코드에서 sq(2) 식으로 호출한다.

12장

표준 모듈

임포트

모듈은 파이썬 코드를 작성해 놓은 스크립트 파일이며 이 안에 함수, 변수, 클래스 등이 정의되어 있다. 모든 것을 다 만들어 쓸 수는 없고 그럴 필요도 없다. 파이썬은 자주 사용하는 기능을 표준 모듈로 미리 작성하여 함께 설치해 두므로 가져와 사용하면 된다.

파이썬 설치 디렉토리를 살펴보면 확장자가 py인 파일이 수십 개 설치되어 있으며 이 안에 수학, 난수, 시간 관련 모듈이 있다. 표준 모듈은 언어의 일부는 아니지만 해석기와 함께 설치되기 때문에 언제든지 자유롭게 사용할 수 있다. 이 모듈의 집합이 바로 표준 라이브러리이다.

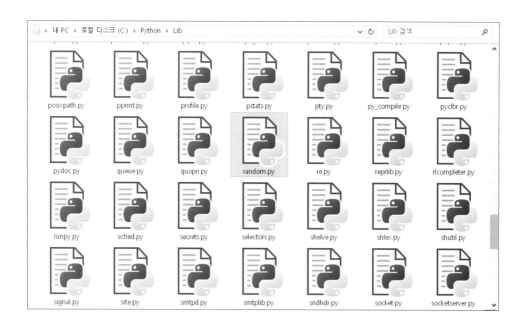

파이썬에는 수많은 모듈이 있는데 여기서는 자주 사용하는 대표적인 몇 가지만 소개하기로 한다. 실제 프로젝트를 수행하려면 다 필요한 것들이되 한번에 다 익힐 수는 없으니 필요할 때마다 레퍼런스를 참고하여 공부하도록 하자.

외부의 모듈을 가져와 사용할 때는 import 명령을 사용한다. 이 명령에 의해 모듈에 정의된 코드가 현재 소스로 읽혀진다. 기능별로 모듈이 나누어져 있어 쓰고자 하는 기능에 따라 적절한 모듈을 임포트해야 한다. 제곱근을 구하는 sqrt 함수는 math 모듈에 있는데 어느 함수가 어느 모듈에 있는지 잘 알아 두어야 한다.

import문을 사용하는 방식은 여러 가지가 있다. 모듈 전체를 임포트할 때는 import 다음에 모듈 이름을 쓰며, 확장자 .py는 붙이지 않는다. 다음 예제는 math 모듈을 가져온 후 sqrt 함수로 2의 제곱근을 구해 출력한다.

import

```
import math

print(math.sqrt(2))
```

실행결과 1.4142135623730951

import math 선언은 math 모듈에 작성된 모든 상수와 함수를 다 가져온다. 이후 마치 소스에서 직접 정의한 것처럼 math의 함수를 자유롭게 호출할 수 있다. import math 구문이 없으면 sqrt 함수는 정의되지 않은 것으로 에러 처리된다.

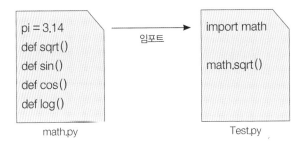

모듈의 함수를 호출할 때는 함수명 앞에 모듈명을 붙여 math.sqrt() 식으로 소속을 밝힌다. 소속을 밝히므로 다른 모듈에 같은 이름의 함수가 있더라도 이름 충돌 걱정은 하지 않아도 된다. 그러나 매번 math.을 붙여야 하는 불편함이 있는데 특정 함수만 임포트할 때는 다음 구문을 사용한다.

```
from 모듈 import 함수명
```

같은 모듈 소속의 함수는 콤마로 구분하여 여러 개 불러올 수 있다. 모듈의 모든 함수를 다 불러올 때는 함수명 자리에 * 문자를 사용한다.

---

fromimport

```
from math import sqrt

print(sqrt(2))
```

함수를 직접 임포트했으므로 소속을 밝힐 필요 없이 함수명으로 바로 호출할 수 있다. math.sqrt(2)로 호출하는 것이 아니라 sqrt(2)로 호출하면 된다. 소스에서 직접 정의한 함수와 호출 방식이 같아 사용하기 쉽고 호출문이 짧아 편리하다.

그러나 sqrt 함수만 임포트했기 때문에 math에 속한 다른 함수는 사용할 수 없다. 이때는 from math import *으로 math에 속한 모든 함수를 다 임포트하면 된다. 너무 많은 함수를 임포트하면 다른 모듈과 이름이 충돌하는 골치 아픈 문제가 발생할 수도 있으므로 가급적이면 소속을 밝히고 쓰는 것이 안전하다.

모듈 이름이 길고 복잡하면 함수명 앞에 모듈명을 일일이 붙이기 귀찮다. 패키지 안에 있는 모듈은 경로가 굉장히 긴데 이럴 때는 임포트문의 as 다음에 모듈의 별명을 지정한다. 이후 모듈명 대신 별명을 사용한다.

---

importas

```
import math as m

print(m.sqrt(2))
```

---

math 모듈을 임포트하되 별명을 m으로 짧게 지정했다. 이후 m.sqrt로 더 짧게 쓸 수 있다. 함수에 대해서도 똑같은 방식으로 별명을 지정한다. 다음 예제는 sqrt 함수에 대해 sq라는 짧은 별명을 지정하며 코드에서 sq(2) 식으로 호출한다.

fromas

```
from math import sqrt as sq

print(sq(2))
```

import문은 보통 소스의 앞쪽에 작성하지만 꼭 그래야만 하는 것은 아니다. 소스 중간에도 필요할 때 import문을 사용할 수 있으며 조건에 따라 필요한 모듈을 골라 임포트하는 것도 가능하다.

math 모듈

간단한 계산은 파이썬이 기본으로 제공하는 연산자만으로 충분하지만 더 정밀한 계산을 위해서는 복잡한 수학 연산이 필요하다. math 모듈은 수학 연산에 필요한 상수와 연산 함수를 제공한다.

굉장히 많은 함수가 있는데 자주 사용하는 것 위주로 정리해 보자. 파이썬은 C로 구현되어 있고 C 표준 라이브러리를 랩핑한 것이어서 C 언어에 익숙한 사람에게는 굉장히 쉽다. 또한 C만큼이나 속도도 빠르다. 다음은 수학 모듈에 정의된 상수이며 이 중 원주율이 자주 사용된다.

상수	설명
pi	원주율 상수
tau	원주율의 2배 되는 상수. pi는 지름과 원둘레의 비율인 데 비해 tau는 반지름과 원둘레의 비율이다. pi보다 계산식이 단순해져 타우를 쓰자고 주장하는 수학자들이 있다. 파이썬 3.6에서 추가되었다.
e	자연 대수 상수
inf	무한대 값
nan	숫자가 아닌 값을 의미한다.

충분한 정밀도로 정의되어 있어 3.14 같은 상수를 직접 쓰는 것보다 math.pi가 훨씬 더 정확하다. 다음은 수학식을 계산하는 함수들이다. 일부 특수한 함수를 제외하고 대부분의 함수는 정밀한 계산을 위해 실수 타입의 float 값을 리턴한다.

함수	설명
sqrt(x)	x의 제곱근을 구한다. 세제곱근은 1/3승을 계산하여 구한다.
pow(x, y)	x의 y승을 계산한다. ** 연산자와 기능은 같지만 인수를 모두 실수로 바꾼 후 연산한다는 차이가 있다.
hypot(x, y)	피타고라스의 정리에 의거 x제곱 + y제곱의 제곱근을 구한다.
factorial(x)	x의 계승을 구한다. 인수 x는 양의 정수만 가능하다.
sin(x), cos(x), tan(x)	삼각함수를 계산한다. 인수 x는 라디안 값이다.
asin(x), acos(x), atan(x), atan2(y,x)	역삼각함수를 계산한다. 인수 x는 라디안 값이다.
sinh(x), cosh(x), tanh(x)	쌍곡선 삼각함수를 계산한다. 인수 x는 라디안 값이다.
asinh(x), acosh(x), atanh(x)	쌍곡선 역삼각함수를 계산한다. 인수 x는 라디안 값이다.
degrees(x)	라디안 값을 각도로 바꾼다.
radians(x)	각도를 라디안 값으로 바꾼다.
ceil(x)	수직선 오른쪽의 올림 값을 찾는다.
floor(x)	수직선 왼쪽의 내림 값을 찾는다.
fabs(x)	x의 절대값을 구한다.
trunc(x)	x의 소수점 이하를 버린다.
log(x, base)	base에 대한 x의 로그를 구한다. base가 생략되면 자연 로그를 구한다.
log10(x)	10의 로그를 구한다. log(x, 10)과 같다.
gcd(a, b)	a, b의 최대공약수를 구한다.

삼각함수, 지수함수, 로그함수 등 수학 시간에 배운 대부분의 계산 함수가 제공된다. 함수만 호출하면 복잡한 값도 바로 구해 주니 사용하기는 굉장히 쉬운 편이다. 함수 사용법은 쉽지만 수학적 의미를 잘 알아야 한다. 수학 함수의 자세한 의미는 수학의 정석(홍성대 지음)을 참고하자. 다음 예제는 몇 가지 함수를 호출해 본다.

sin

```
import math

print(math.sin(math.radians(45)))
print(math.sqrt(2))
print(math.factorial(5))
```

실행결과	0.7071067811865475 1.4142135623730951 120

삼각함수와 제곱근은 물론이고 계승 같은 복잡한 연산도 한번의 함수 호출로 수행한다. 텍스트 모드에서는 숫자만 나와 별 재미가 없는데 그래픽 모드에서는 삼각함수로 부드러운 곡선을 그려 볼 수 있다.

sincurve

```
import math
import turtle as t

t.penup()
t.goto(-720,0)
t.pendown()
for x in range(-720, 720) :
    t.goto(x, math.sin(math.radians(x)) * 100)
t.done()
```

이 예제는 터틀 그래픽을 사용하여 부드러운 사인곡선을 그린다. −720 ~ 720도까지 각도를 바꿔 가며 sin 함수로 y 좌표를 계산하여 진폭이 200인 곡선을 그렸다.

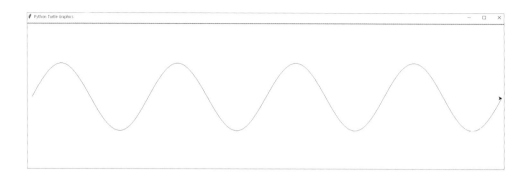

그래픽 창이 열리고 거북이가 이동하면서 사인곡선을 그린다. 숫자만 찍어 보는 것에 비해 눈에 결과가 보이니 재미있다. 터틀 그래픽에 대해서는 다음에 배워 볼 것이다.

통계

statistics 모듈은 3.4 버전에서 새로 추가되었으며 평균, 분산 등의 통계 값을 계산한다. 수학 함수로도 구할 수 있지만 통계 함수는 한번에 정확한 값을 효율적으로 계산해 낸다. 다음과 같은 함수가 정의되어 있다.

함수	설명
mean	평균을 구한다.
harmonic_mean	조화평균을 구한다.
median	중앙값을 구한다. 짝수인 경우 보간 값을 계산한다.
median_low	중앙값을 구한다. 집합 내의 낮은 값을 선택한다.
median_high	중앙값을 구한다. 집합 내의 높은 값을 선택한다.
median_grouped	그룹 연속 중앙값을 구한다.
mode	최빈값을 구한다.
pstdev	모표준편차를 구한다.
stdev	표준편차를 구한다.
variance	분산을 구한다.

통계는 여러 개의 값으로부터 원하는 값을 찾아내는 것이므로 인수로 수치값의 리스트가 온다. 입력값이 많아도 굉장히 빠른 속도로 통계 값을 계산해 낸다. 성적 데이터에 대해 여러 가지 통계 값을 뽑아 보자.

statistics

```
import statistics

score = [30, 40, 60, 70, 80, 90]
print(statistics.mean(score))
print(statistics.harmonic_mean(score))
print(statistics.median(score))
print(statistics.median_low(score))
print(statistics.median_high(score))
```

실행결과	61.666666666666664 53.14586994727592 65.0 60 70

함수를 호출하는 것은 쉽지만 조화평균, 최빈값, 표준편차 등의 정확한 의미를 이해하는 것이 어렵다. 이런 함수를 제대로 사용하려면 통계학 용어를 따로 공부해야 한다.

12.2 시간

시간 조사

time 모듈은 날짜와 시간 관련 기능을 제공한다. 대표적인 함수는 현재 시간을 조사하는 time 이다. 유닉스는 1970년 1월 1일 자정을 기준으로 경과한 시간을 초 단위로 표현하는데 이를 에폭(Epoch) 시간 또는 유닉스 시간이라고 부른다.

time
```
import time

print(time.time())
```
실행결과 1515549457.5692239

현재 시간을 조사해 보면 15억이라는 큰 값이 나오는데 1970년부터 2018년까지 15억 초가 지났다는 얘기이다. 시간을 딱 하나의 수치값으로 1차원화하여 간단히 표현할 수 있어 계산이나 저장이 간편하고 다른 시스템과의 통신에도 유리하다.

그러나 일상적으로 사용하는 시간 포맷과는 달라 에폭 시간으로 현재 날짜와 시간을 바로 알아보기는 어렵다. 15억 초는 전혀 인간적인 값이 아니어서 몇 년이나 되는지 감을 잡기 어렵다. 문자열 형태로 변환하여 사람이 읽을 수 있도록 해야 하는데 이때는 ctime 함수를 사용한다. 인수로 에폭 시간을 넘기면 문자열로 바꿔 준다.

ctime
```
import time

t = time.time()
print(time.ctime(t))
```
실행결과 Wed Jan 10 10:58:24 2018

읽기 편한 문자열 형태로 날짜와 시간을 보여 주지만 영어로 되어 있는 데다 시간 요소의 순서가 우리나라 실정에 맞지 않아 직관적이지 못하다. 시간을 포맷팅해 주는 strftime 함수도 있지만 역시 영어 기준이어서 실용성이 떨어진다. 원하는 형태로 조립하려면 날짜와 시간을 구성하는 요소를 직접 구해야 한다.

시간 요소를 분리하는 함수는 두 가지가 있는데 에폭 시간을 인수로 주면 시간 요소를 멤버로 가지는 struct_time형의 객체를 리턴한다. localtime 함수는 지역 시간을 고려하여 현지 시간을 구하고 gmtime은 세계 표준 시간인 UTC 시간을 구한다. 인수를 생략하면 현재 시간을 구해 객체로 바꾼다. 현지 시간이 실용적이므로 보통 localtime 함수로 현재 시간을 구한다.

structtime

```
import time

t = time.time()
print(time.localtime(t))
```

실행결과	time.struct_time(tm_year=2018, tm_mon=1, tm_mday=10, tm_hour=10, tm_min=59, tm_sec=53, tm_wday=2, tm_yday=10, tm_isdst=0)

각 멤버의 이름이 설명적인데 년월일시분초의 정보와 요일, 1년 중의 날수, 일광절약시간 여부 등이 저장되어 있다. C 언어와는 달리 모든 멤버가 1부터 시작해 별다른 계산이 필요 없다. 이 정보를 하나씩 분리하여 문자열로 조립하면 원하는 형태로 날짜를 출력할 수 있다.

localtime

```
import time

now = time.localtime()
print("%d년 %d월 %d일" % (now.tm_year, now.tm_mon, now.tm_mday))
print("%d:%d:%d" % (now.tm_hour, now.tm_min, now.tm_sec))
```

실행결과	2018년 1월 10일 11:1:1

날짜와 시간을 우리나라 시간 포맷에 맞추어 조립 및 출력했다. 영문 날짜보다 읽기 쉽고 직관적이다. 코드가 좀 길지만 직접 조립하는 것이 포맷이나 구분자를 마음대로 선택할 수 있어

자유도가 높다.

time 모듈 대신 datetime 모듈의 now 함수(또는 today 함수)를 사용해도 현재 지역 시간을 쉽게 구할 수 있다. 같은 시간을 구하지만 멤버의 이름이 더 짧고 직관적이어서 사용하기 쉽다.

datetime
```
import datetime

now = datetime.datetime.now()
print("%d년 %d월 %d일" % (now.year, now.month, now.day))
print("%d:%d:%d" % (now.hour, now.minute, now.second))
```

실행결과
```
2018년 1월 10일
11:2:18
```

mktime 함수는 반대로 struct_time 객체를 에폭 시간으로 바꾼다. struct_time 객체는 (년, 월, 일, 시, 분 초, …) 등의 값 9개를 적되 앞쪽 일부만 적고 나머지는 0이나 −1로 채워 넣어도 무방하다. 예를 들어 1970년 8월 1일 자정은 (1970, 8, 1, 0, 0, 0, 0, 0, 0)으로 적는다.

실행 시간 측정

time 함수가 구하는 시간은 컴퓨터에 내장된 시계를 기준으로 한다. 시간은 언제나 흘러가고 있어 time 함수를 호출하는 시점에 따라 구해지는 시간이 다르다. 이를 이용하면 두 지점 간의 경과 시간을 측정할 수 있다. 다음 예제는 0에서 999까지 출력하는 데 걸린 시간을 측정한다.

ellapse
```
import time

start = time.time()
for a in range(1000):
    print(a)
end = time.time()
print(end - start)
```

원리는 간단하다. 작업을 시작하기 전에 time 함수로 현재 시간을 구해 start에 대입해 놓는다. 그리고 작업을 완료한 시간을 구해 end에 대입한다. 작업이 끝난 시간에서 시작한 시간을 빼면 경과한 시간을 알 수 있다. 타자 연습 프로그램을 짠다면 이 방법으로 사용자가 분당 얼마만큼 입력했는지 조사한다.

sleep 함수는 CPU를 지정한 시간만큼 잠재워 아무것도 하지 않고 시간을 끈다. 프로그램은 빠를수록 좋지만 사람이 워낙 느리기 때문에 잠시 대기해야 할 때도 있다. 인수로 초 단위의 값을 주되 소수점 이하의 정밀한 값으로 초 단위보다 더 짧은 시간을 지정할 수도 있다.

sleep

```
import time

print("안녕하세요.")
time.sleep(1)
print("밤에 성시경이 두 명 있으면 뭘까요?")
time.sleep(5)
print("야간투시경입니다.")
```

실행결과	안녕하세요. 밤에 성시경이 두 명 있으면 뭘까요? 야간투시경입니다.

문제를 냈으면 잠시 생각할 시간을 주어야 한다. 문제를 내자 마자 정답을 출력해 버리면 싱거우므로 sleep(5)로 5초간 기다린 후 정답을 출력했다. 실행 속도가 너무 빠르면 진행 경과를 정확히 볼 수 없으므로 이때도 시간을 적당히 지연시키는 것이 좋다.

```
import time

for dan in range(2, 10):
    print(dan, "단")
    for hang in range(2, 10):
        print(dan, "*", hang, "=", dan*hang)
        time.sleep(0.2)
    print()
    time.sleep(1)
```

구구단을 너무 빠르게 출력하면 결과를 천천히 살펴보기 어려워 행 사이에 0.2초를 쉬고 단 사이에 1초를 쉬었다. 더 많은 시간을 끌면 구구단을 한 행씩 감상할 수 있다. 시나 소설을 출력할 때도 한번에 주루룩 나오는 것보다 한 행씩 느릿느릿 보여주는 게 운치 있다.

달력

calendar 모듈은 유닉스의 cal 명령과 유사한 달력 기능을 제공한다. calendar 함수는 인수로 받은 년도의 달력 객체를 리턴하고 month 함수는 년도와 달을 인수로 받아 해당 월의 달력 객체를 리턴한다.

calendar

```
import calendar

print(calendar.calendar(2018))
print(calendar.month(2019, 1))
#calendar.prcal(2018)
#calendar.prmonth(2019, 1)
```

```
                                    2018

        January                    February                     March
Mo Tu We Th Fr Sa Su        Mo Tu We Th Fr Sa Su         Mo Tu We Th Fr Sa
Su
    1  2  3  4  5  6  7                 1  2  3  4                  1  2  3  4
    8  9 10 11 12 13 14         5  6  7  8  9 10 11          5  6  7  8  9 10 11
   15 16 17 18 19 20 21        12 13 14 15 16 17 18         12 13 14 15 16 17 18
   22 23 24 25 26 27 28        19 20 21 22 23 24 25         19 20 21 22 23 24 25
   29 30 31                    26 27 28                     26 27 28 29 30 31

   ....
        January 2019
Mo Tu We Th Fr Sa Su
       1  2  3  4  5  6
    7  8  9 10 11 12 13
   14 15 16 17 18 19 20
   21 22 23 24 25 26 27
   28 29 30 31
```

2018년 달력 전체가 4행 3열로 출력되고 2019년 1월 달력이 연이어 출력된다. calendar 함수와 month 함수는 달력을 직접 출력하지 않고 객체만 리턴하므로 print 함수로 객체를 전달해야 결과를 볼 수 있다. 이에 비해 prcal, prmonth 함수는 달력을 직접 출력한다.

유닉스의 달력은 월요일이 제일 첫 칸에 나오도록 되어 있다. 첫 칸의 요일을 바꿀 때는 setfirstweekday 함수로 첫 요일을 지정하되 0이 월요일이고 1이 화요일이다. 디폴트는 월요일로 되어 있지만 다음과 같이 첫 요일을 바꾸면 일요일이 첫 열에 온다.

```
calendar.setfirstweekday(6)
```

weekday 함수는 특정 날짜가 무슨 요일인지 조사한다. 다음 예제는 2020년 광복절이 무슨 요일인지 계산한다.

```
import calendar

yoil = ['월', '화', '수', '목', '금', '토', '일']
day = calendar.weekday(2020,8,15)
print("광복절은", yoil[day] + "요일이다." )
```

실행결과   광복절은 토요일이다.

요일을 숫자로 출력하면 바로 알아보기 어려우므로 리스트로 요일 룩업 테이블을 만들어 두고 yoil[day] 식으로 조사된 요일을 문자열로 바꾸어 출력했다. day가 5로 조사되며 이 첨자로 yoil 리스트를 읽어 "토" 문자열로 구한다.

이외에도 calendar 모듈에는 달력을 2차 배열로 구해 주는 monthcalendar 함수, 달의 첫 요일과 날수를 구해 주는 monthrange 등의 함수가 있고 윤년 여부를 조사해 주는 isleap 함수 등이 있다.

12.3 난수

random

게임 캐릭터의 움직임이나 뮤직 플레이어의 자동 선곡 기능은 무작위여야 하며, 늘 같은 패턴이면 지루하고 재미도 없다. 적군이 어디서 나와 어디로 움직일지 예측할 수 없어야 게임이 긴장감 넘치고 흥미진진하다.

무작위 동작을 구현하려면 어떤 수가 나올지 예측할 수 없는 난수가 필요하다. random 모듈은 난수를 생성하는 기능을 제공한다. random 함수는 0에서 1 미만의 실수 하나를 생성한다. 다음 예제는 이 함수로 다섯 개의 난수를 생성하여 출력한다.

random

```python
import random

for i in range(5):
    print(random.random())
```

실행결과
```
0.05560178175601582
0.7483996952798034
0.054579188940304335
0.22688047568249736
0.9948204231812777
```

매번 호출할 때마다 무작위 수를 만들어 내므로 결과는 실행할 때마다 달라지며 다섯 개의 숫자에 일정한 규칙이 없다. 완전한 난수지만 실수여서 사용하기 어려운데 보통은 일정 범위의 정수 난수가 실용적이다. 이때는 다음 함수를 사용한다.

```
randint(begin, end)
```

randint 함수는 begin ~ end 사이의 정수 난수 중 하나를 골라 주며 이때 end도 범위에 포함된다. 다음 예제로 테스트해 보자.

randint

```
import random

for i in range(5):
    print(random.randint(1,10))
```

실행결과	1
	4
	5
	10
	3

1 ~ 10 사이의 숫자 중 하나를 생성하며 어떤 수가 나올지는 알 수 없다. 이와 유사한 함수로 randrange(begin, end)가 있는데 end는 범위에서 제외된다는 점이 다르다. begin 인수를 생략하면 0 ~ end − 1까지의 숫자 중 하나를 골라 준다.

randint(a, b)가 randrange(a, b + 1)로 정의되어 있다. 난수를 만들 때는 끝수도 포함하는 것이 편리해 randint 함수가 주로 사용된다. 실수 난수를 생성할 때는 uniform 함수를 사용하여 두 범위 사이의 실수 하나를 생성한다.

uniform

```
import random

for i in range(5):
    print(random.uniform(1,100))
```

실행결과	35.782501248101646
	22.82351504471517
	3.6753269355990774
	5.763126707729678
	88.32317975608163

1~100 사이의 실수 난수를 생성하는데 uniform 호출문은 begin + (end − begin) * random() 수식과 같다. 이외에도 난수를 생성하는 알고리즘에 따라 감마 난수, 가우스 난수 등의 여러 가지 함수가 있지만 실용적으로는 randint 정도면 충분하다.

choice 함수는 리스트에서 임의의 요소 하나를 골라 리턴한다. 리스트에 저장되어 있는 여러 개의 후보 중 하나를 고를 때 편리하다. 다음 예제는 food 리스트의 음식 중 하나를 선택하여 출력하며 매 실행 시마다 선택하는 음식이 달라진다.

choice
```
import random

food = ["짜장면", "짬뽕", "탕수육", "군만두"]
print(random.choice(food))
```
실행결과　　짜장면

choice 함수는 다음과 같이 구현되어 있다.

```
i = random.randrange(len(food))
return food[i]
```

리스트의 개수 범위 안에서 첨자를 난수로 고르고 해당 첨자의 요소를 읽는 것이다. 이 두 과정을 한번에 해 주는 함수가 choice이다. shuffle 함수는 리스트의 요소를 무작위로 섞는다.

shuffle
```
import random

food = ["짜장면", "짬뽕", "탕수육", "군만두"]
print(food)
random.shuffle(food)
print(food)
```
실행결과　　['짜장면', '짬뽕', '탕수육', '군만두']
　　　　　　　　['군만두', '짬뽕', '짜장면', '탕수육']

매 실행할 때마다 요소의 순서가 뒤죽박죽이 되며 리스트가 바뀐다. 음악 재생 목록을 리스트에 넣어 두고 섞어서 연주하면 랜덤 재생된다. sample 함수는 리스트의 항목 중 n개를 무작위로 뽑아 새로운 리스트를 만든다. 다음 예제는 4개의 요리 중 2개의 요리를 골라 준다.

sample

```
import random

food = ["짜장면", "짬뽕", "탕수육", "군만두"]
print(random.sample(food, 2))
```

실행결과   ['짬뽕', '짜장면']

샘플 개수는 원래 리스트 개수보다는 작아야 한다. 추출된 새 리스트를 리턴하며 원본 리스트는 변경하지 않는다. 이 함수를 잘 활용하면 로또 번호 생성기를 쉽게 만들 수 있다. 45개의 숫자 중에 6개를 중복 없이 골라 준다.

lotto

```
import random

nums = random.sample(range(1, 46), 6)
nums.sort()
print(nums)
```

실행결과   [1, 6, 13, 16, 25, 30]

고작 몇 줄의 코딩만으로 이런 프로그램을 쉽게 만들 수 있다니 파이썬의 생산성을 실감할 수 있는 대목이다. 혹시라도 이 번호로 로또에 당첨된다면 제작자와 반땅하는 게 예의이다.

산수 문제 내기

난수로 무작위 숫자 두 개를 고른 후 산수 문제를 출제하는 프로그램을 작성해 보자. 어떤 문제가 나올지 예측할 수 없어야 하니 난수가 필요하다.

mathquiz

```
import random

a = random.randint(1, 9)
b = random.randint(1, 9)
question = "%d + %d = ? " % (a, b)
```

```
c = int(input(question))

if c == a + b:
    print("정답입니다.")
else:
    print("틀렸습니다.")
```

```
1 + 7 = ? 8
정답입니다.
```

난수로 1~9 사이의 숫자를 골라 두 숫자의 합을 구하라는 질문을 출력하고 답을 입력받는다.
사용자가 입력한 값과 두 난수의 합을 비교해 보고 같으면 정답, 아니면 틀렸다는 메시지를 출
력한다.

매번 실행할 때마다 숫자가 달라져 문제를 예측할 수 없다. 그러나 달랑 한 번만 출제하고 끝
나 버리니 별로 재미가 없다. 문제를 여러 번 출제하고 정답을 맞춘 개수도 세어 주도록 프로
그램을 확장해 보자.

mathquiz2
```
import random

correct = 0
while True:
    a = random.randint(1, 9)
    b = random.randint(1, 9)
    question = "%d + %d = ?(끝낼 때는 0) " % (a, b)
    c = int(input(question))

    if c == 0:
        break
    elif c == a + b:
        print("정답입니다.")
        correct = correct + 1
    else:
        print("틀렸습니다.")

print("%d 개 맞췄습니다." % correct)
```

```
1 + 2 = ?(끝낼 때는 0) 3
정답입니다.
7 + 7 = ?(끝낼 때는 0) 14
정답입니다.
4 + 5 = ?(끝낼 때는 0) 9
정답입니다.
6 + 4 = ?(끝낼 때는 0) 0
3 개 맞췄습니다.
```

전체 코드를 while True: 무한 루프로 감싼다. 문제를 내고 정답을 입력받는 과정을 계속 반복하되 진짜 무한히 반복할 수는 없으니 0이 입력될 때 끝내도록 했다. 난수 범위가 1부터 시작되니 덧셈 결과가 0이 될 수는 없다.

정상적인 상황에서는 나올 수 없는 특이값 0을 끝내라는 명령으로 정의하고 문제 출제 시 안내 메시지를 보여 준다. 맞춘 횟수 correct는 0으로 초기화해 놓고 정답을 맞출 때마다 이 값을 1 증가시킨다. 무한 루프를 빠져나왔을 때 이 값을 출력하면 몇 개 맞췄는지 알 수 있다.

이 프로그램을 더 확장하여 난이도를 높여 보자. 난수 범위를 10 ~ 99로 하여 두 자리 수로 확장하고 덧셈뿐만 아니라 뺄셈이나 곱셈도 출제해 보자. 뺄셈의 경우 음수가 나오지 않도록 큰 수에서 작은 수를 빼는 것이 좋다. 요구 사항이 많아지면 구조가 점점 복잡해진다.

mathquiz3

```python
import random

correct = 0
while True:
    a = random.randint(10, 99)
    b = random.randint(10, 99)
    op = random.randint(1, 3)

    if op == 1:
        ans = a + b
        mark = "+"
    elif op == 2:
        if (a < b):
            a, b = b, a
        ans = a - b
```

```
            mark = "-"
        else:
            ans = a * b
            mark = "*"

        question = "%d %s %d = ?(끝낼 때는 0) " % (a, mark, b)
        c = int(input(question))

        if c == 0:
            break
        elif c == ans:
            print("정답입니다.")
            correct = correct + 1
        else:
            print("틀렸습니다.")

print("%d 개 맞췄습니다." % correct)
```

```
57 - 19 = ?(끝낼 때는 0) 38
정답입니다.
83 - 82 = ?(끝낼 때는 0) 1
정답입니다.
39 * 28 = ?(끝낼 때는 0) 67
틀렸습니다.
49 + 72 = ?(끝낼 때는 0) 121
정답입니다.
32 + 20 = ?(끝낼 때는 0) 0
3 개 맞췄습니다.
```

op는 연산의 종류이며 1, 2, 3 중 하나를 난수로 선택한다. 연산 종류에 따라 정답을 ans에 구해 두고 연산자 모양을 mark에 대입해 둔다. 뺄셈인 경우 좌변이 더 큰 값이 되도록 교환하는 과정이 추가된다. 연산 종류와 피연산자로 문자열을 조립하여 출제한다.

정답을 입력받아 비교하는 과정은 앞 예제와 비슷하다. 숫자의 범위가 두 자리로 확장되니 덧셈만 해도 암산하기 꽤 어렵다. 시간제한을 둔다거나 현재 점수를 보여 준다거나 등등 얼마든지 더 재미있게 개선해 볼 여지가 많다. 유아용 산수 연습 프로그램이나 초등학생용 구구단 연습 프로그램 등을 만들어 보자.

숫자 맞추기 게임

숫자 맞추기 게임은 컴퓨터가 생성한 1 ~ 100 사이의 난수를 사용자가 찍어서 맞추는 놀이이다. 컴퓨터는 사용자가 입력한 숫자와 난수를 비교하여 같은지, 어떤 값이 더 큰지 힌트를 알려 준다. 사용자는 이 힌트를 참조하여 범위를 좁혀 가며 난수를 맞춘다.

randnum

```python
import random

secret = random.randint(1,100)
while True:
    num = int(input("숫자를 입력하세요(끝낼 때 0) : "))
    if num == 0:
        break
    if num == secret:
        print("맞췄습니다")
        break
    elif num > secret:
        print("입력한 숫자보다 더 작습니다.")
    else:
        print("입력한 숫자보다 더 큽니다")
```

secret 변수에 1 ~ 100 사이의 난수 하나를 생성하여 대입한다. 사용자가 이 숫자를 맞출 때까지 반복해야 하므로 while True: 무한 루프로 되어 있다. num에 숫자 하나를 입력받아 탈출 점검부터 수행한다. 재미없어 포기하고 싶으면 0을 입력하며 이때 break로 루프를 탈출한다.

0이 아니면 num과 secret를 비교한다. 두 값이 같으면 맞춘 것이므로 루프를 탈출하고 그렇지 않으면 대소 관계를 알려 준다. 사용자는 힌트를 참고하여 범위를 점점 좁혀가며 최소한의 시도로 난수를 맞추는 게임이다. 프로그램을 약간 확장하여 몇 번만에 맞추었는지 카운트를 세 보자.

randnum2

```
import random

secret = random.randint(1,100)
count = 0
while True:
    num = int(input("숫자를 입력하세요(끝낼 때 0) : "))
    if num == 0:
        break
    count += 1
    if num == secret:
        print("%d번만에 맞췄습니다" % count)
        break
    elif num > secret:
        print("입력한 숫자보다 더 작습니다.")
    else:
        print("입력한 숫자보다 더 큽니다")
```

루프로 들어가기 전에 count 변수를 0으로 초기화하고 입력받을 때마다 1씩 증가시킨다. 정답을 맞추었을 때 몇 번만에 맞추었는지 count 값을 출력한다.

12.4 sys 모듈

시스템 정보

플랫폼 독립적인 언어인 파이썬으로 만든 프로그램은 어떤 운영체제에서나 잘 실행된다. 그러나 플랫폼의 영향을 받지 않는다는 것은 플랫폼 고유의 기능을 쓸 수 없다는 얘기와도 같다. 범용성도 중요하지만 때로는 특정 플랫폼의 기능을 적극적으로 활용해야 할 때도 있다.

sys 모듈은 파이썬 해석기가 실행되는 환경과 해석기의 여러 가지 기능을 조회하고 관리하는 모듈이다. 이 모듈의 정보를 통해 시스템에 관련된 정보를 조사한다. 굉장히 상세한 정보가 제공되는데 전체 목록은 레퍼런스를 참고하되 자주 사용하는 정보는 다음과 같다.

sys

```python
import sys

print("버전 :", sys.version)
print("플랫폼 :", sys.platform)
if (sys.platform == "win32"):
    print(sys.getwindowsversion())
print("바이트 순서 :", sys.byteorder)
print("모듈 경로 :", sys.path)
sys.exit(0)
```

| 실행결과 | 버전 : 3.6.2 (v3.6.2:5fd33b5, Jul 8 2017, 04:14:34) [MSC v.1900 32 bit (Intel)]
플랫폼 : win32
sys.getwindowsversion(major=10, minor=0, build=15063, platform=2, service_pack='')
바이트 순서 : little
모듈 경로 : ['C:\\PyStudy\\CharmTest', 'C:\\PyStudy\\CharmTest', 'C:\\Python\\python36.zip', 'C:\\Python\\DLLs', 'C:\\Python\\lib', 'C:\\Python', 'C:\\Python\\lib\\site-packages'] |

각 정보의 의미는 멤버 이름에 설명적으로 잘 나타나 있다. sys.version은 파이썬 자체의 버전을 조사하는데 버전에 따라 코드가 약간씩 달라지는 경우나, 특정 버전 이상에서만 실행되는 프로그램의 경우 이 멤버를 참조한다.

해석기가 실행되는 운영체제의 종류나 버전 정보도 상세하게 구할 수 있다. 바이트 순서는 이기종의 컴퓨터끼리 데이터를 주고받는 네트워크 통신에 꼭 필요한 정보이다. 모듈의 경로에 대해서는 차후 모듈 제작편에서 다시 상세히 알아보기로 하자.

sys.exit 메서드는 프로그램을 강제 종료한다. 실행을 계속할 수 없는 치명적인 이유가 발견되었거나 몇 겹으로 둘러싸인 중첩 루프에서 즉시 종료할 때 편리하다. 인수로 종료 코드를 지정하는데 0이면 정상 종료이고 그 외의 값이면 에러에 의한 종료이다. 생략 시 0이 적용된다.

12장

명령행 인수

파이썬 프로그램은 명령행에서 직접 실행할 수 있는 실행 파일이다. 확장자가 py인 프로그램을 실행하면 해석기가 로드되어 소스를 즉시 해석하여 실행한다. 실행 파일 뒤에 인수를 전달할 수 있는데 예를 들어 파일을 복사하는 명령은 다음과 같다.

```
copy a.txt b.txt
```

copy는 명령어이고 a.txt와 b.txt가 명령행 인수이다. 이 값은 명령을 수행할 대상이나 옵션을 지정한다. 파이썬 프로그램에서 명령행 인수의 값을 읽으려면 sys.argv를 읽는다. 명령행 인수가 문자열 리스트로 전달된다. 다음 예제를 작성해 보자.

sysarg
```
import sys

print(sys.argv)
```

sys 모듈을 임포트한 후 sys.argv를 출력해 보았다. 그냥 실행하면 실행 파일명만 나타나지만 명령행으로 나가 인수를 주면 인수 목록이 출력된다. 다음과 같이 실행해 보자.

```
C:\PyStudy>sysarg.py korea option
['C:\\PyStudy\\sysarg.py', 'korea', 'option']
```

argv[0]에 실행 파일의 전체 경로가 들어가고 이후의 인수는 argv[1], argv[2]로 전달된다. 명령행에서 몇 개의 인수를 전달했는가에 따라 argv의 길이는 달라지며 인수의 개수는 len(sys.argv)로 구한다.

다음 예제는 달력을 출력하되 명령행 인수로 년도를 줄 수도 있고 년도와 월을 줄 수도 있다. 인수가 없으면 현재 달을 보여 주며 인수가 남으면 에러 처리한다.

argcal

```
import calendar
import time
import sys

if (len(sys.argv) == 1):
    t = time.time()
    tm = time.localtime(t)
    calendar.prmonth(tm.tm_year, tm.tm_mon)
elif (len(sys.argv) == 2):
    print(calendar.calendar(int(sys.argv[1])))
elif (len(sys.argv) == 3):
    calendar.prmonth(int(sys.argv[1]), int(sys.argv[2]))
else:
    print("인수는 2개 이하여야 합니다.")
```

프로그램 경로 하나는 무조건 전달되므로 인수의 최소 개수는 1이다. 1이면, 즉 프로그램 이름 외의 다른 인수가 없으면 현재 년, 월을 구해 달력을 출력한다. 년도만 전달되었으면 해당 년도의 달력 전체를 보여 준다. 년도와 월을 전달했으면 해당 월의 달력만 보여 준다.

이 프로그램을 argcal.py로 저장했다면 argcal.py 2018로 2018년 달력을 볼 수 있고 argcal.py 2018 4로 4월 달력을 볼 수 있다. 명령행에서 인수를 전달하여 프로그램에게 간단한 작업을 시킬 수 있어 편리하다. 요즘은 그래픽 환경이 주어서 명령행 인수를 사용하는 경우가 드물다.

경과일 계산

다음 예제는 특정 날짜로부터 오늘까지 며칠이 경과되었는지 계산하여 출력한다. 생일을 입력하면 며칠째 살고 있는지 알아낼 수 있으며 여자 친구와 사귄지 얼마나 되었는지도 조사할 수 있다. 대상 날짜를 코드에 기록해 놓으면 매번 소스를 수정해야 하니 불편하다. 명령행에서 yyyymmdd 형식으로 날짜를 입력받으면 임의의 날짜를 지정할 수 있어 실용적이다.

datecalc

```python
import sys
import time

if (len(sys.argv) != 2):
    print("시작 날짜를 yyyymmdd로 입력하십시오.")
    sys.exit(0)

birth = sys.argv[1]
if (len(birth) != 8 or birth.isnumeric() == False):
    print("날짜 형식이 잘못되었습니다.")
    sys.exit(0)

tm = (int(birth[:4]), int(birth[4:6]), int(birth[6:8]), 0, 0, 0, 0, 0, 0)
ellapse = int((time.time() - time.mktime(tm)) / (24 * 60 * 60))
print(ellapse)
```

사용자가 인수의 의미를 정확하게 숙지하지 못할 수도 있으므로 인수가 없거나 구조가 잘못되었을 때는 사용 방법을 친절하게 알려 주어야 한다. 원하는 인수가 전달되지 않으면 실행을 계속할 수 없으므로 메시지 출력 후 exit로 프로그램을 즉시 종료하였다. 이 소스를 datecalc. py로 저장한 후 명령행에서 다음과 같이 사용한다.

```
C:\PyStudy>datecalc.py 19700801
17321
```

태어난 지 얼마 되지도 않았는데 벌써 17000일이 넘었다. 이 프로그램이 계산하는 것은 경과한 날짜이지 며칠째인지는 아니다. 연인과 100일 잔치할 날짜를 계산할 때는 만난 날을 1일로 치므로 99일 경과 후가 100일임을 유의하자. 이걸 잘못 계산하면 삐짐, 심술, 연락 두절의 심각한 부작용이 나타난다.

명령행으로 인수를 전달하는 방식은 즉시 동작하여 효율은 좋지만 사용자가 사용법을 숙지해야 한다는 면에서 직관적이지 못하고 정확한 형식을 맞추기 쉽지 않다. 인수보다는 질문을 하고 직접 입력받아 사용하는 것이 번거롭지만 정확하고 편리하다.

ellapsedate2

```python
import sys
import time

year = int(input("태어난 년도를 입력하세요(4자리) : "))
month = int(input("태어난 월을 입력하세요 : "))
day = int(input("태어난 일을 입력하세요 : "))

tm = (year, month, day, 0, 0, 0, 0, 0, 0)
ellapse = int((time.time() - time.mktime(tm)) / (24 * 60 * 60))
print(ellapse)
```

실행결과	태어난 년도를 입력하세요(4자리) : 2002 태어난 월을 입력하세요 : 8 태어난 일을 입력하세요 : 14 5620

사용자가 질문을 보고 값을 직접 입력할 수 있으니 편리하다. 다만 잘못 입력하는 경우를 위해 예외 처리를 잘 해야 한다. 편의성을 더 높이려면 그래픽 환경에서 위젯을 쓰는 방법이 제일 좋다.

1. mod 모듈에 정의된 proc 함수를 가져오는 임포트 문은 무엇인가?

   ① import mod
   ② from mod import proc
   ③ import proc from mod
   ④ import mod as proc

2. math 모듈에 포함된 함수가 아닌 것은?

   ① sin
   ② radians
   ③ pow
   ④ randint

3. 밑면이 8이고 높이가 5인 직각삼각형의 빗변 길이를 구하라.

4. 1994년 5월 5일 태어난 사람이 현재 며칠째 살고 있는지 계산하는 프로그램을 작성하라.

5. 10에서 20 사이의 난수 10개를 뽑아 출력하라. 끝수인 20도 포함한다.

13장

예외 처리

13.1 예외 처리
13.2 자원 정리

13.1 예외 처리

예외란

사람은 누구나 실수할 수 있고 사람이 만든 프로그램도 허술해서 항상 정확하게 실행되는 것은 아니다. 오타나 탈자에 의한 구문 에러가 가장 흔한데 가령 다음과 같이 입력했다고 해 보자.

```
money = 1$ + 2$
prant(money)
```

1$와 2$를 더하면 3$가 나올 거 같지만 택도 없는 소리다. $는 숫자가 아니어서 더할 수 없다. 명령행에서 이 코드를 실행하면 문법이 잘못되었다는 SyntaxError로 처리되며 IDLE에서는 에러 메시지 박스가 뜨고 어디가 잘못되었는지 편집 창에 빨간색으로 반전시켜 보여 준다.

1 + 2로 수정하면 덧셈은 가능하지만 이번에는 prant라는 이름이 없다는 에러가 발생한다. 누가 봐도 print를 잘못 적은 것이다. 입력상의 오타나 구문상의 문제는 실행도 하기 전에 미리 잘못을 파악하고 수정할 수 있어 사실 별 문제가 되지 않는다.

진짜 문제는 프로그램은 아무 이상 없이 멀쩡하게 잘 작성했는데 실행 중에 예기치 않은 문제가 발생하는 것이다. 프로그램 코드는 이상이 없지만 실행 중에 불가피하게 발생하는 문제를 예외(Exception)라고 한다. 다음 예제는 문법상의 이상은 없어 실행은 잘 된다.

```
str = "89점"
score = int(str)
print(score)
print("작업완료")
```

| 실행결과 | Traceback (most recent call last):
  File "C:/Python/test.py", line 2, in <module>
    score = int(str)
ValueError: invalid literal for int() with base 10: '89점' |

"89점"이라는 문자열에서 점수를 추출하여 출력하려는 의도이다. 문자열 안에 숫자가 아닌 엉뚱한 문자가 들어 있어 제대로 변환되지 않으며 값이 잘못되었다는 ValueError 예외가 실행 중에 발생한다. 예제 작성 편의상 str 변수에 초기값을 직접 대입했는데 위 소스는 대충만 훑어 봐도 예외가 발생할 것임을 예측할 수 있다. 그러나 사용자가 직접 점수를 입력한다면 미리 예측하기 어렵다.

```
str = input("점수를 입력하세요 : ")
score = int(str)
```

이런 코드에서 사용자가 90, 100을 입력한다면 아무 문제가 없다. 실수로 "80점", "만점"으로 입력할 수도 있고 "안알랴줌" 이따위 식으로 장난을 칠 수도 있다. 프로그램을 아무리 정교하게 잘 작성해도 입력이 잘못되면 멀쩡한 프로그램도 미쳐 날뛰는 것이다.

더 심각한 건 에러 발생 즉시 프로그램이 종료되어 이후의 명령이 무시된다는 점이다. 점수 출력문은 물론이고 작업 완료 보고문도 실행되지 않는다. 앞부분이 잘못되었으니 이후의 실행도 정상적일 수 없어 아예 강제 종료되며 제어권을 잃어 버린다.

치명적인 문제가 아니면 그냥 넘어가도 되는 경우가 있고 재입력을 받는 식으로 해결할 수도 있지만 프로그램이 다운되어 버리면 더 손쓸 방법이 없다. 가급적 문제를 해결해 보고 정 안되면 최소한 어떤 문제가 있는지 친절하게 알려 주기라도 해야 한다.

예외 처리

프로그램은 실행 중에 사용자와 끊임없이 상호작용하는데 사용자를 믿을 수 없다. 사용자는 부정확하고 굉장히 무식한 데다 스스로가 왕인줄 아는 거만한 존재라 도무지 신뢰성이 없다. 네트워크나 하드디스크 같은 외부 장치도 언제 연결이 끊어질지 알 수 없고 파일 입출력 중에도 여러 가지 문제가 발생한다.

어쩔 수 없는 다양한 원인으로 인해 프로그램을 아무리 정교하게 작성해도 예외는 발생할 수밖에 없다. 예외를 막을 근본적인 방법이 없으니 어떡하든 발생 가능한 모든 예외를 처리하는 수밖에 없다. 예외 처리 구문의 형식은 다음과 같다.

```
try:
    실행할 명령
except 예외 as 변수:
    오류 처리문
else:
    예외가 발생하지 않을 때의 처리
```

형식이 아주 복잡한데 가장 간단한 형식은 try: except: 까지만 사용하여 모든 예외를 한꺼번에 잡는 것이다.

tryexcept

```
str = "89점"
try:
    score = int(str)
    print(score)
except:
    print("예외가 발생했습니다.")
print("작업완료")
```

실행결과	예외가 발생했습니다. 작업 완료

try 블록의 코드를 실행하다가 예외가 발생하면 except 블록으로 점프한다. 예외가 발생한 코드는 어쩔 수 없이 제대로 실행할 수 없지만 예외를 잡아 처리하면 최소한 프로그램이 다운되지는 않으며 남은 코드는 계속 실행할 수 있다.

예외가 발생하지 않으면 except 블록은 무시되며 다음 문장을 실행한다. "89점"을 "89"로 고치면 score를 출력하는 문장이 무사히 실행되고 작업 완료 보고도 잘 된다. score 출력문은 변환 중 예외가 발생하지 않을 때 실행되어야 하므로 else절로 옮겨도 상관없다.

```python
try:
    score = int(str)
except:
    print("예외가 발생했습니다.")
else:
    print(score)
```

예외 처리 구문이 예외 상황 자체를 해결해 주지는 않지만 예외를 인식하고 처리할 기회를 제공한다는 데 의미가 있다. 예외 처리 구문을 루프로 감싸면 사용자에게 무엇이 잘못되었는지 알려 주고 잘 할 때까지 다시 시도할 수 있다.

whiletry

```python
while True:
    str = input("점수를 입력하세요 : ")
    try:
        score = int(str)
        print("입력한 점수 :", score)
        break
    except:
        print("점수 형식이 잘못되었습니다.")
print("작업완료")
```

실행결과	점수를 입력하세요 : 만점 점수 형식이 잘못되었습니다. 점수를 입력하세요 : 99 입력한 점수 : 99 작업완료

전체를 무한 루프로 감싸 두면 예외 발생 시 다시 루프 선두로 돌아가 새로 입력받는다. 변환이 정상적으로 수행되었으면 점수를 출력하고 break 구문으로 루프를 탈출한다. 이때 except 블록은 무시되고 다음 명령으로 넘어가 작업 완료 메시지가 출력된다.

이런 구조를 만들기 위해 예외 처리 구문이 필요하다. 예외는 어쩔 수 없이 발생하는데 일단 예외를 잡아야 재시도를 하든 사용자에게 에러 사실을 알리든 뭐라도 할 수 있다. 예외를 인식하고 잡아내는 구문이 바로 try except이다. try는 예외를 잡는 덫이고 except는 예외를 잡았을 때의 처리 구문을 작성하는 곳이다.

예외의 종류

파이썬은 자주 발생하는 예외를 미리 정의해 두고 고유한 이름을 붙여 놓았다. 예외의 원인별로 수많은 예외가 정의되어 있는데 다음 예외들이 빈번히 발생한다.

예외	설명
NameError	명칭이 발견되지 않는다. 초기화하지 않은 변수를 사용할 때 발생한다.
ValueError	타입은 맞지만 값의 형식이 잘못되었다.
ZeroDivisionError	0으로 나누었다.
IndexError	첨자가 범위를 벗어났다.
TypeError	타입이 맞지 않다. 숫자가 필요한 곳에 문자열을 사용한 경우 등이다.

앞 예제처럼 예외의 이름을 지정하지 않고 except 블록만 있으면 모든 예외를 이 블록에서 다 처리한다. try 블록에서 다른 종류의 예외가 여러 개 발생할 수도 있다. 예외별로 except 블록을 여러 개 작성해 두면 예외에 따라 적절한 except 블록으로 점프한다.

excepts

```
str = "89"
try:
    score = int(str)
    print(score)
    a = str[5]
except ValueError:
    print("점수의 형식이 잘못되었습니다.")
except IndexError:
    print("첨자 범위를 벗어났습니다.")
print("작업완료")
```

try 블록에서 점수를 변환하여 출력하고 문자열에서 문자 하나를 읽는다. 이 과정에서 변환 에러가 발생할 수도 있고 첨자 에러가 발생할 수도 있으므로 ValueError와 IndexError에 대해 except 블록을 작성해 두었다.

str을 "89"로 초기화했으므로 정수 변환은 이상 없이 잘 수행되며 ValueError는 발생하지 않는다. 그러나 점수 출력 후 str[5]를 읽었으므로 첨자를 벗어났다는 IndexError 예외가 발생한다. 만약 str을 "89점"으로 초기화하면 ValueError 예외가 먼저 발생한다.

except 블록이 아무리 많아도 먼저 발생한 예외에 맞는 하나만 선택된다. 예외가 전혀 발생하지 않으면 전체가 무시되고 다음 코드를 실행한다. 두 개 이상의 예외를 하나의 except 블록에서 동시에 받을 수도 있는데 이때는 예외를 괄호로 묶어 튜플로 지정한다. 두 예외를 처리하는 방식이 비슷하다면 한꺼번에 같이 처리하는 것이 간편하다.

```
except (ValueError, IndexError):
    print("점수의 형식이나 첨자가 잘못되었습니다.")
```

except 블록의 예외 이름 다음에 as 키워드로 예외 객체를 변수로 받으면 이 객체를 통해 에러 메시지를 얻을 수 있다. 각 예외 종류별로 미리 정의해 놓은 메시지가 출력된다. 다음 예제는 ValueError에 대한 메시지를 보여 준다.

exceptas
```
str = "89점"
try:
    score = int(str)
    print(score)
    a = str[5]
except ValueError as e:
    print(e)
except IndexError as e:
```

```
        print(e)
print("작업완료")
```

`invalid literal for int() with base 10: '89점'`
작업완료

int() 함수를 수행하기에 부적절한 문자가 있다는 메시지가 출력된다. 첨자를 벗어난 경우 string index out of range라는 메시지가 출력된다. 영어라 친숙하지 않지만 예외가 스스로 자신을 설명하는 메시지라 가장 정확하다.

raise

raise 명령은 고의적으로 예외를 발생시킨다. 작업을 위한 선결 조건이 맞지 않거나 더 이상 진행할 수 없는 치명적인 문제가 발생했을 때 호출원으로 예외를 던져 잘못되었음을 알린다. raise 뒤에 발생시킬 예외의 이름을 적는다. 다음 예제를 보자.

raise

```
def calcsum(n):
    if (n < 0):
        raise ValueError
    sum = 0
    for i in range(n+1):
        sum = sum + i
    return sum

try:
    print("~10 =", calcsum(10))
    print("~-5 =", calcsum(-5))
except ValueError:
    print("입력값이 잘못되었습니다.")
```

`~10 = 55`
`입력값이 잘못되었습니다.`

1부터 지정한 정수까지 합계를 구하는 calcsum 함수는 반드시 0보다 큰 인수를 받아야 한다. 범위를 지정하는 인수 n이 음수라면 작업 지시가 잘못되었으므로 합계를 구할 수 없으며 이럴 때 예외를 던져 잘못을 알린다. 값이 잘못되었다는 뜻으로 ValueError 예외를 던졌는데 상황에 꼭 맞는 예외를 직접 정의할 수도 있다.

이 함수를 호출하는 곳에서는 예외 가능성이 있으므로 try except 구문으로 감싸 예외를 처리해야 한다. 합계를 구할 범위를 사용자가 입력한다면 어떤 값이 들어올지 알 수 없으며 예외를 처리하지 않으면 프로그램이 다운될 위험이 있다. 앞의 예제는 함수가 예외를 던지고 호출원에서 예외를 처리하고 있어 에러 메시지가 출력된다.

예외를 던지는 대신 특이값을 리턴하여 인수가 잘못되었음을 보고할 수도 있다. 정상적인 리턴값으로는 나올 수 없는 값을 선정하는데 −1은 양수의 합계로는 절대 불가능한 값이다. calcsum이 −1을 리턴하면 합계가 아닌 뭔가 잘못된 상황을 알리는 것으로 약속한다. 호출원은 예외 처리 구문 대신 리턴값 점검을 철저히 해야 한다.

13장

errorret

```
def calcsum(n):
    if (n < 0):
        return -1
    sum = 0
    for i in range(n+1):
        sum = sum + i
    return sum

result = calcsum(10)
if result == -1:
    print("입력값이 잘못되었습니다.")
else:
    print("~10 =", result)

result = calcsum(-5)
if result == -1:
    print("입력값이 잘못되었습니다.")
else:
    print("~10 =", result)
```

실행결과
```
~10 = 55
입력값이 잘못되었습니다.
```

리턴값을 통한 예외 처리도 가능한 방법이고 실제 이 방법을 사용하는 표준 함수도 많이 있다. 그러나 보다시피 매 호출 시마다 일일이 리턴값을 점검해야 하는 불편함이 있고 에러 처리 구문과 정상적인 처리 구문이 섞여 있어 코드를 관리하기에도 좋지 않다.

예외 블록은 펑이하게 작성하되 예외 발생 시만 except 블록으로 점프하므로 정상적인 처리와 예외 처리가 구분되어 깔끔하다. 또한 예외는 여러 단계의 함수 호출에 대해서도 잘 동작하므로 연쇄적인 에러 처리를 하지 않아도 된다는 점에서 우수하다.

함수 실행 중에 언제든 예외는 발생할 수 있는데 함수별로 비정상적인 상황을 처리하는 방법이 다르다. 사전의 [ ] 연산자는 찾는 키가 없을 경우 예외를 던진다. 반면 get 함수는 키가 없을 때 None을 대신 리턴하거나 디폴트값을 적용한다. 함수별로 예외를 처리하는 방법에 맞게 구문을 작성해야 한다.

funcexcept

```
dic = { 'boy':'소년', 'school':'학교', 'book':'책' }
try:
    print(dic['girl'])
except:
    print("찾는 단어가 없습니다.")

han = dic.get('girl')
if (han == None):
    print("찾는 단어가 없습니다.")
else:
    print(han)
```

실행결과	찾는 단어가 없습니다. 찾는 단어가 없습니다.

예외를 던지는 구문은 반드시 try 블록으로 감싸야 한다. 그렇지 않으면 비정상적인 상황에 의해 프로그램이 강제 종료될 위험이 있다. 특이값을 리턴하는 함수는 리턴값을 받아 if문으로 점검해야 하는 불편함이 있지만 None이 출력될 뿐 최소한 다운되지는 않는다. 상황에 따라 편리한 방법을 골라 사용한다.

13.2 자원 정리

finally

finally 블록은 예외 발생 여부와 상관없이 반드시 실행해야 할 명령을 지정한다. 메모리나 자원을 할당한 후 해제해야 하는데 이런 구문을 finally 블록에 작성하면 예외 발생 여부에 상관없이 항상 이 구문을 실행한 후 전체 블록을 빠져 나온다. 다음 예제는 네트워크 통신을 하는 절차를 보여 준다.

finally

```
try:
    print("네트워크 접속")
    a = 2 / 0
    print("네트워크 통신 수행")
finally:
    print("접속 해제")
print("작업 완료")
```

실행결과
```
네트워크 접속
접속 해제
Traceback (most recent call last):
  File "C:/Python/test.py", line 3, in <module>
    a = 2 / 0
ZeroDivisionError: division by zero
```

네트워크에 접속한 후 통신을 수행하고 다 완료하면 접속을 끊는 것이 정상적인 순서이다. 통신 수행 중에 예외가 발생해서 해제하지 못하면 네트워크는 계속 연결된 상태로 남아 있게 된다. 이럴 때 해제 구문을 finally 블록에 작성해 두면 연결이 끊어짐을 보장할 수 있다.

try 블록이 정상적으로 실행될 때는 물론이고 예외에 의해 강제로 벗어나더라도 finally 블록을 반드시 실행하도록 되어 있다. 심지어 함수 내부의 try 블록에서 return문으로 함수를 종료하더라도 finally 블록을 실행한 후 리턴하게 되어 있어 정리 코드는 틀림없이 실행된다.

예제에서는 접속 후 0으로 나누어 예외를 일으켰는데 이때 try 블록을 빠져 나오지만 finally 블록을 거쳐 접속을 해제한다. 비록 통신은 정상적으로 수행하지 못했지만 연결을 확실하게 끊는다. a = 2 / 0 문장을 제거하면 접속, 통신까지 무사히 수행하고 해제까지도 정상적으로 처리한 후 전체 블록을 종료한다.

네트워크뿐만 아니라 외부의 자원을 사용하는 모든 코드는 해제에 신경 써야 한다. 특히 파일 입출력 시 파일을 다 사용한 후 반드시 닫아야 하는데 이때도 finally 구문이 유용하다. 그러나 파일은 with 구문이 더 편리해 주로 with 구문을 사용한다.

assert

assert 문장은 프로그램의 현재 상태가 맞는지 확인한다. 점검할 조건과 조건이 거짓일 때 보여 줄 메시지를 지정한다.

assert 조건, 메시지

조건을 점검해 보고 참이면 현재 상태가 정상적이라고 판단하여 아무 일도 하지 않는다. 거짓이면 AssertionError 예외를 발생시키고 프로그램을 즉시 중지시키며 메시지를 보여 준다. 메시지가 필요 없으면 생략해도 상관없다.

assert

```
score = 128
assert score <= 100, "점수는 100 이하여야 합니다"
print(score)
```

이 예제는 점수가 확실히 100 이하의 조건에 부합하는지 점검한다. 이 조건이 맞지 않으면 이후의 프로그램 동작을 보증할 수 없어 중간에 확인하는 것이다. 맞으면 아무 일도 일어나지 않으며 점수가 잘 출력된다. 틀리면 다음과 같은 예외가 발생한다.

```
Traceback (most recent call last):
  File "C:\PyStudy\Test.py", line 2, in <module>
    assert score <= 100, "점수는 100 이하여야 합니다"
AssertionError: 점수는 100 이하여야 합니다
```

개발자는 이 메시지를 보고 특정 변수에 잘못된 값이 들어갔는지 즉시 알 수 있으며 문제를 파악하여 해결한다. 변수값이 잘못되면 언젠가는 문제가 발생하는데 당장은 이상 없이 실행되다가 한참 후에 말썽을 부릴 수도 있다. 개발 중에 발견하지 못한 문제가 고객 눈앞에서 치명적인 말썽을 부린다.

assert는 이상이 발생하는 즉시 이를 확인하여 알려 주는 역할을 한다. assert를 우리말로 번역하자면 "이 조건이 맞는지 지금 당장 확인하라"는 뜻이다. 의심이 갈만한 상황에 대해 assert를 군데군데 작성해 두면 문제를 조기에 발견하는 데 큰 도움이 된다.

문제를 즉시 알 수 있다는 점에서 유용하지만 실행 중에 일일이 조건을 점검하므로 속도가 느려지는 문제가 있다. 해석기를 실행할 때 −O 옵션을 주면 assert 문장은 모두 무시된다. 디버깅할 때 확인용으로만 사용하고 최종적으로는 빼는 것이 좋다.

1. 예외의 정의로 올바른 것은 ?

① 오타나 탈자에 의한 에러

② 해석기의 이상 동작에 의한 프로그램 중지

③ 논리적 문제로 인해 발생하는 이상 동작

④ 실행 중에 발생하는 예기치 않은 문제

2. 다음 코드에서 발생 가능한 예외가 아닌 것은?

```python
score = [ 88, 87, 95, 56, 89 ]
num = int(input("학생 번호를 입력하세요 : "))
print("성적은 %d 입니다." % score[num])
```

① 숫자가 아닌 다른 문자열을 입력한 경우

② 아무것도 입력하지 않은 경우

③ 너무 큰 숫자를 입력하여 첨자의 범위를 넘은 경우

④ 메모리 부족으로 문자열을 출력할 수 없는 경우

3. 두 개의 정수를 입력받아 나눈 결과를 출력하되 0으로 나누기 예외를 처리하라.

4. 의도적으로 예외를 발생시키는 명령은 무엇인가 ?

① try

② except

③ raise

④ error

5. finally 블록에 대한 설명으로 옳은 것은 ?

① 예외 발생 시 실행되어 자원을 정리한다.

② 예외가 발생하지 않았을 때 실행된다.

③ 예외 발생 여부와 상관없이 실행된다.

④ 예외 상태를 원래대로 복구한다.

14장

파일

Python

14.1 파일 입출력

파일 쓰기

프로그램이 생성한 정보를 영구적으로 저장할 때는 파일에 기록한다. 메모리는 속도만 빠를 뿐 전원이 끊어지면 기억 내용을 잃어 버리기 때문에 하드디스크에 저장해야 영구적으로 보관할 수 있다. 파일은 정보를 저장하는 기본 단위이며 문서나 이미지, 멀티미디어 자료도 모두 파일 형태로 보관된다.

파이썬의 파일 입출력 기능은 유닉스의 것을 그대로 따왔으며 이 점은 C도 마찬가지이다. C의 고수준 파일 입출력 방법과 거의 유사해 C에 익숙한 사람에게 파이썬의 파일 입출력은 아주 쉽다. 파일 입출력을 위해 위치를 확인하고 버퍼를 준비해야 하는데 이 과정을 오픈이라고 한다. 다음 함수로 파일을 연다.

> **open(파일경로, 모드)**

파일 경로는 입출력 대상 파일의 이름이다. 디렉토리 경로를 포함할 수 있되 파일명만 있으면 현재 디렉토리에서 찾는다. 모드는 읽기, 쓰기, 추가 등 파일로 무엇을 할 것인가를 지정하며 읽을 파일이 없거나 생성할 파일이 이미 있을 때의 처리 방식을 결정한다.

모드	설명
r	파일을 읽는다. 파일이 없으면 예외가 발생한다.
w	파일에 기록한다. 파일이 이미 있으면 덮어쓴다.
a	파일에 데이터를 추가한다.
x	파일에 기록하되 파일이 이미 있으면 실패한다.

모드 뒤에는 파일의 종류를 지정하는 문자를 쓴다. t는 텍스트 파일이며 b는 이진 파일이다. 이진 파일은 있는 그대로 쓰는 데 비해 텍스트 파일은 개행 코드를 운영체제에 맞게 바꿔 준

다. 디폴트 모드는 텍스트 파일 읽기 모드인 "rt"이다.

open 함수는 파일 입출력을 준비하고 파일 객체를 리턴하는데 이 객체의 메서드로 입출력을 수행한다. 데이터를 기록할 때는 출력할 데이터를 인수로 전달하여 write 메서드를 호출한다. 파일을 다 사용한 후 close 메서드로 닫아 뒷정리를 수행한다. 파일 입출력 절차는 다음과 같다.

파일을 저장하는 디스크는 메모리보다 느리기 때문에 원활한 입출력을 위해 준비 과정이 필요하고 그러다 보니 정리도 해야 한다. 다음 예제는 열기, 쓰기, 닫기 세 과정을 거쳐 파일을 생성하고 문자열을 기록한다.

write

```
f = open("live.txt", "wt")
f.write("""삶이 그대를 속일지라도
슬퍼하거나 노하지 말라!
우울한 날들을 견디면
믿으라, 기쁨의 날이 오리니""")
f.close()
```

live.txt 파일을 "wt" 모드 즉, 텍스트 파일 쓰기 모드로 연다. 경로 지정 없이 파일명만 주었으니 현재 디렉토리에 생성되며 같은 이름의 파일이 이미 있으면 덮어쓰고 새로 만든다. write 함수로 4줄짜리 시를 출력하고 close 함수로 닫았다. 탐색기로 확인해 보면 live.txt 파일이 생성되어 있으며 메모장으로 열어 볼 수 있다.

write 함수는 문자열을 있는 그대로 출력한다. 원본 문자열에 개행 코드가 포함되어 있어 여러 줄로 출력되었다. write 함수를 계속 호출하면 얼마든지 긴 문자열도 출력할 수 있다.

파일 읽기

파일에서 데이터를 읽을 때는 분량에 따라 적당한 함수를 골라 사용한다. 가장 간편한 방법은 파일 전체를 한번에 읽는 read 함수이다. 다음 예제는 앞에서 생성한 live.txt 파일을 읽어 화면으로 출력한다.

```
read
try:
    f = open("live.txt", "rt")
    text = f.read()
    print(text)
except FileNotFoundError:
    print("파일이 없습니다.")
finally:
    f.close()
```

앞 실습에서 파일을 생성해 두어 무난히 잘 열린다. 만약 파일이 없다면 FileNotFoundError 예외가 발생한다. 파일 입출력 과정 중 언제든 예외가 발생할 수 있으므로 예외 처리 구문을 작성하고 finally 블록에서 파일을 닫는 것이 원칙이다. 예외 처리 구문으로 인해 입출력 코드가 명쾌히 보이지 않으므로 이후의 예제에서는 편의상 예외 처리를 생략한다.

파일을 무사히 열었으면 read 함수로 읽어 text 변수에 대입한다. 파일 내용 전체를 문자열로 읽어 화면에 출력했다. read 함수는 한번에 읽을 수 있어 편리하지만 대용량 파일을 읽을 때는 메모리를 많이 소모하는 단점이 있다. 아주 큰 파일을 읽을 때는 read 함수의 인수로 읽을 양을 지정하여 조금씩 읽어 들여야 한다.

read2

```
f = open("live.txt", "rt")
while True:
    text = f.read(10)
    if len(text) == 0: break
    print(text, end = '')
f.close()
```

무한 루프를 돌며 한번에 10 문자씩 읽어 출력하되 읽은 길이가 0이면 파일 끝에 도달했다는
뜻이므로 이때 루프를 탈출한다. 여러 번 나누어 읽으면 얼마든지 큰 파일도 문제 없이 읽을
수 있다. 한번에 읽을 양은 적당히 결정하되 너무 작으면 읽는 횟수가 많아져 느리므로 넉넉하
게 큰 덩어리로 읽는 것이 유리하다.

readline 함수는 한 줄씩 읽으며 파일 마지막에 도달하면 빈 문자열을 리턴한다. 무한 루프를
돌며 빈 줄을 읽을 때까지 반복하면 모든 줄을 순서대로 다 읽는다. 다음 예제는 한 줄씩 읽어
출력하되 앞에 행 번호를 표시한다. 줄 단위로 읽기 때문에 각 줄을 자유롭게 조작 및 처리할
수 있다.

readline

```
f = open("live.txt", "rt")
text = ""
line = 1
while True:
    row = f.readline()
    if not row: break
    text += str(line) + " : " + row
    line += 1
f.close()
print(text)
```

실행결과	1 : 삶이 그대를 속일지라도 2 : 슬퍼하거나 노하지 말라! 3 : 우울한 날들을 견디면 4 : 믿으라, 기쁨의 날이 오리니

readlines 함수는 파일 전체를 읽어 한 줄씩 문자열로 만들어 리스트를 리턴한다. 리스트를 순회하며 전체 파일을 다 출력할 수도 있고 [ ] 괄호로 각 줄을 개별적으로 읽을 수도 있다.

readlines

```
f = open("live.txt", "rt")
rows = f.readlines()
for row in rows:
    print(row, end = '')
f.close()
```

각 줄 끝에 개행 문자가 포함되어 있으므로 print로 출력할 때는 따로 개행 문자를 출력하지 말아야 한다. 그렇지 않으면 각 줄 사이에 여분의 빈 줄이 나타난다. 파일도 리스트와 같은 컬렉션이어서 파일 자체에 대해 루프를 돌 수도 있다.

readfile

```
f = open("live.txt", "rt")
for line in f:
    print(line, end = '')
f.close()
```

파일은 줄의 집합이므로 파일에 대해 for 루프를 돌면 한 번에 한 줄씩 차례대로 읽혀진다. 줄 단위로 읽을 때는 이 방법이 제일 간단하다.

입출력 위치

파일 객체는 다음 입출력 위치를 정확하게 기억한다. 그래서 조금씩 반복적으로 읽어도 전체 파일을 다 읽을 수 있다. 이런 식으로 파일을 순서대로 읽는 방식을 순차 접근이라고 한다. 대개의 경우는 처음부터 끝까지 다 읽어 메모리로 로드하는 방식을 쓴다.

반면 입출력 위치를 바꿔가며 파일의 원하는 부분을 자유롭게 액세스하는 방식을 임의 접근이라고 한다. 현재 입출력 위치를 조사할 때는 tell 함수를 호출하며 위치를 변경할 때는 seek 함수를 사용한다.

seek(위치, 기준)

기준이 0이면 파일 처음부터, 2이면 끝에서부터, 1이면 현재 위치를 기준으로 한다. 다음 예제는 앞 몇 자를 건너뛴 후 나머지를 읽는다.

seek

```
f = open("live.txt", "rt")
f.seek(12,0)
text = f.read()
f.close()
print(text)
```

파일을 열자마자 12바이트 건너뛰었으며 이 위치에서부터 읽기 시작한다. 건너뛴 앞쪽 문자열은 읽히지 않고 12바이트 이후부터 읽힌다. 한글은 2바이트를 차지해 건너뛴 수와 글자 수는 약간 다르다.

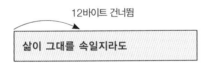

임의 접근은 인코딩 방식이 가변적인 텍스트 파일에는 적용하기 어려우며 길이가 일정한 이진 파일에 주로 사용한다. 예를 들어 주소록의 한 사람 정보 크기가 32바이트씩일 때 64바이트를 건너뛴 후 읽으면 세 번째 사람의 정보를 바로 구할 수 있다.

파일 위치를 마음대로 옮겨가며 읽을 수도 있고 쓸 수도 있다. 음악이나 동영상 파일의 재생 위치를 건너뛸 때도 seek 함수를 사용한다. 읽을 위치를 바꾸면 사용자가 원하는 곳으로 즉시 이동한다.

내용 추가

"a" 모드는 파일에 내용을 추가한다. "w" 모드는 파일이 이미 있으면 덮어쓰고 새로 만드는 데 비해 "a" 모드는 기존 내용을 그대로 유지하고 뒤에 덧붙이며 이를 위해 파일을 열자마자 입출력 위치를 파일의 제일 끝으로 보낸다. 따라서 이후에 출력하는 내용이 파일 뒤에 추가된다.

append

```
f = open("live.txt", "at")
f.write("\n\n푸쉬킨 형님의 말씀이었습니다.")
f.close()
```

live.txt 파일을 열고 뒤에 문자열 하나를 더 붙였다. 기존의 내용과 구분하기 위해 두 개의 개행 코드를 넣었다. 이 예제를 실행한 후 live.txt 파일을 열어 보면 파일 뒤쪽에 새로운 문자열이 추가되어 있다. 예제를 실행할 때마다 문자열이 계속 추가된다.

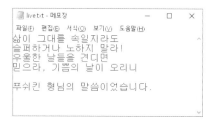

파일 입출력이 끝나면 반드시 close 함수로 닫아야 한다. 사실 굳이 닫지 않아도 프로그램을 종료할 때 자동으로 닫지만 파일을 연속적으로 사용할 때는 꼭 닫아야 한다. 예를 들어 쓰기 모드로 기록한 후 다시 읽을 때는 일단 닫아야 읽기 모드로 다시 열 수 있다.

오픈은 파일 입출력을 준비하는 과정이고 다 사용한 후 마무리를 해야 하므로 close를 호출하는 것이 원칙적이다. 매번 파일을 닫는 것은 무척 귀찮은 일이고 가끔 잊어 버려 파일이 손상되기도 한다. 파일을 확실히 닫기 위해 with 블록을 사용한다.

with 구문으로 파일을 열고 as 구문으로 파일 객체에 대입한 후 with 블록에서 파일을 사용하여 입출력한다. with 블록을 벗어나면서 파일이 자동으로 닫히며 입출력 중에 예외가 발생해도 파일은 반드시 닫힌다.

withas

```
with open("live.txt", "rt") as f:
    text = f.read()
print(text)
```

자원을 확실히 정리할 때는 try finally 구문을 사용하는 것이 정석이지만 파일 입출력 시에는
with 블록이 더 편리하다.

14.2 파일 관리

파일 관리 함수

파일 입출력 함수는 파일에 저장된 내용을 다루는 데 비해 파일 관리 함수는 파일 자체를 다룬다. 다음과 같은 함수가 있으며 os 모듈과 shutil 모듈에 정의되어 있다.

함수	설명
shutil.copy(a, b)	파일을 복사한다.
shutil.copytree(a, b)	디렉토리를 복사한다. 서브 디렉토리까지 전부 복사한다.
shutil.move(a, b)	파일을 이동한다.
shutil.rmtree(path)	디렉토리를 삭제한다.
os.rename(a, b)	파일 이름을 변경한다.
os.remove(f)	파일을 삭제한다.
os.chmod(f, m)	파일의 퍼미션을 변경한다.
shutil.chown(f, u, g)	파일의 소유권을 변경한다.
os.link(a, b)	하드 링크를 생성한다.
os.symlink(a, b)	심볼릭 링크를 생성한다.

복사, 삭제, 이름 변경, 정보 조사 등등 탐색기에서 수행하는 대부분의 명령을 함수로 실행할 수 있다. 다음 예제는 live.txt 파일을 복사하여 live2.txt 파일을 만든다.

filecopy

```
import shutil

shutil.copy("live.txt", "live2.txt")
```

명령행에서 파일을 복사하는 방법과 같아 직관적이며 삭제나 이름 변경 등도 별반 다르지 않다. 원하는 파일이 어디에 있는지 경로를 찾기만 하면 마음대로 요리할 수 있다.

디렉토리 관리 함수

디렉토리는 파일을 저장하는 곳이다. 디렉토리끼리 계층을 이루어 복잡한 파일 시스템을 구성한다. 다음은 디렉토리 관련 함수이다.

함수	설명
os.chdir(d)	현재 디렉토리를 변경한다.
os.mkdir(d)	디렉토리를 생성한다.
os.rmdir(d)	디렉토리를 제거한다.
os.getcwd()	현재 디렉토리를 조사한다.
os.listdir(d)	디렉토리의 내용을 나열한다.
glob.glob(p)	패턴과 일치하는 파일의 목록을 나열한다.

만들고 이름 바꾸고 삭제하는 것은 쉽지만 디렉토리 경로가 여러 개의 요소로 구성된 포맷이어서 정확하게 다루기 어렵다. os.path 모듈에는 디렉토리의 경로를 조사하고 조작하는 여러 가지 함수가 제공된다.

함수	설명
os.path.isabs(f)	절대 경로인지 조사한다.
os.path.abspath(f)	파일의 절대 경로를 구한다.
os.path.realpath(f)	원본 파일의 경로를 구한다.
os.path.exists(f)	파일의 존재 여부를 조사한다.
os.path.isfile(f)	파일인지 조사한다.
os.path.isdir(f)	디렉토리인지 조사한다.

다음 예제는 listdir 함수로 C:\Test 디렉토리에 있는 파일의 목록을 열거한다. 특수 디렉토리인 .과 ..은 제외하고 파일 목록만 출력한다. 다음 항의 실습을 위해 C:\Test에 파일 몇 개를 넣어 둔 후 테스트해 보자.

listdir

```
import os

files = os.listdir("c:\\Test")
for f in files:
    print(f)
```

실행결과	다비치-안녕이라고 말하지마.mp3 멜로디데이-All About.mp3 싸이 - 강남스타일.mp3 아이유-너랑 나.mp3 알리 - 서약.mp3 인증샷-수영복.jpg

mp3 파일 몇 개를 넣어 두고 목록을 출력해 보았다. 파일 목록을 리스트로 만들어 리턴해 주니 for문으로 순회하면 모든 파일의 이름을 구할 수 있으며 개별 파일에 대해 원하는 처리를 할 수 있다.

디렉토리 안에 또 다른 서브 디렉토리가 있을 때는 재귀 호출을 사용하여 전체 파일 목록을 순회한다. 특정 디렉토리 안의 모든 파일에 대해 정보를 조사하거나 조작할 때는 이 방법으로 순회하며 개별 파일의 경로를 얻는다.

listdir2

```
import os

def dumpdir(path):
    files = os.listdir(path)
    for f in files:
        fullpath = path + "\\" + f
        if os.path.isdir(fullpath):
            print("[" + fullpath + "]")
            dumpdir(fullpath)
        else:
            print("\t" + fullpath)

dumpdir("c:\\MP3")
```

```
                [c:\MP3\2016]
                       c:\6.MP3\06-2016\PRODUCE 101-PICK ME.mp3
                       c:\6.MP3\06-2016\TWICE-CHEER UP.mp3
                       c:\6.MP3\06-2016\TWICE-OOH-AHH하게.mp3
                [c:\MP3\2017]
                       c:\6.MP3\07-2017\Apink (에이핑크)-01-FIVE.mp3
                       c:\6.MP3\07-2017\EXO-Ko Ko Bop.mp3
                       c:\6.MP3\07-2017\G-DRAGON-무제(無題).mp3
                ....
```

dumpdir 함수는 인수로 받은 경로에 대해 listdir 함수로 파일 목록을 얻어 출력한다. isdir 함수로 디렉토리인지 조사해 보고 서브 디렉토리인 경우 자기 자신인 dumpdir 함수를 다시 호출하여 디렉토리 내부를 출력한다. 함수가 자기를 다시 호출하는 특이한 구조인데 이 구조를 그대로 재활용하면 특정 디렉토리 아래의 모든 파일과 디렉토리의 경로 목록을 얻을 수 있다.

예제에서는 C:\MP3 폴더를 대상으로 하여 보유한 모든 음악 파일의 목록을 조사한다. 이 폴더가 없다면 자신의 하드디스크에 있는 적당한 폴더로 수정한 후 실행해 보자. 파일의 개별 경로를 구할 수 있어 모든 MP3 파일에 대해 재생하거나 복사하는 등의 동작을 수행할 수 있다.

파일 관리 유틸리티

앞에서 보인 음악 파일은 가수-곡명 순으로 되어 있다. 어떤 사람은 곡명-가수 순으로 음악 파일을 정리하기도 한다. 또한 - 기호 앞뒤로 쓸데없는 공백이 들어 있어 파일명이 길어지고 일관성이 떨어지는 문제도 있다.

이런걸 바꾸려면 일일이 수작업을 해야 하는데 수백, 수천 개나 되는 파일명을 일일이 편집하는 것은 엄청 지겨운 일이다. 이럴 때 파이썬이 유용하다. 문자열 조작 기능이 훌륭해서 짧은 코드 몇 줄로도 파일명을 일괄 변경할 수 있다.

다음 예제는 Test 디렉토리의 모든 음악 파일을 뒤져 -를 기준으로 앞뒤 문자열을 바꾸고 불필요한 공백을 제거한다. 실습을 위해 Test 디렉토리를 생성해 두고 음악 파일을 몇 개 복사해 두자.

changename

```
import os

path = "c:\\Test"
files = os.listdir(path)
for f in files:
    if (f.find("-") and f.endswith(".mp3")):
        name = f[0:-4]
        ext = f[-4:]
        part = name.split("-")
        newname = part[1].strip() + "-" + part[0].strip() + ext
        print(newname)
        os.rename(path + "\\" + f, path + "\\" + newname)
```

실행결과

```
안녕이라고 말하지마-다비치.mp3
All About-멜로디데이.mp3
강남스타일-싸이.mp3
너랑 나-아이유.mp3
서약-알리.mp3
```

listdir 함수로 C:\Test의 모든 파일 목록을 조사한 후 각 파일을 순회한다. 확장자가 mp3이
고 파일명 가운데 − 문자가 있으면 이 파일의 이름을 다시 조립한다. 문자열의 슬라이스 기능
을 활용하여 파일명과 확장자를 분리한다. 확장자가 −4의 위치에 있으니 이 위치를 기준으로
앞뒤로 나누어 name과 ext에 대입한다.

그리고 split 함수를 사용하여 −를 기준으로 파일명인 name을 두 개의 조각으로 나눈다. 파
일명에 − 문자가 있는지는 이미 확인했으므로 최소한 2개의 조각으로 나누어진다. 분리한 조
각을 순서를 바꿔 다시 합치되 각 조각에 대해 strip 함수를 호출하여 불필요한 공백을 제거한
다. 완성된 새이름을 rename 함수로 바꾼다.

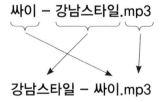

몇 줄 되지도 않는 코드로 수백 개의 파일명을 일괄 변경할 수 있어 편리하다. 탐색기로 일일이 작업하는 대신 스크립트 한번 잘 만들어 두고 돌리는 게 훨씬 더 빠르고 정확하다. 이 예제의 논리는 치밀하지 못해 약점이 많지만 유틸리티 정도는 간편하게 만들 수 있음을 잘 보여 준다.

이 예제를 보면 파이썬의 생산성이 엄청나다는 것을 확실히 알 수 있다. 몇 줄의 스크립트만 작성해도 하루 종일 해야 할 지겨운 반복 작업을 쉽게 그리고 정확하게 처리할 수 있다. 파일명에 일련번호를 붙이거나 서브 디렉토리를 뒤져 중복된 파일을 찾아 주는 정도의 유틸리티는 어렵지 않게 만들어 쓸 수 있다.

14.3 데이터베이스

SQLite

간단한 메모나 그래픽 같은 것은 파일에 직접 저장해 두고 관리할 수 있다. 그러나 수시로 조회하고 변경해야 하는 대용량의 복잡한 정보는 직접 관리하기 어렵다. 이런 정보는 주로 데이터베이스에 저장하는데 DB는 단순히 저장만 하는 것이 아니라 정보를 효율적으로 관리하는 정교한 시스템이다.

은행의 거대한 계좌 정보나 우리가 흔히 사용하는 게시판의 글 목록, 쇼핑몰의 상세한 상품 목록 등이 모두 DB에 저장되고 수시로 추가, 변경, 삭제된다. DB에 저장된 정보를 바탕으로 전산 시스템이 움직이고 돈과 정보가 관리되므로 DB는 현대 문명을 움직이는 거대한 정보의 집합체이다.

이런 소중한 정보를 관리하기 위해 수많은 데이터베이스 관리 시스템(DBMS)이 개발되어 있다. 오라클이나 SQL 서버 등의 상용 제품은 성능이 좋은만큼 굉장히 비싸 개인이 사용하기는 어렵다. 이에 비해 2000년 리처드 힙(Richard Hipp) 박사가 개발한 SQLite는 무료 DBMS여서 누구나 손쉽게 사용할 수 있다.

경량형 DBMS여서 돈 받고 파는 상용 시스템에 비할 바는 아니지만 소규모에 적합하며 일반적인 정보 저장용으로는 충분하다. 파일에 정보를 저장하기 때문에 비싼 서버를 구비하지 않아도 되며 권한이나 다중 사용자를 신경 쓸 필요 없이 간편하게 쓸 수 있다. 다음 사이트에서 상세한 정보를 구할 수 있다.

http://www.sqlite.org

파이썬은 DB 개발에 가장 적합한 언어이다. 데이터베이스 관련 프로그램은 업무 규칙이 수시로 바뀌기 때문에 성능보다는 신속한 대응이 중요하며 파이썬의 높은 생산성은 이런 요구에 적합하다. 언어 자체의 속도는 느리지만 대부분의 데이터 관리 작업은 고성능의 DBMS가 처리하며 스크립트는 SQL문으로 업무 지시만 내리면 된다.

파이썬은 SQLite에 대한 라이브러리를 기본 내장하고 있어 별도의 패키지를 설치하지 않아도 바로 데이터베이스 프로그래밍을 할 수 있다. 접속 인터페이스를 제공하는 sqlite3 모듈만 임포트하면 된다. 다만 DB를 관리하는 별도의 툴이 제공되지 않기 때문에 모든 것을 스크립트로 처리해야 하는 불편함이 있다.

SQLite가 초경량의 DBMS라고는 해도 엄연한 관계형 데이터베이스(RDB) 엔진이다. 따라서 DB의 개념과 구조에 대한 기본 이론과 SQL 스크립트에 대한 선행 학습이 필요하다. SQL은 따로 배워야 할 정도의 전문 과목이어서 여기서 다루는 것은 부적절하며 안다고 가정하고 설명을 전개한다.

테이블 생성

상용 DBMS는 DB와 테이블 디자인을 위한 다양한 툴을 제공하지만 SQLite는 별도의 툴이 없으며 스크립트로 DB를 생성한다. SQLite 셸을 제공하지만 셸에서도 모든 것을 스크립트로 처리하므로 SQL을 알아야만 사용할 수 있다. 실습을 위한 샘플 DB를 만들어 보자. 파이썬에서 SQLite는 보통 다음 절차대로 사용한다.

```
con = sqlite3.connect(DB 파일)
cursor = con.cursor()

# 여기서 SQL 명령을 실행한다.

cursor.close()
con.close()
```

connect 메서드는 DB 파일과 연결하여 데이터베이스를 연다. SQLite는 디스크 기반의 DBMS이며 정보를 저장한 파일을 열어야 이 안의 테이블을 읽고 쓸 수 있다. 임시적으로 사용할 DB라면 :memory: 이라는 이름을 주어 메모리상에 DB를 생성할 수도 있다.

DB 파일과 연결한 후 연결 객체의 cursor 메서드로 커서 객체를 구한다. 커서는 SQL문을 실행하고 결과를 읽는 객체이다. DB와 연결하고 커서를 구한 후 커서의 execute 메서드로 SQL 명령을 수행한다. 다 사용하고 난 후에는 커서와 연결 객체를 닫아 자원을 정리한다.

DB를 조작하는 파이썬 구문은 이 틀을 크게 벗어나지 않으며 DB에 어떤 명령을 수행할 것인 가는 SQL 구문에 따라 달라진다. 데이터의 조회, 삽입, 삭제, 변경은 물론이고 테이블을 생성 및 제거하는 것까지 가능하다. 다음 예제는 주소록 DB를 만들고 샘플 데이터를 생성한다.

makedb
```python
import sqlite3

con = sqlite3.connect('addr.db')
cursor = con.cursor()

cursor.execute("DROP TABLE IF EXISTS tblAddr")
cursor.execute("""CREATE TABLE tblAddr
    (name CHAR(16) PRIMARY KEY, phone CHAR(16), addr TEXT)""")

cursor.execute("INSERT INTO tblAddr VALUES ('김상형', '123-4567', '오산')")
cursor.execute("INSERT INTO tblAddr VALUES ('한경은', '555-1004', '수원')")
cursor.execute("INSERT INTO tblAddr VALUES ('한주완', '444-1092', '대전')")

con.commit()

cursor.close()
con.close()
```

addr.db라는 이름으로 DB를 열고 CREATE TABLE 명령으로 tblAddr 테이블을 생성한다. 한 사람의 주소 정보를 저장하기 위해 이름, 전화번호, 주소 세 개의 필드를 만들고 이름을 기 본 키로 지정했다. 얼마든지 많은 필드를 더 추가할 수 있고 테이블도 더 만들 수 있다.

빈 테이블에서는 실습할 수 없으니 INSERT INTO 명령으로 샘플 데이터 세 개를 추가했다. SQLite는 일관성 확보를 위해 트랜잭션을 지원하며 테이블을 변경한 후에는 commit 메서드 로 변경을 확정한다. commit을 호출하지 않으면 아무것도 적용되지 않는다. DB만 생성하므 로 프로그램 자체의 출력은 없으며 탐색기로 확인해 보면 addr.db 파일이 생성되어 있다.

name	phone	addr
김상형	123-4567	오산
한경은	555-1004	수원
한주완	444-1092	대전

테이블을 생성하기 전에 DROP TABLE 명령으로 tblAddr 테이블이 이미 있으면 삭제한다. 이는 예제를 두 번 실행할 때를 대비하여 기존 실습하던 정보를 지우고 다시 만드는 역할을 한다. 실습 중에 샘플 DB를 리셋하고 싶으면 언제든지 이 예제를 다시 실행하면 된다.

조회

앞에서 만든 DB의 테이블에 데이터가 잘 저장되어 있는지 확인해 보자. 가장 기본적인 SQL 구문인 SELECT 명령은 데이터를 다양한 방식으로 읽는다. 다음 예제는 tblAddr 테이블의 모든 필드를 읽어 덤프한다.

selectdb

```
import sqlite3

con = sqlite3.connect('addr.db')
cursor = con.cursor()

cursor.execute("SELECT * FROM tblAddr")
table = cursor.fetchall()
for record in table:
    print("이름 : %s, 전화 : %s, 주소 : %s" % record)

cursor.close()
con.close()
이름 : 김상형, 전화 : 123-4567, 주소 : 오산
이름 : 한경은, 전화 : 555-1004, 주소 : 수원
이름 : 한주완, 전화 : 444-1092, 주소 : 대전
```

SELECT * FROM tblAddr 스크립트는 tblAddr 테이블의 모든 필드를 다 읽는다는 뜻이다. 일부 필드만 읽거나 조건을 지정하여 특정 레코드만 읽을 수도 있다. 테이블에서 조사한 정보

는 커서가 보관하며 커서의 메서드를 통해 읽는다.

fetchall 메서드는 모든 레코드를 한꺼번에 읽어 리스트로 리턴하며 읽을 것이 없으면 빈 리스트를 돌려준다. 리스트를 순회하며 레코드를 하나씩 꺼내 출력하는데 레코드는 필드의 집합인 튜플이다. record[0]에 이름, record[1]에 전화번호, record[2]에 주소가 저장되어 있다. 서식 조립문이 튜플을 받으므로 record 자체를 전달하면 세 요소가 차례대로 %s 서식에 대응된다.

fetchall 메서드는 한꺼번에 다 읽는다는 면에서 편리하지만 레코드가 굉장히 많을 때는 성능상 불리할 수도 있다. 커서의 배열 크기 제한이 있어 너무 큰 배열은 메모리를 많이 소모한다. 이럴 때는 fetchone 메서드로 한 레코드씩 순서대로 읽는 것이 좋다.

selectdb2

```python
import sqlite3

con = sqlite3.connect('addr.db')
cursor = con.cursor()

cursor.execute("SELECT * FROM tblAddr")
while True:
    record = cursor.fetchone()
    if record == None:
        break
    print("이름 : %s, 전화 : %s, 주소 : %s" % record)

cursor.close()
con.close()
```

fetchone 메서드는 레코드 하나를 읽으며 반복적으로 호출하면 다음 레코드를 계속 읽어 준다. 더 읽을 레코드가 없으면 None을 리턴한다. 무한 루프를 돌며 더 이상 읽을 레코드가 없을 때까지 반복하면 모든 레코드를 순서대로 읽게 된다. 실행 결과는 앞 예제와 같되 테이블이 작아 성능상의 차이는 거의 없다.

SELECT문의 ORDER BY절은 레코드를 읽는 순서를 지정한다. 별다른 지정이 없으면 테이블에 기록된 순서대로 읽지만 정렬할 필드를 지정하면 해당 필드를 기준으로 오름차순 정렬된다. 다음 예제는 ORDER BY addr 구문에 의해 주소순으로 오름차순 출력한다. 내림차순으로 정렬하려면 뒤에 DESC를 붙인다.

drderby

```
import sqlite3

con = sqlite3.connect('addr.db')
cursor = con.cursor()

cursor.execute("SELECT * FROM tblAddr ORDER BY addr")
table = cursor.fetchall()
for record in table:
    print("이름 : %s, 전화 : %s, 주소 : %s" % record)

cursor.close()
con.close()
이름 : 한주완, 전화 : 444-1092, 주소 : 대전
이름 : 한경은, 전화 : 555-1004, 주소 : 수원
이름 : 김상형, 전화 : 123-4567, 주소 : 오산
```

WHERE절은 조건을 지정하여 원하는 레코드만 검색한다. 특정 필드의 값이나 대소 관계에 따라 조건에 맞는 레코드만 읽는다. 다음 예제는 이름이 '김상형'인 사람의 addr 필드만 읽어 주소지를 출력한다.

orderbydesc

```
import sqlite3

con = sqlite3.connect('addr.db')
cursor = con.cursor()

cursor.execute("SELECT addr FROM tblAddr WHERE name = '김상형'")
record = cursor.fetchone()
print("김상형은 %s에 살고 있습니다." % record)

cursor.close()
con.close()
김상형은 오산에 살고 있습니다.
```

WHERE name = '김상형'이라는 조건문이 name 필드가 '김상형'인 레코드를 의미한다. 숫자 필드는 부동 비교도 가능하며 BETWEEN, IN 등의 연산자로 범위나 포함 여부 검색도 가능하다. 문자열은 LIKE 연산자로 부분 검색도 가능한데 WHERE name LIKE '한%' 조건문은 성이 한가인 사람을 검색한다.

수정 및 삭제

레코드의 특정 필드 값을 수정할 때는 UPDATE 명령을 사용한다. 모든 레코드를 일괄 수정하는 것이 아니라 보통은 특정 조건에 맞는 레코드만 검색해 수정한다. 그래서 UPDATE 명령은 통상 WHERE절과 함께 사용한다.

updatedb

```
import sqlite3

con = sqlite3.connect('addr.db')
cursor = con.cursor()

cursor.execute("UPDATE tblAddr SET addr = '제주도' WHERE name = '김상형'")
con.commit()

cursor.close()
con.close()
```

이름이 김상형인 사람을 찾아 addr 필드를 제주도로 변경한다. 수정, 삭제 등 테이블을 변경하는 모든 동작은 commit 메서드를 호출해야 적용된다. 별도의 출력은 없으므로 앞 예제를 실행하여 잘 변경되었는지 확인해 보자. 오산에 살다가 제주도로 이사간 것으로 출력된다.

레코드를 삭제할 때는 DELETE 명령을 사용한다. 조건 없이 사용하면 테이블의 모든 레코드가 삭제되므로 DELETE 명령도 보통 WHERE절과 함께 사용하여 특정 조건에 맞는 레코드만 찾아 삭제한다. 다음 예제를 실행하면 첫 번째 레코드가 삭제된다.

```
import sqlite3

con = sqlite3.connect('addr.db')
cursor = con.cursor()

cursor.execute("DELETE FROM tblAddr WHERE name = '김상형'")
con.commit()

cursor.close()
con.close()
```

이상으로 파이썬에서 SQLite를 사용하여 테이블을 생성하고 레코드를 조회, 삽입, 삭제, 수정하는 간단한 실습을 해 보았다. 보다시피 데이터베이스 프로그래밍은 언어 자체의 기능은 별로 사용하지 않으며 SQL 스크립트로 모든 것을 처리한다. 파이썬은 SQLite와의 인터페이스만 제공해 줄 뿐이다.

결국 데이터베이스를 자유자재로 다루려면 DB 관련 이론을 배운 후 SQL 스크립트를 잘 구사할 수 있어야 한다. SQL 스크립트 자체가 하나의 과목이며 오랜 기간 경험을 쌓아야 할 정도로 복잡하다. 관심 있는 사람은 SQL을 따로 공부해 보도록 하자.

1. 사용자로부터 이름을 입력받아 name.txt 파일에 기록하라.

2. name.txt 파일을 읽어 화면으로 출력하라. 편의상 예외 처리 구문은 생략한다.

3. 파일의 입출력 위치를 변경하는 함수는?

   ① move

   ② tell

   ③ seek

   ④ position

15장

클래스

클래스의 정의

스크립트 언어는 원래 가볍게 쓰는 것이 주목적이어서 어렵고 난해한 객체지향을 지원하는 경우가 드물다. 복잡하고 정교한 클래스 계층을 구축하기에는 언어적인 한계가 있기 때문이다. 파이썬은 스크립트 언어임에도 불구하고 C++과 모듈라3의 문법을 계승하여 간단한 클래스 정의뿐만 아니라 연산자 오버로딩, 다중상속까지 지원한다.

그러나 진짜 객체지향 언어인 C++이나 자바에 비해 형식성이 떨어지며 기능도 많이 부족한 편이다. 파이썬은 객체지향을 지원만 할 뿐 완성도가 떨어져 초보자가 객체지향을 배우기에 적합한 언어는 아니다. 객체지향의 캡슐화, 추상화, 상속, 다형성 개념은 익숙해지는 데 상당한 시간과 실습이 필요하다. 여기서는 개념보다 사용법 위주로 요약적으로 알아보자.

객체지향의 가장 기본적인 개념이 클래스이다. 클래스는 관련된 속성과 동작을 하나의 범주로 묶어 실세계의 사물을 흉내 낸다. 사물을 분석하여 필요한 속성과 동작을 추출하는 것을 모델링이라고 하며 모델링된 결과를 클래스로 포장하는 것을 캡슐화라고 한다. 다음 예제를 통해 캡슐화의 의미와 효과에 대해 연구해 보자.

capsule

```python
balance = 8000

def deposit(money):
    global balance
    balance += money

def inquire():
    print("잔액은 %d원입니다." % balance)

deposit(1000)
inquire()
```

실행결과　잔액은 9000원입니다.

balance 변수는 예금 잔액을 표현한다. deposit 함수는 입출금 동작을 수행하여 balance를 증감시키고 inquire 함수는 잔액을 조회하여 출력한다. 이 셋은 계좌라는 실세계의 사물을 표현하는 하나의 묶음이다. 계좌는 잔액이라는 속성을 가지며 입출금과 조회라는 동작을 하는데 이들은 서로 긴밀하게 연관되어 있다.

잔액은 입출금이나 조회를 통해 그 존재를 표현하며 입출금과 조회는 잔액을 대상으로 한다. 셋 중 하나라도 없으면 계좌를 제대로 표현하기 어렵다. 이처럼 긴밀하게 연관된 정보는 모여 있어야 완벽하게 동작하며 하나의 범주로 묶어야 관리하기 편하다. 이것이 바로 캡슐화이며 클래스로 묶어 두면 계좌를 쉽게 표현할 수 있다.

캡슐화해 두면 여러 개의 계좌를 만들기도 쉽다. 캡슐화하지 않은 상태에서 두 개의 계좌가 필요하다면 balance2 변수를 만들고 이 변수를 관리하는 deposit2, inquire2 함수도 각각 따로 만들어야 한다. 계좌가 필요할 때마다 매번 속성과 동작을 새로 만들어야 하는 낭비가 있는데 캡슐화해 두면 객체만 만들면 된다. 다음 예제는 계좌를 클래스로 캡슐화한다.

account

```
class Account:
    def __init__(self, balance):
        self.balance = balance
    def deposit(self, money):
        self.balance += money
    def inquire(self):
        print("잔액은 %d원입니다." % self.balance)

sinhan = Account(8000)
sinhan.deposit(1000)
sinhan.inquire()

nonghyup = Account(1200000)
nonghyup.inquire()
```

실행결과	잔액은 9000원입니다. 잔액은 1200000원입니다.

클래스 정의 문법은 잠시 후에 알아보기로 하자. Account라는 이름의 클래스를 정의하고 잔액 속성과 입출금, 조회 동작을 구현한다. 필요한 속성과 동작이 Account 클래스로 캡슐화되

어 있어 이 클래스만 가져가면 어디서나 재사용할 수 있다. 또 모든 것이 클래스 안에 포함되어 있어 Account 클래스로부터 계좌를 얼마든지 만들 수 있다.

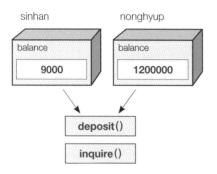

계좌 객체는 속성인 잔액을 각자 따로 가지며 입출력, 조회 메서드는 공유한다. 기억장소가 분리되어 있어 고유의 값을 저장할 수 있으며 같은 클래스로부터 생성된 객체의 동작은 같다. 실세계의 사물은 고유한 속성과 동작으로 구성된다. 과연 그런지 사물을 모델링해 보자.

- **사람** : 이름, 나이, 주소, 성별
- **차** : 배기량, 연료 종류, 탑승 인원, 색상
- **책** : 저자, 출판사, 페이지 수, 가격

사물의 속성은 변수로 표현하고 동작은 함수로 표현할 수 있어 클래스로 캡슐화하면 세상의 모든 사물을 다 표현할 수 있다. 클래스를 구성하는 변수와 함수를 합쳐 멤버라고 통칭하며 클래스에 소속된 함수를 특별히 메서드라고 부른다.

사물을 분석하여 클래스로 정의해 두면 클래스로부터 객체를 얼마든지 만들 수 있다. 잘 만들어진 객체는 프로그램을 구성하는 부품이 된다. 부품이 완벽하면 부품만 조립하여 객체 간의 관계를 정의하는 식으로 프로그램을 쉽게 완성할 수 있다. 이것이 조립식의 객체지향 프로그래밍 방법이며 구조적 방법에 비해 생산성이 월등히 높다.

생성자

파이썬의 클래스 선언 형식은 다음과 같다. 키워드 class로 시작하고 클래스 이름을 적되 대상을 잘 표현하는 이름을 붙인다. 클래스는 변수나 함수보다는 덩치가 커 첫 자를 대문자로 적는

것이 관행이다. 앞서 계좌 클래스는 Account라는 이름을 붙였다.

```
class 이름:
    def __init__(self, 초기값):
        멤버 초기화
    메서드 정의
```

클래스 선언문 안에 속성에 해당하는 변수와 동작에 해당하는 메서드를 나열한다. 첫 번째 메서드는 통상 객체를 초기화하는 __init__ 생성자이다. 앞뒤로 밑줄 두 개가 있는 메서드를 특수 메서드라고 하는데 용도와 이름이 미리 정해져 있다.

메서드의 첫 번째 인수는 자기 자신을 의미하는 self이며 멤버 참조 시 self.멤버 구문을 사용한다. 인수명인 self는 키워드가 아니어서 아무 이름이나 쓸 수 있지만 self라는 명칭을 쓰는 것이 관행이다. C나 자바에서 암묵적으로 전달되는 this에 해당하되 파이썬은 명시적으로 전달해야 한다.

__init__의 나머지 인수로 멤버의 초기값을 전달받아 대입한다. 파이썬은 변수를 선언하는 문법이 없어 멤버 변수를 따로 선언하지 않는다. 대신 __init__에서 초기값을 받아 대입하는 형식으로 멤버를 생성한다. 생성자에서 self.멤버 = 초기값 형식으로 대입하면 클래스의 멤버 변수가 된다. Account 클래스는 잔액을 기억하는 balance 멤버 변수를 가진다.

생성자 외에 더 필요한 메서드를 아래쪽에 정의한다. Account 클래스는 입출금하는 deposit 메서드와 잔액을 조회하는 inquire 메서드를 정의하였다. 다음 예제는 실세계의 사람을 표현하는 Human 클래스를 선언한다. 사람은 여러 가지 속성을 가지는데 간략하게 나이와 이름을 멤버로 선언하고 자기를 소개하는 동작 정도만 메서드로 정의해 보자.

human

```
class Human:
    def __init__(self, age, name):
        self.age = age
        self.name = name
    def intro(self):
        print(str(self.age) + "살 " + self.name + "입니다.")
```

```
kim = Human(29, "김상형")
kim.intro()
lee = Human(45, "이승우")
lee.intro()
```

실행결과	29살 김상형입니다. 45살 이승우입니다.

__init__ 생성자는 나이와 이름을 인수로 전달받아 멤버에 대입하여 초기화한다. 생성자에서 age는 인수로 전달받은 값이고 self.age는 객체의 멤버이다. self.age에 초기값을 대입함으로써 age 멤버가 생성된다. 객체를 생성하는 구문은 다음과 같다.

객체 = 클래스명(인수)

클래스 이름을 함수처럼 호출하되 인수로 초기값을 전달한다. 객체를 먼저 생성한 후 이 객체를 생성자인 __init__의 첫 번째 인수 self로 전달하고 생성문에서 전달한 인수는 두 번째 이후의 인수로 전달되어 새로 생성되는 객체의 멤버에 대입된다.

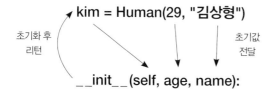

__init__ 생성자는 객체 생성 직후에 호출되어 멤버를 초기화하는 중요한 역할을 담당한다. 그래서 이름이 정해져 있고 대부분의 클래스가 가지는 필수 메서드이다. 객체가 소멸될 때 자동으로 호출되는 __del__ 파괴자도 있으나 파이썬은 메모리 관리가 자동화되어 있어 잘 사용하지 않는다.

메서드는 필요한 만큼 얼마든지 선언할 수 있다. intro 메서드는 self의 나이와 이름을 조립하여 화면에 출력함으로써 자신을 소개한다. 객체.메서드() 식으로 호출하면 객체가 메서드의 첫 번째 인수인 self로 전달되며 메서드는 self.age, self.name 식으로 객체의 멤버를 읽는다. 또는 클래스.메서드(객체) 식으로 호출할 수도 있다. 다음 두 호출문은 같은 문장이다.

```
kim.intro()
Human.intro(kim)
```

클래스를 잘 정의해 놓으면 같은 타입의 객체를 얼마든지 찍어낼 수 있다. 객체를 선언할 때마다 새로운 기억장소가 할당되고 생성자에서 각자의 초기값을 대입한다. Human으로부터 만들어진 kim, lee는 객체이며 고유한 멤버 값을 유지한다. 클래스로부터 생성된 각각의 객체를 인스턴스라고 부른다.

상속

상속은 기존 클래스를 확장하여 멤버를 추가하거나 동작을 변경하는 방법이다. 비슷한 클래스가 있다면 처음부터 다시 만들 필요 없이 상속받아 약간씩 확장 및 변형하여 사용한다. 상속을 받을 때는 클래스 이름 다음의 괄호 안에 부모 클래스의 이름을 지정한다.

```
class 이름(부모):
    ....
```

새로 정의되는 자식 클래스는 부모 클래스의 모든 멤버를 물려받는다. 일단 물려받은 후 추가로 멤버를 더 정의하거나 동작을 수정할 수 있다. 다음 예제는 사람을 표현하는 Human 클래스를 상속받아 학생을 표현하는 Student 클래스를 정의한다.

student

```
class Human:
    def __init__(self, age, name):
        self.age = age
        self.name = name

    def intro(self):
        print(str(self.age) + "살 " + self.name + "입니다")


class Student(Human):
    def __init__(self, age, name, stunum):
        super().__init__(age, name)
```

```
            self.stunum = stunum

    def intro(self):
        super().intro()
        print("학번 : " + str(self.stunum))

    def study(self):
        print("하늘천 따지 검을현 누를황")


kim = Human(29, "김상형")
kim.intro()
lee = Student(34, "이승우", 930011)
lee.intro()
lee.study()
```

학생은 사람보다 특수하고 구체적이어서 더 많은 속성과 동작을 가진다. 상속받은 후 더 필요한 멤버를 얼마든지 추가 선언할 수 있다. 학생은 나이와 이름 외에도 학번이라는 정보를 가지므로 이를 저장하기 위해 stunum 멤버를 추가했다. 또한 공부하는 동작도 가능해서 study 메서드를 추가로 정의했다.

자식 클래스에서 부모의 메서드를 호출할 때는 super() 메서드로 부모를 구해 호출한다. 자식은 모든 것을 직접 처리할 필요 없이 부모에 이미 정의되어 있는 기능을 호출하여 사용한다. Student의 __init__는 인수로 전달받은 나이와 이름을 초기화하기 위해 부모의 생성자인 super().__init__를 호출한다. 부모의 생성자를 호출하는 대신 직접 멤버를 초기화할 수도 있다.

```
def __init__(self, age, name, stunum):
    self.age = age
    self.name = name
    self.stunum = stunum
```

그러나 이렇게 하면 부모가 변경될 때 자식도 같이 수정해야 하는 불편함이 있어 상속의 장점이 반감되며 코드를 관리하기 어렵다. 부모로부터 물려받은 멤버는 부모의 생성자에게 초기화를 위임하고 직접 추가한 멤버만 초기화하는 것이 정석이다.

자식은 부모의 모든 메서드를 물려받는다. Student가 intro 메서드를 따로 정의하지 않더라도 학생은 자기소개를 할 수 있다. 학생은 일종의 사람이어서 사람이 할 수 있는 모든 동작을 할 수 있기 때문이다. 위 예제에서 Student의 intro를 삭제해도 lee 객체는 부모의 intro 메서드를 통해 자기소개를 해 낸다.

필요하다면 같은 이름의 메서드를 재정의(Override)하여 부모의 동작을 원하는 대로 수정한다. Student는 intro를 다시 정의하여 부모의 intro를 통해 나이와 이름을 출력한 후 자신의 학번도 출력한다. 부모의 메서드를 아예 호출하지 않고 완전히 다르게 작성할 수도 있다.

```
def intro(self):
    print("%d학번 %s입니다." % (self.stunum, self.name))
```

한 클래스로부터 상속되는 자식 클래스의 개수에는 제한이 없다. Human으로부터 Teacher, Soldier, Programmer 등등 얼마든지 많은 클래스를 파생시킬 수 있다. 각 자식 클래스는 표현하는 실제 사물에 맞는 속성과 동작을 추가한다. Teacher 클래스는 담당 과목 속성을 가지고 수업한다는 동작을 할 것이다.

상속을 받은 자식 클래스가 또 다른 클래스를 파생시킬 수도 있는데 Student로부터 대학원생 클래스인 Graduate를 파생시키면 된다. 파생될수록 클래스는 더 특수한 대상을 표현하게 되어 속성과 동작이 더 늘어난다. 상속의 횟수나 깊이에 제한이 없기 때문에 굉장히 복잡한 클래스 계층이 생성되기도 한다.

파이썬은 여러 개의 부모로부터 클래스를 파생시키는 다중 상속까지 지원한다. 그러나 다중 상속은 프로그램을 복잡하게 만드는 부작용이 있어 컴파일 언어조차도 잘 사용하지 않는 말썽 많은 기능이다. 꼭 필요한 경우도 있지만 가급적이면 사용하지 않는 것이 바람직하다.

액세서

객체가 부품으로서의 안정성을 확보하려면 외부의 부주의한 사용으로부터 자기 자신을 방어해야 한다. 이를 정보 은폐 기능이라고 하는데 전통적인 객체지향 언어에 비해 파이썬은 공식적으로 정보 은폐를 지원하지 않는다. 그래서 파이썬 클래스의 멤버는 모두 공개되어 있으며 외부에서 누구나 액세스할 수 있다.

```
kim = Human(29, "김상형")
kim.name = "정우성"
kim.age = 46
```

kim 객체를 초기화한 후 외부에서 name과 age 멤버를 마음대로 변경할 수 있다. 이런 정보의 공개는 굉장히 위험하다. 실수나 우발적인 사고로 인해 kim.age = 1238 같은 엉뚱한 값을 대입할 수 있어 언제 오작동할지 모른다.

멤버를 외부에서 마음대로 조작하게 내 버려두는 것보다는 일정한 규칙을 마련하고 안전하게 액세스하도록 해야 한다. 여러 가지 방법이 있는데 멤버 값을 대신 읽어 주는 게터(Getter) 메서드와 변경하는 세터(Setter) 메서드를 정의하는 것이 보편적이다.

getset
```
class Date:
    def __init__(self, month):
        self.month = month
    def getmonth(self):
        return self.month
    def setmonth(self, month):
        if 1 <= month <= 12:
            self.month = month

today = Date(8)
today.setmonth(15)
print(today.getmonth())
```
실행결과　　8

Date 클래스는 날짜를 표현하는데 편의상 월 정보인 month만 멤버로 선언했다. 월은 1 ~ 12 사이의 범위에 있을 때만 유효하며 15월이나 −8월은 의미 없다. 게터는 month 멤버의 값을 읽어만 주는 데 비해 세터는 1 ~ 12 사이의 유효한 값만 받아들이고 그 외의 값은 무시한다. setmonth(15)로 잘못 호출해도 객체가 엉뚱한 값을 가지지 않아 안전하다.

month 멤버는 숨겨 놓고 게터, 세터만 쓰도록 한다면 객체의 안전을 어느 정도 지킬 수 있다. 그러나 사용자가 멤버의 이름을 알고 있으니 today.month = 123이라고 대입해 버리면 이때는 방어할 방법이 없다. 좀 더 안전한 방법은 멤버의 이름을 어렵게 만들고 게터, 세터를 정의한 후 property(getter, setter) 형식으로 프로퍼티를 정의하는 것이다.

property

```python
class Date:
    def __init__(self, month):
        self.inner_month = month
    def getmonth(self):
        return self.inner_month
    def setmonth(self, month):
        if 1<= month <= 12:
            self.inner_month = month
    month = property(getmonth, setmonth)

today = Date(8)
today.month = 15
print(today.month)
```

실제 정보를 저장하는 멤버는 inner_month로 정의하고 month 프로퍼티를 통해 내부 멤버를 액세스하는 게터, 세터와 연결한다. month 프로퍼티를 읽고 쓰면 게터, 세터가 호출되어 안전하다. 프로퍼티를 통해 게터, 세터는 직접 호출할 수 있지만 today.month에 15를 대입하는 것은 허락되지 않는다.

데커레이터로도 프로퍼티를 정의할 수 있다. 메서드의 이름을 month로 쓰고 데이커레이터를 붙이되 게터는 @property를 붙이고 세터는 @이름.setter를 붙인다.

```
class Date:
    def __init__(self, month):
        self.inner_month = month
    @property
    def month(self):
        return self.inner_month
    @month.setter
    def month(self, month):
        if 1 <= month <= 12:
            self.inner_month = month

today = Date(8)
today.month = 15
print(today.month)
```

데커레이터로 정의하면 액세서는 노출되지 않아 외부에서 직접 호출할 수 없으며 속성에 잘못된 값을 대입하면 거부된다. 세터를 정의하지 않으면 읽기 전용으로 만들 수 있다. 그러나 프로퍼티를 쓰더라도 숨겨진 멤버의 이름을 알고 있다면 today.inner_month = 15로 대입하는 것은 막을 수 없다.

숨겨진 멤버의 이름을 __로 시작하면 이 멤버를 바로 참조하지 못하도록 특수한 이름을 붙인다. 다음 코드는 __month로 이름을 바꿈으로써 값이 함부로 변경되지 않도록 한다.

```
class Date:
    def __init__(self, month):
        self.__month = month
    def getmonth(self):
        return self.__month
    def setmonth(self, month):
        if 1 <= month <= 12:
            self.__month = month
    month = property(getmonth, setmonth)

today = Date(8)
today.__month = 15
print(today.month)
```

__가 붙으면 내부적인 실제 이름을 _클래스명__멤버명으로 복잡하게 만든다. 즉 __month는 _Date__month가 된다. 사용자가 이런 복잡한 이름을 알아내 실수로 대입할 위험을 막을 수 있다. 물론 이 숨겨진 이름도 직접 대입하면 바꿀 수 있지만 최소한 의도치 않은 실수는 막을 수 있다.

파이썬이 언어 차원에서 정보 은폐를 지원하지 않기 때문에 여러 가지 꼼수가 동원된다. 너무 복잡한 방법까지 쓸 필요는 없고 게터, 세터 정도만 잘 작성해도 어느 정도의 안전성은 확보할 수 있다.

여러 가지 메서드

클래스 메서드

일반적인 메서드는 객체에 소속되는 인스턴스 메서드이다. 첫 번째 인수 self를 받아 이 객체에 대한 작업을 수행한다. Human의 intro 메서드는 kim, lee 객체에 대해 호출되며 kim, lee 객체의 나이와 이름을 조사하여 출력한다. kim.intro() 호출문에서 호출 객체 kim이 intro의 self 인수로 전달되므로 intro 메서드에서 읽는 self.age는 kim 객체의 나이이다.

이에 비해 클래스 메서드는 특정 객체에 대한 작업을 처리하는 것이 아니라 클래스 전체가 공유한다. 함수 앞에 @classmethod 데커레이터를 붙이고 첫 번째 인수로 클래스에 해당하는 cls 인수를 받아들인다. 다음 예제의 Car 클래스는 차를 표현하되 생성된 객체의 개수를 count 변수에 기억한다.

classmethod

```
class Car:
    count = 0
    def __init__(self, name):
        self.name = name
        Car.count += 1
    @classmethod
    def outcount(cls):
        print(cls.count)

pride = Car("프라이드")
korando = Car("코란도")
Car.outcount()
```

실행결과 2

클래스 선언문에서 초기화한 count 변수는 Car 클래스 소속이다. 특정 객체에 소속되지 않으며 이 클래스로부터 생성되는 모든 객체가 공유한다. 최초 선언될 때 0으로 초기화하고 __init__에서 차를 한 대 생성할 때마다 1씩 증가한다. 이 값을 출력하는 outcount 메서드는 클래스 전체의 공유 값인 count를 출력한다.

예제에서 2대의 Car 객체를 생성했다. 매 객체가 생성될 때마다 count를 1씩 증가시키므로 2
대를 만든 후 outcount 메서드를 호출하면 2가 출력된다. 클래스 멤버는 모든 객체에 의해 공
유되므로 각 객체에서도 참조할 수 있다. 다음과 같이 호출해도 2가 출력된다.

```
print(pride.count)
```

이때의 pride는 객체를 의미하는 것이 아니라 이 객체가 소속된 클래스를 의미하며 korando.
count라고 해도 마찬가지이다. count는 특정 객체 소속이 아닌 클래스 소속이므로 외부에서
는 Car.count 형식으로 참조하는 것이 원칙적이며 다른 사람이 소스를 볼 때도 클래스 소속
임을 분명히 알 수 있어 바람직하다.

정적 메서드

정적 메서드는 클래스에 포함되는 단순한 유틸리티 메서드이다. 특정 객체에 소속되지 않고
클래스와 관련된 동작을 하는 것도 아니어서 self나 cls를 인수로 받지 않는다. 정의할 때 @
staticmethod 데커레이터를 붙인다.

staticmethod
```
class Car:
    @staticmethod
    def hello():
        print("오늘도 안전 운행 합시다.")
    count = 0
    def __init__(self, name):
        self.name = name
        Car.count += 1
    @classmethod
    def outcount(cls):
        print(cls.count)

Car.hello()
```
실행결과   오늘도 안전 운행 합시다.

클래스나 객체와 직접적인 연관이 없고 단순히 클래스에 소속되어 있을 뿐이다. 그래서 객체가 전혀 없어도 호출할 수 있으며 객체와 상관없는 아주 일반적인 동작만 가능하다. 클래스에 포함되어 있으므로 호출할 때는 클래스명.메서드() 식으로 호출한다.

위 예제의 hello는 단순히 인사말만 출력할 뿐 자동차와는 아무런 상관이 없다. 모든 객체가 빈번히 호출하는 공통적인 도우미 함수를 클래스 안에 포함시켜 두고자 할 때 정적 메서드를 사용한다.

연산자 메서드

기본 타입은 연산자를 사용하여 객체끼리 연산한다. 1 + 2로 숫자를 더하기도 하고 "seoul" + "pusan"으로 문자열을 연결하기도 한다. 클래스에 연산자 메서드를 정의하면 객체에 대해서도 연산자를 사용할 수 있다.

클래스별로 연산자의 동작을 고유하게 정의하는 기능을 연산자 오버로딩이라고 한다. 피연산자의 타입에 따라 적절한 동작을 정의해 두면 객체를 수식에 바로 활용할 수 있어 편리하다. 연산자는 기호로 되어 있어 함수의 이름으로 쓸 수 없기 때문에 연산자별로 메서드의 이름이 정해져 있다.

연산자	메서드	우변일 때의 메서드
==	__eq__	
!=	__ne__	
〈	__lt__	
〉	__gt__	
〈=	__le__	
〉=	__ge__	
+	__add__	__radd__
−	__sub__	__rsub__
*	__mul__	__rmul__
/	__div__	__rdiv__
/(division 임포트)	__truediv__	__rtruediv__

//	__floordiv__	__rfloordiv__
%	__mod__	__rmod__
**	__pow__	__rpow__
≪	__lshift__	__rlshift__
≫	__rshift__	__lshift__

보통 a + 2 형식으로 객체가 좌변에 오지만 2 + a 형식으로 우변에 올 때는 앞에 r이 붙은 함수명을 사용한다. 교환법칙이 성립하는 연산자는 우변일 때의 연산자 메서드가 필요 없다. 다음 예제는 Human 클래스에 __eq__ 메서드를 정의하여 사람끼리 == 연산자로 비교한다.

eqop

```
class Human:
    def __init__(self, age, name):
        self.age = age
        self.name = name
    def __eq__(self, other):
        return self.age == other.age and self.name == other.name

kim = Human(29, "김상형")
sang = Human(29, "김상형")
moon = Human(44, "문종민")
print(kim == sang)
print(kim == moon)
```

실행결과
```
True
False
```

객체끼리 어떻게 비교할 것인가는 클래스별로 다르다. Human 클래스의 경우 이름과 나이를 비교해 보고 둘 다 일치하면 같은 사람으로 평가한다. 어떤 멤버를 비교할 것인지, 어떤 식으로 비교할 것인지 자유롭게 결정할 수 있다. 영문 이름이라면 대소문자를 구분할 것인지, 생년월일을 어떤 식으로 비교할 것인지에 따라 비교 동작이 달라진다.

연산자도 인수를 받아 결과를 리턴한다는 면에서 사실 함수와 기능이 같다. 연산자 대신 같은 사람인지 평가하는 equal이라는 이름의 함수로 정의할 수도 있지만 함수에 비해 연산자는 훨씬 더 직관적이다.

```
kim.equal(sang)
kim == sang
```

연산자는 함수에 비해 호출 구문이 간단하고 의미가 분명해 사용하기 쉽다. 사람끼리 더하거나 곱하는 것도 가능하되 논리적으로 합당한 의미가 있어야 한다.

특수 메서드

다음 메서드는 특정한 구문에 객체가 사용될 때 미리 약속된 작업을 수행한다. 이 메서드를 정의해 두면 필요할 때 자동으로 호출되어 객체에 대해 원하는 작업을 수행한다.

메서드	설명
__str__	str(객체) 형식으로 객체를 문자열화한다.
__repr__	repr(객체) 형식으로 객체의 표현식을 만든다.
__len__	len(객체) 형식으로 객체의 길이를 조사한다.

__str__ 함수는 객체를 문자열화하여 표현하는데 이 함수를 정의해 두면 print의 인수로 객체 자체를 넘길 수 있다.

---

clsstr

```
class Human:
    def __init__(self, age, name):
        self.age = age
        self.name = name
    def __str__(self):
        return "이름 %s, 나이 %d" % (self.name, self.age)

kim = Human(29, "김상형")
print(kim)
```

실행결과   이름 김상형, 나이 29

객체의 정보를 화면에 출력하려면 객체를 문자열로 바꾸어야 한다. print 함수는 출력 대상을 str 함수로 문자열화하여 출력하고, str 함수는 객체의 __str__ 함수를 호출하도록 되어 있다.

Human이 __str__ 함수를 정의하고 있으므로 print로 객체를 전달하면 이름과 나이가 출력되어 객체 상태를 쉽게 알 수 있다. 만약 이 함수가 없으면 객체의 소속과 번지가 출력된다.

```
<__main__.Human object at 0x00B800D0>
```

이런 기계적인 형식보다는 잘 포맷팅된 문자열이 훨씬 더 읽기 쉽고 객체의 주요 특성을 빨리 파악할 수 있다. 객체가 스스로의 상태를 잘 표현하면 사용자가 객체를 쉽게 판별할 수 있고 디버깅도 쉬워진다.

__repr__ 함수는 사람을 위한 출력문이 아닌 해석기를 위한 표현식을 생성한다는 면에서 단순 문자열과는 약간 다르다. 이 함수는 eval 함수를 먼저 알아야 이해할 수 있으므로 다음 기회에 따로 알아보자. __len__ 함수는 len(객체) 형식으로 객체의 길이를 조사할 때 돌려줄 값을 리턴한다.

15장

clslen

```
class Human:
    def __init__(self, age, name):
        self.age = age
        self.name = name
    def __len__(self):
        return self.age

kim = Human(29, "김상형")
print(len(kim))
```

실행결과   29

__len__ 함수를 정의해 놓았기 때문에 kim 객체를 len 함수의 인수로 전달할 수 있다. Human 클래스는 사실 딱히 길이라고 할만한 정보가 없어 좀 억지스럽지만 나이를 리턴했다. 키 멤버가 있다면 키를 리턴하는 것이 더 적당할 듯하다. 컬렉션 클래스라면 요소의 개수를 리턴하는 것이 가장 적합한 사용 예이다.

15.3 유틸리티 클래스

Decimal

클래스는 하나의 타입과 같다. 언어 차원에서 지원하지 않는 고급 기능은 라이브러리의 클래스가 지원한다. 파이썬은 많은 유용한 클래스를 제공하며 레퍼런스에 목록이 정리되어 있는데 이 중 몇 가지를 연구해 보자.

컴퓨터는 원래 정수적인 존재이며 정수를 가장 잘 표현한다. 이진수로 실수를 표현할 수도 있지만 무한한 정밀도를 가지는 실수를 정확하게 표현하기는 어렵다. 게다가 이진법과 십진법의 차이로 인해 10진 실수는 더 많은 오차가 있다. 다음 예제를 실행해 보자.

floaterror

```
f = 0.1
sum = 0
for i in range(100):
    sum += f
print(sum)
```

실행결과   9.99999999999998

0.1을 100번 더하면 결과는 당연히 10이 되어야 하지만 실제 연산 결과는 상식과 다르게 나타난다. 이 정도면 오차율이 지극히 낮아 무시해도 될 정도지만 어쨌든 정확하게 10.0으로 떨어지지 않는다.

이런 오차가 발생하는 이유는 2진 실수로 십진 실수인 0.1을 정확하게 표현할 수 없기 때문이다. 10진 실수도 비슷한 문제가 있는데 1/3은 0.33333으로 무한 반복되어 10진 실수로 정확히 표현할 수 없다. 2의 거듭제곱으로 표기하는 2진 실수도 0.1이 무한 반복 소수가 된다.

```
0.0001100110011001100......
```

0.1 자체에 미세한 오차가 있기 때문에 이 작은 오차를 100번 모으면 엉뚱한 숫자가 되어 버리는 것이다. 수학적으로 용인할만한 수준의 오차여서 공학, 천문 분야에도 별 문제는 없다. 하지만 보기 싫다는 게 단점인데 금융이나 통계에는 이런 오차도 허용되지 않는다. 잔액이 30만 원인 것과 29만 9999원인 것은 느낌상 큰 차이가 있다.

그래서 오차 없이 정확하게 10진 실수를 표현하는 Decimal 클래스가 제공된다. Decimal은 정수로 초기화하거나 아니면 '0.1' 형태의 문자열 실수로 초기화한다. '3.14e3' 형식의 부동 소수점 형식도 사용할 수 있고 부호, 지수부, 가수부를 각각 튜플로 지정하는 방법도 지원하지만 문자열로 표기하는 것이 가장 간편하다.

```
Decimal(123)               # 정수로 초기화
Decimal('3.14')            # 실수 문자열로 초기화
Decimal('3.14e3')          # 부동 소수점 형태의 초기화. 3140
Decimal((0, (3, 1, 4), -2))  # 튜플로 초기화. 3.14
```

실수 상수는 그 자체로 오차가 있기 때문에 Decimal 객체 생성에는 사용할 수 없다. 실수형의 오차를 제거하기 위한 클래스를 실수로 표현하는 것은 말이 안 된다. 다음과 같이 수정하면 정확한 결과가 출력된다.

decimal
```
from decimal import Decimal

f = Decimal('0.1')
sum = 0
for i in range(100):
    sum += f
print(sum)
```
실행결과   `10.0`

Decimal 객체는 일반 수치형과 연산할 수 있지만 실수형과는 연산할 수 없다. 실수가 들어가는 순간 내재된 오차로 인해 정확도가 떨어진다.

```
a = f + 3            # 가능
b = f + 0.1          # 에러
```

math 모듈의 수학 함수를 사용할 수 있지만 계산 결과가 실수여서 약간의 미세한 오차가 발생할 수 있다. 정확한 값이 필요하면 Decimal 클래스의 sqrt, log10, ln 등의 전용 수학 함수를 사용한다.

Context 객체는 연산을 수행하는 방법을 지정한다. 정확도와 지수의 범위, 반올림 방법, 예외 상황 등이 컨텍스트에 따라 달라진다. getcontext와 setcontext 함수로 컨텍스트를 변경하며 다음 세 종류의 기본 컨텍스트가 준비되어 있다.

컨텍스트	설명
BasicContext	유효 자리수 9, ROUND_HALF_UP 반올림
ExtendedContext	유효 자리수 9, ROUND_HALF_EVEN 반올림 처리
DefaultContext	유효 자리수 28, ROUND_HALF_EVEN 반올림 처리

더 필요한 컨텍스트를 만들어 쓸 수도 있다. 똑같은 연산을 하더라도 컨텍스트에 따라 결과가 달라진다.

context

```
from decimal import *

a = Decimal('1111111111')
b = Decimal('1111111111')

setcontext(BasicContext)
c = a * b
print(c)

setcontext(DefaultContext)
c = a * b
print(c)
```

실행결과
```
1.23456790E+18
1234567900987654321
```

컨텍스트에 따라 유효 자리수가 다르다. 정밀도가 높으면 그만큼 메모리를 많이 소모하고 연산 속도가 느리므로 적당한 수준의 정밀도를 선택해서 사용한다.

Fraction

fractions 모듈의 Fraction 클래스는 유리수를 표현한다. 1/3 같은 분수는 실수와는 달라 정확한 값을 표현하기 어렵다. 그래서 분모와 분자를 따로 전달하여 분수 형태의 숫자를 표현한다.

> **Fraction([부호] 분자, 분모)**

분자, 분모의 공배수가 있으면 약분하여 최대한 간단하게 표현한다.

fraction

```
from fractions import *

a = Fraction(1,3)
print(a)
b = Fraction(8, 14)
print(b)
```

실행결과	1/3 4/7

8 / 14는 2로 약분하여 4 / 7로 표기한다. Fraction 객체는 Fraction 객체끼리 연산 가능하며 그 결과도 분수 형태여서 정확도를 유지한다. 물론 정수, 실수 등과 연산할 수도 있는데 이때는 실수형으로 바뀐다.

fraction2

```
from fractions import *

a = Fraction(2, 3)
b = Fraction(3, 5)
c = a + b
print(c)

d = c + 0.1
print(d)
```

실행결과	19/15 1.3666666666666667

유리수를 실수로 바꾸면 약간의 오차가 발생하는 것은 어쩔 수 없지만 중간 과정의 오차는 최소화된다.

array

리스트는 자료의 집합이라는 면에서 유용하지만 효율은 떨어진다. 임의의 자료를 모아 놓을 수 있어 편리하지만 내부 구조가 복잡해 공간상의 낭비가 있고 속도상으로도 불리하다. 다른 언어의 전통적인 배열은 같은 타입의 자료 집합이어서 메모리 낭비가 없고 첨자 연산이 단순해 초고속으로 동작한다.

파이썬 언어 차원의 배열은 없다. 대신 array 모듈로 동일 타입의 집합인 배열을 지원한다. 대량의 자료를 메모리 낭비 없이 저장하고 고속으로 액세스하려면 이 타입을 활용한다. 다음 함수로 배열 객체를 생성한다.

> ### array(타입코드, [초기값])

첫 번째 인수로 배열 요소의 타입을 밝힌다. 크기별로 여러 가지 타입이 준비되어 있는데 소문자는 부호 있는 타입이며 대문자는 부호 없는 타입이다.

타입	C 타입	설명
b, B	char	1바이트의 정수
u		2바이트의 유니코드 문자(3.3 이후 지원 안 함)
h, H, i, I	shirt, int	2바이트의 정수
l, L	long	4바이트의 정수
q, Q	long long, __int64	8바이트의 정수(3.3이상에서만 지원)
f	float	4바이트의 실수
d	double	8바이트의 실수

파이썬이 C 언어 기반이다 보니 C 언어가 지원하는 타입을 대부분 지원한다. 빠른 속도를 얻기 위해 C 언어와 혼합 프로그래밍을 할 경우가 많아 C의 배열을 그대로 흉내낼 필요가 있다. 요소의 타입을 길이 1의 문자열로 전달한다.

```
array('i')    # 부호있는 2바이트 정수 배열
array('L')    # 부호없는 4바이트 정수 배열
```

생성과 동시에 초기값을 지정할 때는 두 번째 인수로 초기값을 나열한다. range 함수로 반복
자를 지정하여 일정 범위의 수로 초기화할 수도 있지만 보통은 불규칙한 값을 나열할 경우가
많아 리스트나 바이트 객체를 사용하는 것이 편리하다.

```
array('i', range(5, 10))
array('i', [10, 89, 128])
```

동일 타입의 자료 집합이라는 것 외에는 리스트와 거의 유사해 리스트에서 가능한 대부분의
연산을 지원한다. 배열을 생성한 후 추가, 삽입, 삭제 가능하며 [ ] 기호로 위치를 지정하여 요
소를 읽을 수 있고 슬라이스도 지원한다.

array
```
import array

ar = array.array('i', [33, 44, 67, 89, 56])
for a in ar:
    print(a, end = ',')
ar.append(100)                  # 추가
del ar[0]                       # 삭제
print("\nar[1] = ", ar[1])      # 첨자 참조
print(ar[2:4])                  # 슬라이스
```

실행결과	33,44,67,89,56, ar[1] = 67 array('i', [89, 56])

array 모듈을 사용하기 위해 첫 줄에 import array라고 적는다. 리스트와 거의 유사한 방법으
로 사용하지만 사용하는 메모리는 훨씬 적고 속도도 비교할 수 없을 정도로 빠르다. 작은 배열
에서는 별다른 차이를 느낄 수 없지만 수천, 수만 개의 요소를 가지는 대용량에서는 차이를 실
감할 수 있다.

1. 파이썬의 객체지향 특성이 아닌 것은 ?

① 속성과 동작을 캡슐화하여 클래스로 표현한다.

② 상속 및 다중상속을 지원한다.

③ 정보 은폐를 지원한다.

④ 연산자 오버로딩을 지원한다.

2. 화소 수, 줌 배율을 속성으로 가지고 사진을 찍는 동작을 수행하는 Camera 클래스를 작성하라.

3. 메서드의 첫 번째 인수에 대한 설명으로 잘못된 것은 ?

① 객체 자신을 의미한다.

② 이 인수로 멤버를 읽는다.

③ 이름은 반드시 self라고 적어야 한다.

④ 호출 객체가 이 인수로 전달된다.

4. 부모 클래스의 메서드를 호출할 때 사용하는 함수는 ?

① parent   ② super   ③ up   ④ child

5. 중요한 멤버 값을 대신 읽고 쓰는 메서드를 무엇이라 하는가 ?

① 게터, 세터

② 생성자, 파괴자

③ 리더, 라이터

④ 제너레이터, 프로퍼티

6. 객체에 대해 + 연산자를 직접 사용하고 싶을 때 정의해야 할 메서드는 무엇인가?

① add

② __add__

③ super

④ operator

7. 리스트에 대한 array의 장점이 아닌 것은?

① 사용하는 메모리가 훨씬 적다.

② 다양한 타입의 자료를 저장할 수 있다.

③ 속도가 훨씬 빠르다.

④ 다른 언어와 정보를 교환하기 쉽다.

16장

모듈과 패키지

16.1 모듈

모듈의 작성 및 사용

명령행에서는 모든 것을 직접 입력하여 지시를 내려야 한다. 다행히 해석기는 실행 중인 동안 초기화된 모든 변수의 값을 저장하고 변화를 추적한다. a와 b에 값을 대입해 놓으면 값을 바꾸지 않는 한 계속 유지되어 언제든지 써먹을 수 있다. 변수뿐만 아니라 함수나 클래스의 정의문까지 기억하고 있어 한번만 정의하면 계속 사용할 수 있다.

```
>>> a = 3
>>> b = 4
>>> a + b        # 두 변수의 값을 기억한다.
7
```

그러나 해석기를 재시작하면 변수, 함수의 정의가 사라진다. 실행 중인 동안에는 모든 것을 기억하지만 재시작하면 빈 상태에서 다시 시작한다. 그래서 명령행에서 복잡하고 긴 프로그램을 작성하기 어렵고 파일 형태로 작성하여 일괄 실행하는 스크립트를 사용한다.

텍스트 파일은 얼마든지 길게 작성할 수 있고 미리 작성하여 저장해 놓은 것이어서 재실행이 쉽다. 스크립트에 작성해 놓은 변수, 함수, 클래스를 해석기에게 다시 전달하면 모든 것이 일괄 재실행된다. 편집 및 관리가 쉽고 재사용 가능해 규모 있는 프로그램도 만들 수 있다.

그러나 스크립트도 너무 길면 스크롤 범위가 넓어 편집이 귀찮고 코드가 섞여 있으면 공동 작업이 원활치 못하다. 관리 편의상 스크립트를 여러 개의 파일로 나누어 작성하는 것이 좋은데 이때 나누어진 스크립트 파일 하나를 모듈이라고 한다. 모듈은 파이썬 코드를 저장하는 기본 단위이다.

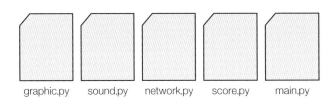

graphic.py   sound.py   network.py   score.py   main.py

모듈은 파이썬 스크립트 하나를 의미하되 확장자 .py는 빼고 파일명으로 부른다. 모듈 안에 변수, 함수, 클래스 등이 저장되며 명령문을 직접 작성하기도 한다. 파이썬은 자주 사용하는 기능을 표준 모듈로 제공하며 앞에서 수학, 시간, 난수 모듈을 임포트하여 사용하는 실습을 해 보았다.

표준 모듈과 똑같은 형태로 직접 모듈을 만들 수도 있다. 자주 사용하는 기능을 모듈화해 두면 중복 작업을 방지하고 재사용하기 편하다. 여기서는 모듈을 만들고 사용하는 실습을 해 보자. 파일을 만들어야 하므로 직접 실행해 봐야 한다. 실습 디렉토리인 C:\PyStudy에 다음 모듈을 작성한다.

util
```
INCH = 2.54

def calcsum(n):
    sum = 0
    for num in range(n + 1):
        sum += num
    return sum
```

1인치는 2.54센티미터임의 나타내는 변수 INCH와 합계를 구하는 함수 calcsum을 정의했다. 복잡하고 거대한 클래스를 정의할 수 있고 클래스의 계층을 구축할 수도 있다. 모듈을 정의해 두면 다른 모듈에서 가져가 사용한다. 테스트 파일을 같은 디렉토리에 작성해 보자.

utiltest
```
import util

print("1inch =", util.INCH)
print("~10 =", util.calcsum(10))
```

```
1inch = 2.54
~10 = 55
```

import문으로 util 모듈을 불러왔다. import 명령은 해당 모듈을 실행하여 변수나 함수를 정의하는 역할을 하며 이 문장에 의해 INCH 변수와 calcsum 함수가 정의된다. 변수나 함수를 참조할 때는 모듈명을 앞에 붙여 util.INCH로 읽고 util.calcsum으로 호출한다.

utiltest 스크립트에는 INCH 변수가 정의되어 있지 않고 calcsum 함수도 없지만 util 모듈을 임포트하여 마치 자기가 정의한 것처럼 사용할 수 있다. 매번 모듈 이름을 앞에 붙이는 것이 귀찮으면 모듈의 모든 것을 다 임포트한다.

```python
from util import *
print("1inch =", INCH)
print("~10 =", calcsum(10))
```

모든 것을 다 임포트하면 모듈명을 붙이지 않고 현재 모듈에 정의한 함수나 변수처럼 바로 사용할 수 있어 편리하다. 그러나 소속을 붙이지 않기 때문에 현재 모듈이나 임포트한 다른 모듈의 명칭과 이름이 충돌할 위험이 있다.

테스트 코드

import문은 모듈을 불러와 실행한다. 앞에서 작성한 util.py 모듈은 변수와 함수를 정의하고만 있을 뿐 직접 실행하는 코드가 없어 임포트해도 아무런 출력이 없다. 모듈에는 주로 정의문을 작성하지만 실행 코드를 작성할 수도 있다. 모듈을 초기화하는 코드나 간단한 테스트 코드를 작성해 넣기도 한다. util.py 아래쪽에 다음 코드를 추가해 보자.

util

```python
INCH = 2.54

def calcsum(n):
    sum = 0
    for num in range(n + 1):
```

```
            sum += num
        return sum

    print("인치 =", INCH)
    print("합계 =", calcsum(10))
```

인치 = 2.54
합계 = 55

INCH 변수가 잘 초기화되었는지, calcsum 함수가 잘 동작하는지 테스트해 보았다. 단독 실행할 때는 아무 문제가 없지만 다른 모듈에서 임포트할 때는 테스트 코드가 실행되는 문제가 있다. utiltest에서 import util문을 실행하면 util의 코드가 실행된다.

C나 자바는 가장 먼저 실행되는 함수가 main으로 정해져 있지만 파이썬은 시작 함수가 따로 없다. 어떤 모듈이든지 직접 실행할 수 있어 먼저 실행하는 모듈이 메인이 된다. 만들 때 시작점을 결정하는 것이 아니라 실행 방식에 따라 시작 지점이 결정된다.

다른 모듈에서 불러와 사용할 때는 변수와 함수를 정의만 해야지 자신의 코드를 실행해서는 안 된다. 다른 모듈에 함수를 제공하는 모듈은 테스트 코드를 가질 수 있지만 직접 실행하기보다는 호출할 때만 동작하는 것이 깔끔하다. 이럴 때는 테스트 코드를 조건문으로 감싼다.

util2

```
    INCH = 2.54

    def calcsum(n):
        sum = 0
        for num in range(n + 1):
            sum += num
        return sum

    if __name__ == "__main__":
        print("인치 =", INCH)
        print("합계 =", calcsum(10))
```

__name__ 변수는 실행 중인 모듈의 이름인데 단독으로 실행할 때는 "__main__"이고 다른 모듈에서 임포트하여 사용할 때는 모듈 자신의 이름인 "util2"가 된다. __name__이

"__main__"이라는 조건문은 단독으로 실행되고 있을 때를 의미하는데 직접 실행할 때만 이 코드를 실행하고 임포트될 때는 건너뛰라는 뜻이다. 이 모듈을 사용하는 테스트 모듈을 작성해 보자.

```
utiltest2

import util2

print("1inch =", util2.INCH)
print("~10 =", util2.calcsum(10))
```

util2에 테스트 코드가 작성되어 있지만 임포트될 때는 조건문에 의해 걸러지고 실행되지 않는다. 모듈에 테스트 코드가 필요하다면 이런 식으로 조건문 안에 작성해야 한다.

모듈 경로

모듈은 임포트하는 파일과 같은 디렉토리에 있어야 한다. 그래야 import문이 이름만으로 모듈을 로드할 수 있다. util2.py 파일을 C:\Temp 디렉토리로 옮긴 후 utiltest2를 실행해 보자.

```
Traceback (most recent call last):
  File "C:\PyStudy\utiltest2.py", line 1, in <module>
    import util2
ModuleNotFoundError: No module named 'util2'
```

임포트 중에 파일을 찾을 수 없다는 에러가 발생하며 필수 기능 중 일부를 실행할 수 없어 프로그램은 즉시 중지된다. 모듈을 특정 폴더에 두려면 임포트 패스에 추가시켜야 한다. IDLE에서 다음 명령을 실행해 보자.

```
>>> import sys
>>> sys.path
['C:\\PyStudy', 'C:\\Python\\Lib\\idlelib', 'C:\\Python\\python36.zip', 'C:\\Python\\DLLs', 'C:\\Python\\lib', 'C:\\Python', 'C:\\Python\\lib\\site-packages']
```

현재 경로가 제일 우선이고, 파이썬 설치 경로인 PYTHONPATH의 목록이 패스로 지정되어 있다. 이 경로의 어딘가에 모듈이 있어야 한다. sys.path는 디렉토리 경로의 리스트여서 언제든지 편집할 수 있다. 모듈이 있는 디렉토리를 다음과 같이 추가한다.

```
>>> sys.path.append("C:\\Temp")
>>> import util2
>>> util2.calcsum(10)
55
```

모듈이 저장된 경로를 패스에 추가한 후 util2를 임포트하면 잘 실행된다. 그러나 이 상태에서 utiltest2 스크립트를 다시 실행하면 해석기가 리셋되어 util2를 인식하지 못한다. import문에 경로를 쓸 수 없으므로 스크립트에 아예 패스 추가 명령을 작성해 넣어 버리면 된다.

path

```
import sys
sys.path.append("C:\\Temp")
import util2
print("1inch =", util2.INCH)
print("~10 =", util2.calcsum(10))
```

C:\Temp 경로를 패스에 추가한 후 util2를 임포트하면 잘 실행된다. 이외에 PYTHONPATH 환경 변수를 편집하는 방법도 있지만 번거롭다. 뿐만 아니라 이 모듈을 사용하는 다른 사람도 패스를 추가해야 하므로 불편하다.

가급적이면 사용하는 모듈을 현재 경로에 두는 것이 바람직하고 가장 쉽다. 또는 추가 패키지를 설치하는 site-packages 폴더에 자주 사용하는 모듈을 복사해 두는 것도 괜찮은 방법이다. 이 폴더는 기본 경로에 포함되어 있어 패스를 추가하지 않아도 항상 잘 동작한다.

모듈의 집합

대규모의 프로젝트를 수행하려면 이미 잘 만들어 놓은 코드를 활용해야 한다. 처음부터 모든 코드를 다 작성할 수는 없고 그럴 필요도 없다. 내가 만든 것이든 남이 만든 것이든 잘 구축된 도구를 적극적으로 활용해야 하며 이런 목적으로 마련된 재활용 장치가 모듈이다.

모듈도 수가 많아지면 관리하기 어렵다. 그래서 모듈을 관리하기 위한 상위의 패키지라는 개념이 필요하다. 모듈이 파이썬 코드를 담은 파일이라면 패키지는 모듈을 담는 디렉토리이다. 디렉토리로 계층을 구성해 놓으면 모듈을 기능에 따라, 개발 주체에 따라 체계적으로 관리할 수 있고 이름 충돌을 피할 수 있다.

패키지 실습을 위해 C:\PyStudy 디렉토리 아래에 다음 파일들을 작성해 보자. 얼마든지 복잡한 구조를 만들 수 있고 모듈도 많이 포함할 수 있지만 그래봐야 실습만 번거로워지니 디렉토리 2개와 모듈 3개만 만들어 보기로 하자. 디렉토리 구조를 직접 구성하고 그 안에 모듈 파일까지 만들어야 한다.

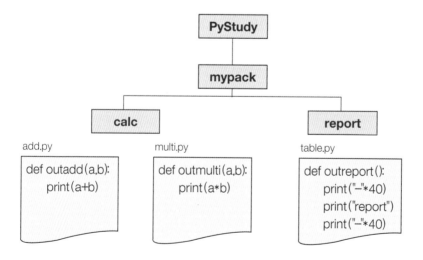

mypack 디렉토리가 패키지 루트이며 이 안에 계산 기능을 전담하는 calc 디렉토리와 보고서 출력을 담당하는 report 디렉토리를 생성했다. 그리고 calc 디렉토리에 덧셈을 하는 add.py 모듈과 곱셈을 하는 multi.py 모듈을 작성하고 report 디렉토리에 보고서를 출력하는 table.py 모듈을 작성했다. 함수가 호출되는지 확인은 해 봐야 하니 간단한 출력문만 작성했다.

이렇게 구성해 놓은 패키지의 모듈을 사용해 보자. 일단 패키지 루트에 대해 패스를 등록해야 하는데 실습 편의상 소스 선두에서 패스를 추가하는 식으로 간단히 해결했다. 그리고 import 문을 패키지.모듈 식으로 작성하여 패키지 내의 모듈을 읽어 온다. 패키지 경로는 얼마든지 깊게 구성할 수 있다.

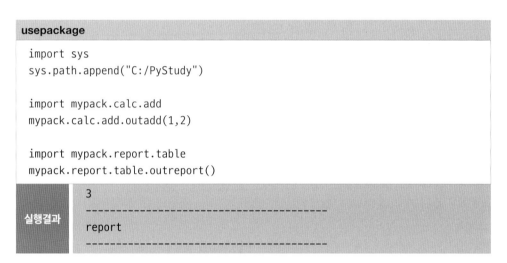

usepackage

```
import sys
sys.path.append("C:/PyStudy")

import mypack.calc.add
mypack.calc.add.outadd(1,2)

import mypack.report.table
mypack.report.table.outreport()
```

실행결과
```
3
-----------------------------------
report
-----------------------------------
```

mypack.calc.add는 mypack 패키지의 calc 디렉토리의 add 모듈을 의미한다. outadd 함수로 1 + 2를 계산하여 출력하였다. 같은 방식으로 mypack.report.table 모듈을 임포트하고 outreport 함수로 보고서를 출력했다. 단일 모듈에 비해 패키지와 디렉토리 경로를 명시하느라 호출문이 길어지는 불편함이 있다.

mypack.calc.add.outadd(1,2)
　　패키지　　디렉토리　모듈　　　함수

반면 모듈의 경로가 고유하기 때문에 함수명이나 모듈명에 충돌이 발생하지 않는다. report 패키지에 add 모듈이 있어도 상관없고 table 모듈에 outadd 함수가 있어도 상관없다. 기능에 따라 모듈이 나누어져 있고 모듈끼리 디렉토리가 분리되어 있어 작업을 분담하기도 쉽다.

하지만 함수를 호출할 때 전체 경로를 다 쓰는 것은 역시 불편하다. import문의 경로가 A.B.C.D 식으로 길어지는데 중간의 경로인 A, B, C는 모두 패키지여야 한다. 마지막의 D는 주로 모듈이지만 서브 패키지일 수도 있다. "from 패키지 import 모듈" 형식을 사용하면 호출할 때 서브 패키지는 더 적지 않아도 된다.

```
from mypack.calc import add
add.outadd(1,2)
```

mypack.calc 패키지에서 add 모듈을 임포트했다. 이제 outadd를 호출할 때 전체 경로를 적을 필요 없이 모듈명만 적으면 된다. 또는 모듈이 아닌 함수를 직접 임포트할 수도 있다.

```
from mypack.calc.add import outadd
outadd(1,2)
```

특정 함수를 임포트하면 경로를 밝히지 않고 바로 사용할 수 있으며 * 문자를 사용하면 해당 모듈의 모든 함수를 한꺼번에 임포트할 수도 있다. 그러나 대규모 프로젝트에서는 이름 충돌이 발생할 수 있어 골치 아파지기도 한다.

__init__.py

패키지는 모듈을 체계적으로 분류하여 관리의 편의성을 증가시킨다. 그러나 경로가 길어지면 임포트해서 쓰기 불편하다. import문은 여러 가지 편의 기능을 제공하지만 여러 모듈을 임포트하는 것은 여전히 귀찮은 일이다. 다음 구문을 생각해 보자.

```
from 패키지 import *
```

패키지를 지정하면 포함된 모든 모듈을 한꺼번에 임포트해 오는 문장이다. 모듈이 잘게 나누어져 있으면 일일이 임포트해야 하는데 *로 모든 모듈을 몽땅 임포트하면 편리할 거 같다. 과연 되는지 테스트해 보자.

mypack.calc 패키지의 모든 모듈을 임포트했으며 임포트문에서는 에러가 발생하지 않았다. 이 문장에 의해 calc에 속한 add, multi 모듈이 임포트되고 outadd, outmulti 함수를 자유롭게 쓸 수 있어야 한다. 그러나 실제로는 add 모듈을 찾을 수 없다는 에러가 발생한다.

패키지의 모든 모듈 목록을 조사하는 것은 분명 가능하지만 이런 서비스는 제공하지 않는다. 왜냐하면 모듈이 저장된 하드디스크가 너무 느리기 때문이다. 메모리상의 모듈에서 모든 함수를 검색하는 것과는 수준이 다르다. 하드디스크에서 수십, 수백 개나 되는 모듈을 다 읽어 오려면 엄청난 시간이 걸리고 그만큼 프로그램의 반응성이 떨어진다.

또한 모든 모듈을 다 불러오면 예상치 못한 부작용이 발생할 수 있다. 당장 필요치도 않은 모듈을 임포트하면 메모리를 과다하게 사용하고 다른 패키지의 모듈과 이름 충돌을 일으킬 가능성도 배제할 수 없다. 그래서 모든 모듈을 한꺼번에 불러올 때는 패키지 개발자가 어떤 모듈을 대상으로 하는지 밝혀 두어야 한다.

이런 목적으로 패키지 디렉토리에 __init__.py 파일을 작성한다. 예전에는 비어 있더라도 이 파일이 있어야 패키지로 인정되었지만 3.3 이후부터는 이 파일이 필수는 아니다. __init__.py의 __all__ 변수에 * 구문으로 임포트할 대상 모듈 리스트를 명시하며 패키지가 로드될 때의 초기화 코드도 작성해 넣는다. calc 디렉토리에 다음 파일을 작성해 보자.

```
__all__ = ["add", "multi"]

print("add module imported")
```

__all__ 리스트에 add와 multi를 작성해 두면 import *로 읽을 때 이 모듈을 모두 읽어 온다. 이제 위 예제가 제대로 동작하며 패키지를 임포트할 때 __init__.py에 작성해 둔 초기화 코드도 잘 실행된다.

```
add module imported
3
2
```

__init__.py의 목록에 어떤 모듈을 작성해 놓을 것인가는 패키지 개발자 마음이다. 자주 사용하는 주요 모듈만 선별적으로 적어 놓을 수도 있고 __all__ 변수를 생략하여 import * 구문을 지원하지 않을 수도 있다.

파이썬은 한번 임포트한 모듈은 컴파일한 상태로 캐시에 저장하고 코드를 미리 해석해 두어 로드 속도를 높인다. 모듈이 저장된 디렉터리 아래에 __pycache__ 디렉터리가 생성되며 이 안에 모듈을 컴파일해 둔다. 위 예제를 실행하면 calc 디렉터리에도 캐시가 생성된다.

```
add.cpython-36.pyc
multi.cpython-36.pyc
```

컴파일된 모듈은 확장자 pyc를 가지며 파이썬 버전별로 생성된다. 그래서 한 모듈을 각각 다른 파이썬 버전끼리 공유할 수 있다. 파이썬은 모듈을 로드할 때 소스 파일과 컴파일 결과의 날짜를 비교하여 필요하면 재컴파일하고 그렇지 않으면 소스를 컴파일하여 사용한다.

16.3 서드 파티 모듈

모듈의 내부

파이썬은 자주 사용하는 기능을 표준 모듈로 제공한다. 앞에서 math, random 등의 모듈을 사용해 봤는데 그 외에도 유용한 모듈이 많이 있다. sys 모듈의 builtin_module_names 변수는 표준 모듈의 목록인데 명령행에서 이 목록을 출력해 보자.

```
>>> import sys
>>> sys.builtin_module_names
('_ast', '_bisect', '_blake2', '_codecs', '_codecs_cn', '_codecs_hk',
'_codecs_iso2022', '_codecs_jp', '_codecs_kr', '_codecs_tw', '_collections',
'_csv', '_datetime', '_findvs', '_functools', '_heapq', '_imp', '_io',
'_json', '_locale', '_lsprof', '_md5', '_multibytecodec', '_opcode',
'_operator', '_pickle', '_random', '_sha1', '_sha256', '_sha3', '_sha512',
'_signal', '_sre', '_stat', '_string', '_struct', '_symtable', '_thread',
'_tracemalloc', '_warnings', '_weakref', '_winapi', 'array', 'atexit',
'audioop', 'binascii', 'builtins', 'cmath', 'errno', 'faulthandler', 'gc',
'itertools', 'marshal', 'math', 'mmap', 'msvcrt', 'nt', 'parser', 'sys',
'time', 'winreg', 'xxsubtype', 'zipimport', 'zlib')
```

표준 모듈은 모두 컴파일된 상태로 해석기와 함께 설치되기 때문에 언제든지 사용할 수 있으며 파이썬 버전이 올라갈 때마다 점점 늘어난다. 밑줄로 시작되는 모듈은 밑줄을 빼고 임포트해도 상관없다.

각 모듈은 기능별로 나누어져 있으며 모듈마다 수많은 함수를 포함하고 있다. 모듈에 있는 함수나 변수의 목록을 조사해 보려면 dir 내장 함수를 사용하며 인수로 대상 모듈을 지정한다. 조사 대상 모듈은 먼저 임포트해야 한다. 인수 없이 dir 함수만 호출하면 현재 코드에서 정의한 명칭 목록이 조사된다.

```
>>> import math
>>> dir(math)
['__doc__', '__loader__', '__name__', '__package__', '__spec__', 'acos',
 'acosh', 'asin', 'asinh', 'atan', 'atan2', 'atanh', 'ceil', 'copysign',
 'cos', 'cosh', 'degrees', 'e', 'erf', 'erfc', 'exp', 'expm1', 'fabs',
 'factorial', 'floor', 'fmod', 'frexp', 'fsum', 'gamma', 'gcd', 'hypot',
 'inf', 'isclose', 'isfinite', 'isinf', 'isnan', 'ldexp', 'lgamma', 'log',
 'log10', 'log1p', 'log2', 'modf', 'nan', 'pi', 'pow', 'radians', 'sin',
 'sinh', 'sqrt', 'tan', 'tanh', 'tau', 'trunc']
```

math 모듈의 함수 목록을 조사해 보면 익숙한 함수들의 목록이 나타난다. 각 함수에 대한 상세한 도움말은 레퍼런스를 참조하되 명령행에서 help 함수만 호출해도 간단한 정보는 쉽게 구할 수 있다.

```
>>> help(math.hypot)
Help on built-in function hypot in module math:

hypot(...)
    hypot(x, y)

    Return the Euclidean distance, sqrt(x*x + y*y).
```

모듈도 많고 각 모듈마다 함수도 엄청나게 많아 부담스럽겠지만 이 목록을 한꺼번에 모두 익힐 필요는 없다. 목록만 대충 파악해 두고 필요할 때 찾아 사용하면 된다. 모듈을 하나 익힐 때마다 할 수 있는 일이 쑥쑥 늘어난다.

외부 모듈의 목록

파이썬이 제공하는 표준 모듈도 풍부하지만 그보다 훨씬 더 많은 외부 모듈이 있다. 파이썬과 함께 만들어진 것은 아니지만 여러 회사나 단체가 자발적으로 제작하여 배포하는 모듈을 서드 파티(Third Party) 모듈이라고 한다.

파이썬 자체가 무료이므로 서드 파티 모듈도 대부분 오픈 소스이며 누구나 설치해 사용할 수 있다. 주로 수십 년간 사용되었던 다른 환경의 라이브러리를 파이썬에 맞게 래핑하여 배포하는데 그만큼 안정성과 성능이 입증된 것이다. 강력한 서드 파티 모듈이 풍부해 파이썬의 활용성이 극대화된다.

워낙 많은 모듈이 있고 지금도 만들어지고 있는 중이며 2018년 현재 대략 7만 개의 써드 파티 모듈이 있다. 공식적인 목록은 따로 없지만 파이썬 위키 페이지에 널리 사용되는 추천 모듈 목록이 제공된다.

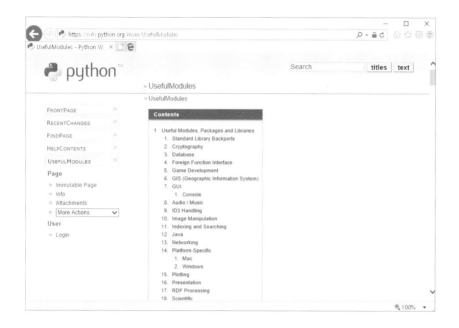

암호화, 게임, 그래픽, 오디오, 네트워크, 지리 정보 등등 실무에 흔히 사용되는 웬만한 기능은 거의 모두 제공된다. 더 필요한 모듈은 웹 검색을 통해 구할 수 있는데 웬만한 건 거의 다 있다고 보면 된다. 빈번히 사용되고 성능이 입증된 서드 파티 모듈은 다음과 같다.

모듈	설명
Django, Flask	웹 프레임워크
BeauifulSoup	HTML, XML 파서
wxPython, PyGtk	그래픽 툴킷
pyGame	게임 제작 프레임워크
PIL	이미지 처리 라이브러리
pyLibrary	유틸리티 라이브러리

각 모듈은 해당 분야의 전문 지식을 다루는 것이어서 따로 배워야 할 정도로 덩치가 크다. 개별 모듈은 필요할 때 따로 연구해 보기로 하고 여기서는 모듈을 관리하는 방법만 알아보자.

pip

원하는 모듈을 찾아 파이썬 해석기가 인식하는 디렉토리에 정확하게 설치하는 것은 쉽지 않은 일이다. 압축 파일을 받아 특정 폴더에 풀어 설치해야 하며 때로는 소스를 받아 컴파일해야 하는 경우도 있다. 게다가 운영체제별로 설치 방법이 달라 귀찮은 잔손질도 필요하다.

다행히 파이썬 3.4 버전부터는 외부 모듈을 관리하는 pip(Python Package Index)가 같이 설치되어 이 프로그램으로 외부 모듈을 편리하게 관리할 수 있다. 명령행에서 "pip 명령 패키지명" 형식으로 사용하며 주요 명령은 다음과 같다.

명령	설명
install	패키지를 설치한다.
uninstall	설치한 패키지를 삭제한다.
freeze	설치한 패키지의 목록을 보여 준다.
show	패키지의 정보를 보여 준다.
search	pyPI에서 패키지를 검색한다.

모든 것이 자동화되어 있어 install 명령과 대상 패키지의 이름만 지정하면 웬만한 패키지는 다 설치할 수 있다. 실습 삼아 GUI 툴킷인 wxPython을 설치해 보자.

```
C:\PyStudy>pip install wxPython
Collecting wxPython
  Downloading wxPython-4.0.0b2-cp36-cp36m-win32.whl (14.1MB)
    100% |███████████████████████████| 14.1MB 68kB/s
Requirement already up-to-date: six in c:\python\lib\site-packages
(from wxPython)
Installing collected packages: wxPython
Successfully installed wxPython-4.0.0b2
```

wxPython 패키지를 다운로드받아 site-packages 디렉토리에 설치한다. 요즘 같은 네트워크 속도에서는 1분 이내로 설치 완료된다. 패키지 이름만 지정하면 가급적 최신 버전을 설치하며 이름 다음에 =4.0.0 식으로 버전을 밝혀 원하는 버전을 설치할 수도 있다. 제대로 설치되었는지 freeze 명령으로 목록을 조사해 보자.

```
C:\PyStudy>pip freeze
six==1.11.0
wxPython==4.0.0b2
```

wxPython과 이 패키지가 사용하는 six 패키지가 같이 설치되어 있다. 종속 관계에 있는 패키지까지 알아서 설치한다. show 명령으로 패키지에 대한 설명을 출력해 보자.

```
C:\PyStudy>pip show wxPython
Name: wxPython
Version: 4.0.0b2
Summary: Cross platform GUI toolkit for Python, "Phoenix" version
Home-page: http://wxPython.org/
Author: Robin Dunn
Author-email: robin@alldunn.com
License: wxWindows Library License (https://opensource.org/licenses/
wxwindows.php)
Location: c:\python\lib\site-packages
Requires: six
```

간단한 설명과 제작자, 홈페이지 정보 등이 나타난다. 제작사의 홈페이지를 방문하면 이 패키지를 사용하는 방법과 예제를 구할 수 있다. 패키지를 잘못 설치했거나 다 사용했으면 uninstall 명령으로 제거한다. 제대로 설치되었는지 확인해 보려면 명령행에서 임포트해 보면 된다. wxPython의 모듈명은 wx이다.

```
>>> import wx
```

임포트 명령이 아무 에러 없이 잘 실행된다면 무사히 설치된 것이며 이제 wxPython의 모든 기능을 사용할 수 있다. 잘 동작하는지 간단한 예제를 만들어 보자.

wxtest
```
import wx

app = wx.App()
frame = wx.Frame(None, 0, "파이썬 만세")

frame.Show(True)
app.MainLoop()
```

그래픽 응용 프로그램을 생성하고 메인 윈도우를 띄운다. 아직 별다른 기능은 없지만 윈도우 위에 위젯을 올리고 이벤트를 처리하면 훌륭한 GUI 프로그램이 된다. 잘 동작하는지 확인만 해 보고 wxPython은 다음에 따로 배워 보기로 하자. 멀티 플랫폼을 지원하는 GUI 툴킷인만큼 부피가 상당하다.

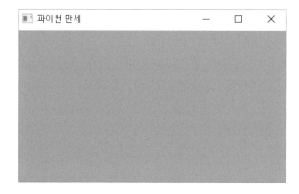

이번에는 웹 분석 모듈인 BeautifulSoup을 설치해 보자. HTML이나 XML 파일에서 원하는 정보를 검색하여 뽑아내는 파서이며 웹 크롤러를 만들 때 필수적인 모듈이다. 현재 최신 버전은 bs4이다. 명령행에서 pip로 설치한다.

```
C:\PyStudy>pip install beautifulsoup4
Collecting beautifulsoup4
  Downloading beautifulsoup4-4.6.0-py3-none-any.whl (86kB)
    100% |████████████████████████████████| 92kB 473kB/s
```

```
Installing collected packages: beautifulsoup4
Successfully installed beautifulsoup4-4.6.0
```

웹에는 유용한 정보가 널려 있으며 소중한 정보를 공유해 주는 서비스도 많다. 정보 제공 업체
는 무분별한 사용을 방지하기 위해 회원 가입이나 개발자 등록을 요구하고, 일부 유료 정보도
있다. 실습을 위해 회원 가입까지 하는 것은 번거로우니 공개된 서비스에 접속해 보자. 기상청
에서 제공하는 날씨 정보는 공익을 위해 누구나 읽을 수 있도록 공개되어 있다.

기상청의 날씨누리 홈페이지 http://www.weather.go.kr에 접속해 보자. 최종 사용자를 위
해 웹 브라우저에 보기 좋게 날씨를 보여 주기도 하지만 개발자를 위해 XML 형식의 정보도 제
공한다. 상단 메뉴에서 생활과 산업/서비스를 선택하고 RSS 탭을 누르면 날씨 정보를 공유하
는 페이지가 나타난다.

시간별, 중기, 장기 예보가 제공되며 RSS 버튼을 누르면 해당 정보를 구할 수 있는 URL이 표
시된다. 정보 제공자는 이런 식으로 정보에 액세스할 수 있는 방법도 공개한다.

www.weather.go.kr 내용:

Ctrl + c 를 눌러 클립보드로 복사하세요

http://www.weather.go.kr/repositary/xml/fct/mon/img/fct_mon1rss_108

확인   취소

웹 브라우저로 이 URL에 접속해 보면 지역별, 시간별 날씨 정보를 XML 문서로 제공한다. 구조는 좀 복잡하지만 사람이 봐도 직관적으로 의미를 알 수 있도록 되어 있다. 홈페이지의 RSS 정의 버튼을 누르면 XML 문서의 구조와 각 태그의 상세한 의미를 설명해 놓은 PDF 파일이 나타난다.

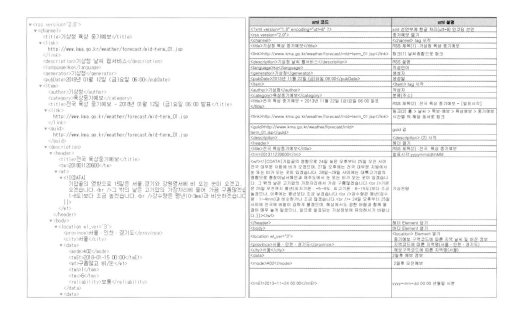

이 정보를 참고하여 원하는 정보를 뽑아내 사용한다. 이 복잡한 작업을 대신해 주는 모듈이 바로 BeautifulSoup이다. 파서는 태그명만 밝히면 XML 문서에서 원하는 정보를 정확하게 찾아준다. 다음 예제로 각 지역의 날씨를 출력해 보자. 날씨라는 정보의 특성상 접속 시점에 따라 결과는 실시간으로 달라진다.

bstest

```
from urllib import request
import bs4

target = request.urlopen("http://www.kma.go.kr/weather/forecast/mid-term-
rss3.jsp?stnId=108")
soup = bs4.BeautifulSoup(target, "html.parser")

for city in soup.select("location"):
    name = city.select_one("city").string
    wf = city.select_one("wf").string
    tmn = city.select_one("tmn").string
    tmx = city.select_one("tmx").string
    print("%s : %s(%s ~ %s)" % (name, wf, tmn, tmx))
```

실행결과	서울 : 구름많고 비/눈(1 ~ 6) 인천 : 구름많고 비/눈(1 ~ 5) 수원 : 구름많고 비/눈(1 ~ 6) ...

무한한 정보의 바다에서 원하는 정보만 골라낼 수 있다는 것은 참 멋진 일이다. 파서를 사용하는 기술 자체는 그리 어렵지 않다. 그러나 정확하게 사용하려면 인터넷 웹 서비스의 개념과 XML의 구조에 대해 잘 알아야 하며 웹 서비스별로 고유한 API도 따로 공부해야 한다.

써드 파티 모듈은 그 자체가 하나의 과목이며 따로 공부해야 할 정도로 양이 많고 복잡하다. 간단한 것도 있지만 어떤 것은 파이썬보다 더 방대한 기능을 제공하기도 한다. 여기서는 모듈을 관리하는 방법만 익혀 두고 각 모듈에 대한 학습은 필요할 때 하는 것이 좋다.

17장

고급 문법

17.1 반복자

열거 가능 객체

for 반복문은 객체의 요소를 순서대로 읽는 제어문이다. 순회 대상은 리스트, 튜플, 문자열, 사전 등 요소의 집합을 담는 컨테이너이다. 컨테이너를 프로그래밍하려면 요소를 순서대로 꺼내야 하는데 이때 for문을 사용한다. 다음 코드는 리스트의 요소를 하나씩 꺼내 출력한다.

```
for num in [11, 22, 33]:
    print(n)
```

for문은 리스트 [11, 22, 33]에서 요소를 하나씩 꺼내 제어 변수 num에 대입하며 루프에서 이 num을 출력한다. 쉬운 문장이지만 이 코드가 동작하는 내부 과정은 나름 복잡하다. for문은 순회를 시작할 때 컨테이너의 __iter__ 메서드를 호출하여 반복자(Iterator)를 구한다. 반복자는 현재 위치를 기억하고 다음 요소를 꺼내는 동작을 처리하는 객체이다.

반복자는 매 루프마다 __next__ 메서드를 호출하여 컨테이너의 요소를 읽고 다음 위치로 이동한다. 이 과정은 모든 요소를 읽을 때까지 반복되며 더 이상 읽을 요소가 없으면 StopIteration 예외를 던져 끝까지 다 읽었음을 알린다. for문은 이 예외를 받았을 때 루프를 탈출한다.

반복자를 가지고 요소를 순서대로 읽을 수 있는 것을 반복 가능(Iterable) 객체라고 한다. 일정한 범위의 값을 생성하는 range 함수가 만들어 내는 것도 반복 가능한 객체이며 그래서 for문과 함께 자주 사용된다.

```
for n in range(1, 10):
```

반복자의 내부 과정을 그대로 따라하면 for문을 직접 구현할 수 있다. 내장 함수 iter와 next

는 컨테이너의 __iter__ 메서드와 __next__ 메서드를 찾아 호출한다. 다음 예제는 앞의 for 문을 풀어서 쓴 것이며 실제로 잘 동작한다. for문이 내부적으로 이렇게 구현되어 있다.

foriter

```
nums = [11, 22, 33]
it = iter(nums)
while True:
    try:
        num = next(it)
    except StopIteration:
        break
    print(num)
```

실행결과	11 22 33

iter 함수로 nums 리스트의 반복자를 구한다. 반복자는 컨테이너의 시작 위치를 찾아 놓고 읽을 준비를 한다. 이후 while문으로 무한 루프를 돌며 next 함수로 반복자의 다음 요소를 순서대로 꺼낸다. 11, 22, 33을 순서대로 읽어 num 제어 변수에 대입한 후 print 함수로 출력한다. 컨테이너의 끝에 도달하면 StopIteration 예외가 발생하며 이때 루프를 탈출한다.

for문의 내부 동작을 정확히 이해하고 이 조건만 맞춰 주면 임의의 클래스를 반복 가능 객체로 만들 수 있다. for문이 요구하는 대로 요소를 순회하는 반복자를 제공하면 된다. 별도의 반복자를 만들 수도 있지만 클래스 스스로가 __iter__, __next__ 메서드를 구현하여 반복자를 내장함으로써 스스로 반복 가능 객체가 되는 것이 더 간편하다.

classiter

```
class Seq:
    def __init__(self, data):
        self.data = data
        self.index = -2
    def __iter__(self):
        return self
    def __next__(self):
        self.index += 2
```

```
            if self.index >= len(self.data):
                raise StopIteration
            return self.data[self.index:self.index + 2]

solarterm = Seq("입춘우수경칩춘분청명곡우입하소만망종하지소서대서")
for k in solarterm:
    print(k, end = ',')
```

입춘, 우수, 경칩, 춘분, 청명, 곡우, 입하, 소만, 망종, 하지, 소서, 대서,

Seq 클래스는 일련의 이름 목록을 저장해 두고 순서대로 하나씩 읽어 주는 기능을 제공한다. 자기 자신이 반복자의 역할을 수행하므로 __iter__ 메서드는 self를 리턴한다. __next__ 메서드는 순서값을 관리하며 하나의 요소에 대해 두 글자씩 잘라 읽어 준다.

생성자에서 현재 위치인 index를 −2로 초기화하여 첫 요소 이전을 가리킨다. 이렇게 해 둬야 처음 __next__를 호출할 때 2 증가한 0에서 읽기 시작하여 첫 요소를 꺼낸다. 다음 위치로 이동한 후 해당 위치의 두 글자를 잘라 리턴하며 끝까지 다 읽었으면 StopIteration 예외를 던진다.

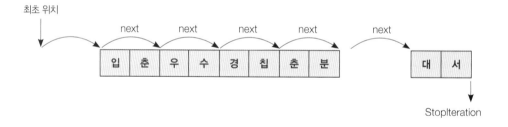

solarterm 객체는 24절기의 이름을 가진다. 두 글자로 되어 있는 절기명을 하나의 문자열에 이어서 나열해 두고 다음 요소를 찾을 때마다 두 글자씩 잘라 읽는다. 이해의 편의를 위해 요소 길이 2를 상수로 사용했는데 가변적인 크기를 지원하려면 생성자의 인수로 요소 크기를 받아 size 등의 멤버에 저장해 두고 사용하면 된다.

Seq 컨테이너는 for문이 요구하는 반복자를 정확하게 다 구현했으므로 for문으로 편리하게 순회할 수 있다. for k in solarterm 문장에 의해 반복자를 구하고 __next__ 메서드를 순서대로 호출하여 2글자씩 잘라 제어 변수 k에 대입해 주며 순회를 마친 후 루프를 탈출한다.

정보를 어떻게 저장하고 __next__ 메서드가 다음 요소를 어떻게 찾을 것인지는 컨테이너가 결정하기 나름이다. 고정 길이를 사용하는 대신 콤마나 공백으로 요소를 분리하면 지하철 노선도나 한강 다리 이름처럼 여러 글자로 된 목록을 저장해 두고 순서대로 꺼낼 수 있다.

제너레이터

반복자의 내부 구조는 명확하게 공개되어 있고 구조도 간단해서 이해하기 쉬운 편이다. 그러나 매번 관련 메서드를 작성하는 것은 무척 번거로운데 이럴 때는 제너레이터(Generator)로 반복자를 더 간단하게 만들 수 있다.

제너레이터는 일반적인 함수의 형태를 띠며 yield 명령으로 값을 리턴한다 yield 명령은 return문과 유사하되 변수의 마지막 값과 상태를 저장한다는 점이 다르다. Seq 클래스를 제너레이터로 만들어 보자. 앞 예제에 비해 길이가 짧고 단순하다.

generator

```
def seqgen(data):
    for index in range(0, len(data), 2):
        yield data[index:index+2]

solarterm = seqgen("입춘우수경칩춘분청명곡우입하소만망종하지소서대서")
for k in solarterm:
    print(k, end = ',')
```

제너레이터는 내부에서 __iter__, __next__ 메서드를 자동으로 생성한다. seqgen 제너레이터는 인수로 전달받은 문자열 데이터를 두 글자씩 분리하여 yield 명령으로 리턴한다. 제너레이터는 순회 위치인 index의 최종값을 내부에 저장해 두며 더 리턴할게 없을 때 StopIteration 예외를 던진다.

seqgen 제너레이터 함수에 의해 반복 가능 객체가 생성되며 순회할 준비를 해 둔다. for 루프는 객체의 __iter__ 메서드로 반복자를 구하고 매 반복마다 __next__를 호출하여 다음 요소를 구한다. 이때마다 yield 명령은 다음 요소를 찾고 그 다음 순회를 위해 상태를 저장한다.

더 간단한 방법으로 제너레이터 표현식도 쓸 수 있다. 리스트 컴프리헨션과 유사하지만 [ ] 괄호 대신 ( ) 괄호를 사용한다. 함수 대신 표현식 하나만으로 컨테이너를 만들 때 유용하다. 다음은 위 예제를 제너레이터 표현식으로 다시 쓴 것이다.

```
data = "입춘우수경칩춘분청명곡우입하소만망종하지소서대서"
for k in (data[index:index+2] for index in range(0, len(data), 2)):
    print(k, end = ',')
```

문자열에서 두 글자씩 빼내 순서대로 리턴하는 표현식이다. 코드는 짧지만 너무 함축적이어서 이해하기 어렵고 임의의 코드를 작성할 수 있는 클래스나 제너레이터에 비해 기능이 제한적이다. 너무 과다한 압축은 바람직하지 않다. 다음 두 구문은 똑같이 0 ~ 99의 숫자를 출력하지만 내부 동작이 조금 다르다.

```
for n in [i for i in range(100)]:
    print(n, end=",")
print("")
for n in (i for i in range(100)):
    print(n, end = ',')
```

위 코드는 리스트 컴프리헨션으로 리스트를 생성해 두고 반복을 시작한다. 따라서 반복을 시작하기 전에 모든 숫자가 메모리에 일단 생성된다. 아래쪽의 제너레이터 표현식은 숫자를 만들 수 있는 반복 가능 객체만 만들어 놓고 루프를 돌며 숫자를 생성한다.

범위가 좁을 때는 별 차이가 없지만 아주 큰 범위를 다룰 때는 모두 만들어 두고 시작하는 것보다 그때그때 만드는 것이 더 빠르고 메모리 효율도 좋다. 특히 중간에 반복을 그만둘 때는 두 코드의 속도 차이가 현격하게 벌어진다.

17.2 데코레이터

일급 시민

함수는 실행할 코드를 가진다는 면에서 값을 저장하는 변수와 여러 가지 면에서 다르다. 전통적인 언어는 함수를 변수와 달리 특별하게 취급한다. 그러나 파이썬을 포함한 함수형 언어는 함수도 변수와 똑같은 방식으로 다루며 다음과 같은 동작이 가능하다.

❶ 이름을 가진다.
❷ 다른 변수에 대입할 수 있다.
❸ 인수로 전달할 수 있다.
❹ 리턴할 수 있다.
❺ 컬렉션에 저장할 수 있다.

이런 특성을 가지는 것을 일급 시민(First Class Citizen)이라고 비유적으로 표현한다. 여기서 시민이란 프로그래밍 언어를 구성하는 객체를 의미하며 일급은 모든 권리를 다 가진다는 뜻이다. 즉 함수도 변수와 똑같이 취급한다. 과연 그런지 예제로 확인해 보자.

funcvalue

```
def add(a, b):
    print(a + b)

plus = add
plus(1, 2)
```

실행결과　3

두 정수를 더한 결과를 리턴하는 add 함수를 정의했다. plus = add 대입문은 add 함수를 plus에 대입한다. 호출하는 것이 아니라 함수를 직접 칭하는 문장이어서 add() 식으로 괄호를 붙이지 않고 이름만 쓴다. 대입에 의해 plus가 곧 add와 같으니 add를 호출하나 plus를 호출하나 실행 결과는 같다. 두 함수는 같은 시민이며 plus는 add의 별명이다.

함수끼리 대입 가능하므로 함수를 다른 함수의 인수로 전달할 수도 있다. 실인수를 형식인수로 전달하는 것은 일종의 대입이기 때문이다. 이 기능을 사용하면 어떤 함수의 세부 동작을 인수로 전달하여 호출원에서 조정할 수 있다.

---

funcpara

```
def calc(op,a,b):
    op(a,b)

def add(a, b):
    print(a+b)

def multi(a,b):
    print(a*b)

calc(add,1,2)
calc(multi,3,4)
```

실행결과	3 12

---

calc 함수는 정수 a, b에 대해 어떤 연산 op를 수행한다. 인수로 전달받은 op가 어떤 동작을 하는가에 따라 calc가 수행할 연산이 결정된다. 호출원은 연산의 대상인 a, b뿐만 아니라 연산의 종류까지도 op 인수로 통제할 수 있다. add 함수를 전달하면 두 값을 더하고 multi 함수를 전달하면 두 값을 곱한다.

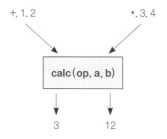

calc 함수는 인수로 op 함수를 전달받아 내부에서 op 함수를 대리 호출한다. 두 개의 인수를 취하는 함수라면 어떤 것이든 calc로 전달할 수 있다. 빼거나 나누는 것은 물론이고 거듭제곱이나 팩토리얼도 가능하며 두 인수를 받아 처리하는 모든 동작을 다 할 수 있다.

함수를 호출 대상으로만 사용하는 다른 언어에 비해 값으로 다루는 것은 직관성이 떨어져 이해하기 어렵다. 그러나 함수를 값으로 다루게 되면 재사용하기 쉽고 값뿐만 아니라 동작까지 조정할 수 있어 활용도가 증가한다. calc가 라이브러리 안에 들어 있어 수정할 수 없다 하더라도 전달하는 함수에 따라 동작이 달라진다.

지역 함수

지역 함수는 다른 함수 안에 정의되는 도우미 함수이다. 어떤 함수가 굉장히 길고 복잡한 동작을 수행한다면 그중 일부 동작을 지역 함수로 정의한다. 함수 내부의 반복되는 코드를 통합할 수 있어 소스가 짧아지며 관리하기 쉬운 이점이 있다.

localfunc

```
def calcsum(n):
    def add(a, b):
        return a+b

    sum = 0
    for i in range(n+1):
        sum = add(sum, i)
    return sum

print("~10 =", calcsum(10))
```

실행결과　~10 = 55

누적합을 계산하는 calcsum 함수는 덧셈을 수행하는데 이 동작을 처리하기 위해 add라는 지역 함수를 정의하였다. add는 calcsum 함수의 내부에 정의되었으며 이 함수 안에서 필요할 때 호출한다. 하지만 함수 내부에 있어 외부에서는 이 함수를 호출할 수 없다.

외부 함수

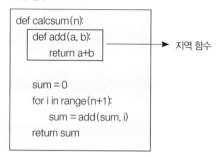

지역 함수

이 구조에서 add 함수는 calcsum에 완전히 소속되며 calcsum이 필요한 모든 것을 다 가지게 된다. 함수는 어차피 호출해서 사용하는 것이므로 꼭 완전히 포함할 필요 없이 다음과 같이 상호 평등한 관계로 작성해도 동작에는 문제가 없다. 그러나 이렇게 하면 calcsum이 add에 종속되어 독립성이 떨어지고 재사용이 번거롭다.

```python
def add(a, b):
    return a + b

def calcsum(n):
    sum = 0
    for i in range(n + 1):
        sum = add(sum, i)
    return sum
```

사실 지역 함수는 실용성이 높지 않으며 자바나 C도 지원하지 않는 고급 문법이다. 하지만 이 기능을 잘 사용하면 함수가 함수를 만들어 리턴하는 동작이 가능해진다. 다음 예제의 구조와 동작을 잘 관찰해 보자.

factoryfunc
```python
def makeHello(message):
    def hello(name):
        print(message + ", " + name)
    return hello

enghello = makeHello("Good Morning")
```

```
hanhello = makeHello("안녕하세요")

enghello("Mr kim")
hanhello("홍길동")
```

실행결과	Good Morning, Mr kim 안녕하세요, 홍길동

makeHello 함수는 인사말 문자열을 전달받아 인사말과 이름을 같이 출력하는 함수 hello를 생성하여 리턴한다. hello는 makeHello 내부에 정의된 지역 함수이지만 return문으로 반환되어 enghello, hanhello 등의 변수에 대입되어 메모리에 계속 유지된다. 함수가 함수를 실시간으로 만들어 낸다.

makeHello 함수의 인수로 "Good Morning"을 전달하면 영어로 인사하는 함수를 만들고 "안녕하세요"를 전달하면 한글로 인사하는 함수를 만든다. 이렇게 만들어진 함수에 사람의 이름을 전달하면 인사말과 이름이 같이 출력된다. 프랑스 인사말 함수나 일본어 인사말 함수도 똑같은 방식으로 만들 수 있다.

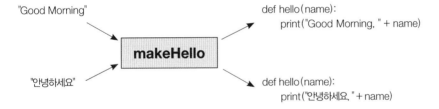

이 예제에서 특히 눈여겨볼 것이 있는데 makeHello로 전달되는 message 인수는 지역 변수여서 함수가 리턴하면 사라지는 것이 원칙이다. 그러나 makeHello가 만든 hello 함수를 대입받은 enghello나 hanhello가 호출될 때 message 문자열이 잘 출력된다. 지역 변수는 함수가 실행될 때만 존재하고 리턴하면 사라지는 것이 정상적이지만 이 경우에는 예외가 적용된다.

지역 변수가 지속 기간이 긴 함수에 의해 계속 사용된다면 해석기는 이 변수를 없애지 않고 클로저(Closure)라는 특수한 구조를 만들어 계속 유지한다. 인수뿐만 아니라 지역 변수도 마찬가지인데 함수 실행을 위해 꼭 필요한 것을 클로저에 저장해 둔다. makeHello 함수로 전달된 메시지 문자열은 hello 함수 정의문에 계속 살아남아 있다.

함수 데코레이터

데코레이터(Decorator)는 파이썬의 문법 중에 난이도가 가장 높아 선뜻 이해하기 어려운 개념이다. 앞에서 알아본 값으로서의 함수와 지역 함수의 문법을 잘 숙지해 두고 차근차근 연구해 보자. 데코레이터는 이름이 의미하듯이 함수에 장식을 붙이듯 앞뒤로 원하는 코드를 추가하는 기법이다.

이미 만들어진 함수에 동작을 추가하는 가장 쉬운 방법은 이 함수를 감싸는 것이다. 함수를 래핑(Wrapping)하여 원하는 코드를 추가하고 내부에서 원래 함수를 대리 호출하여 기능을 확장한다. 다음 예제는 이런 기법을 보여 준다.

wrapper

```
def inner():
    print("결과를 출력합니다.")

def outer(func):
    print("-" * 20)
    func()
    print("-" * 20)

outer(inner)
```

실행결과
```
--------------------
결과를 출력합니다.
--------------------
```

inner 함수는 뭔가 계산을 하여 결과를 출력한다. 이 함수를 수정하여 앞뒤로 다른 코드를 추가하고 싶다면 inner를 감싸는 래퍼 함수를 작성한다. outer 함수는 인수로 함수를 받아 내부에서 이 함수를 대리 호출하는 래퍼이다.

래퍼는 내부 함수를 호출하기 전이나 후에 어떤 코드든 마음대로 실행할 수 있다. 예제에서는 – 문자 20개를 출력하여 박스 형식의 장식을 출력했다. 인수의 개수만 맞다면 어떤 함수든지 감쌀 수 있다. outer로 hello를 감싸면 인사말 아래위로 밑줄을 그어 준다.

```
def hello():
    print("안녕하세요.")
outer(hello)
```

outer는 어떤 함수 앞뒤에 줄을 긋는 추가 동작을 수행한다. 앞뒤로 코드를 추가할 수 있을 뿐 내부 함수 자체를 변경할 수는 없다. inner나 hello의 출력 결과는 바뀌지 않으며 outer는 인수로 받은 함수를 대리 호출할 뿐이다.

함수를 래핑하여 동작을 추가하는 것은 아주 상식적이고 문법도 이해하기 쉽다. 그러나 호출 구문이 비직관적이다. inner 함수의 결과에 박스 장식을 원하는데 호출하는 함수는 outer(inner)여서 inner가 주체가 아닌 대상처럼 보인다. 박스를 원하는 모든 함수에 대해 outer를 호출하면서 인수로 함수를 전달하니 직관적이지 못하다. 더 좋은 방법을 찾아보자.

wrapper2

```
def inner():
    print("결과를 출력합니다.")

def outer(func):
    def wrapper():
        print("-" * 20)
        func()
        print("-" * 20)
    return wrapper

inner = outer(inner)
inner()
```

outer가 직접 박스를 그리지 않고 지역 함수 wrapper에게 이 작업을 시킨다. wrapper 지역 함수가 인수로 전달받은 함수를 대리 호출하며 outer는 wrapper 함수를 만들어 리턴한다. 이때 리턴하는 지역 함수를 inner 함수가 다시 대입받는데 이 구문에서 좌우변의 inner는 다른 함수이다.

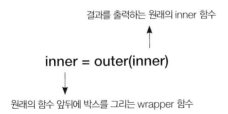

결과를 출력하는 원래의 inner 함수

inner = outer(inner)

원래의 함수 앞뒤에 박스를 그리는 wrapper 함수

outer로 전달되는 inner는 결과만 출력하는 함수이며 이 함수는 wrapper 지역 함수의 클로저에 기억된다. outer가 리턴하는 지역 함수 wrapper를 대입받는 inner는 새로 생성한 지역 함수에 대한 별명이다. 이제 inner를 호출할 때 outer를 거칠 필요 없이 inner() 라고 호출하면 된다.

원래의 inner를 주고 이것을 포장한 새로운 함수를 inner가 다시 대입받았다. 함수를 래핑하여 기능을 추가하는 이런 방식은 실용성이 높아 파이썬은 이 코드를 간단히 정의할 수 있는 방식을 지원한다. 내부 함수를 정의할 때 앞에 @외부 함수 형식으로 데코레이터를 붙인다. 다음 두 코드는 완전히 같다.

```
def inner():                    @outer
    print(...)        ➡        def inner():
inner = outer(inner)                print(...)
```

inner = outer(inner) 구문으로 함수를 포장하여 재정의하는 것을 간편하게 표기한 것이 @outer 데코레이터이다. 이 구문은 inner가 outer에 의해 래핑됨을 바로 알 수 있어 직관적이고 함수 정의문과 데코레이터가 붙어 있어 가독성이 좋다. 데코레이터를 사용하여 코드를 다시 작성해 보자.

```
decorator
def outer(func):
    def wrapper():
        print("-" * 20)
        func()
        print("-" * 20)
    return wrapper

@outer
def inner():
    print("결과를 출력합니다.")

inner()
```

똑같은 구문을 다르게 표기한 것뿐이므로 실행 결과는 완전히 같다. 여기까지의 예제는 어렴

풋이 이해는 되지만 지역 함수, 함수 리턴 등의 복잡한 문법이 동원되어 쉽지는 않다. 알듯 말듯 하면서도 선뜻 잘 이해되지 않는다. 그렇다면 이렇게 복잡한 문법을 과연 어디다 써먹을 수 있을까?

데코레이터는 기존 코드는 그대로 두고 추가적인 처리를 쉽게 할 수 있다는 면에서 편리하다. 한번만 잘 작성해 두면 일련의 여러 함수에 공통적으로 적용할 코드를 손쉽게 적용할 수 있고 유지 보수도 쉽다. 함수 실행 전에 특정한 조건을 점검한다거나 로그를 남길 수도 있다. 다음 예제로 실용적인 사용 예를 구경해 보자.

tagdeco

```
def para(func):
    def wrapper():
        return "<p>" + str(func()) + "</p>"
    return wrapper

@para
def outname():
    return "김상형"

@para
def outage():
    return "29"

print(outname())
print(outage())
```

실행결과	`<p>김상형</p>` `<p>29</p>`

웹 페이지에 문자열을 출력하려면 문단으로 감싸야 하니 앞뒤로 ⟨p⟩ ⟨/p⟩ 태그를 일일이 붙여야 한다. 출력 내용을 조사하는 함수마다 태그를 붙이는 것은 무척 번거로울 뿐만 아니라 똑같은 작업을 불필요하게 반복하는 것도 비효율적이다.

이럴 때는 ⟨p⟩ ⟨/p⟩ 태그를 자동으로 붙여 주는 para 데코레이터를 만들어 두고 정보를 출력하는 정의문에 @para만 붙이면 된다. 래퍼는 앞뒤로 태그를 붙이고 함수 출력문을 중간에 넣되 꼭 문자열을 리턴한다고 보장할 수 없으니 str 함수로 문자열로 강제 변환한다. 데코레이터를 이중으로 중첩해서 붙일 수도 있다.

```
def div(func):
    def wrapper():
        return "<div>" + str(func()) + "</div>"
    return wrapper

def para(func):
    def wrapper():
        return "<p>" + str(func()) + "</p>"
    return wrapper

@div
@para
def outname():
    return "김상형"

@para
@div
def outage():
    return "29"

print(outname())
print(outage())
```

```
<div><p>김상형</p></div>
<p><div>29</div></p>
```

div 데코레이터는 정보를 〈div〉〈/div〉 태그로 감싸 블록을 정의한다. 두 개 이상의 데코레이터를 붙이면 함수 정의문에 가까운 데코레이터부터, 즉 아래쪽부터 적용된다. outname의 경우 para가 먼저 이 함수를 래핑하여 〈p〉 태그가 먼저 붙고 다음으로 div가 래핑하여 〈div〉 태그를 붙인다.

이 예제는 데코레이터의 실용성을 잘 보여 준다. 숱하게 많은 함수에 일일이 태그를 붙일 필요 없이 필요한 함수 앞에 @para, @div만 붙이면 되니 간편하다. 데코레이터를 보면 이 정보가 문단이나 블록으로 정의된다는 것을 직관적으로 알 수 있으며 태그를 붙이는 방식이나 태그 자체를 일괄 변경하기 쉬운 관리상의 이점도 있다.

래핑되는 함수가 인수를 가질 때는 대리 호출할 때도 인수를 그대로 전달해야 한다.

outname, outage 함수가 상수가 아닌 이름과 나이를 인수로 받아 출력한다고 해 보자. 함수는 당연히 인수를 가질 수 있고 개수나 타입이 제각각인데 현재 구조로는 임의의 함수를 래핑할 수 없다.

decoarg

```
def para(func):
    def wrapper():
        return "<p>" + str(func()) + "</p>"
    return wrapper

@para
def outname(name):
    return "이름:" + name + "님"

@para
def outage(age):
    return "나이:" + str(age)

print(outname("김상형"))
print(outage(29))
```

실행결과

```
Traceback (most recent call last):
  File "C:/PyStudy/CharmTest/CharmTest.py", line 14, in <module>
    print(outname("김상형"))
TypeError: wrapper() takes 0 positional arguments but 1 was given
```

outname과 outage는 인수를 받지만 이 함수를 대리 호출하는 wrapper는 func() 형태로만 대리 호출하여 인수가 적용되지 않는다. 모든 종류의 인수를 개수에 상관없이 다 받으려면 wrapper가 가변 인수를 받아야 한다. 다행히 파이썬은 가변 인수와 가변 키워드 인수를 훌륭히 지원하고 있어 인수 목록을 일반화하기 쉽다.

decoarg2

```
def para(func):
    def wrapper(*args, **kwargs):
        return "<p>" + str(func(*args, **kwargs)) + "</p>"
    return wrapper
```

```
@para
def outname(name):
    return "이름:" + name + "님"

@para
def outage(age):
    return "나이:" + str(age)

print(outname("김상형"))
print(outage(29))
print(outname.__name__)
```

```
<p>이름:김상형님</p>
<p>나이:29</p>
wrapper
```

임의의 인수를 받기 위해 wrapper가 *args, **kwargs 인수를 받고 내부 함수에게 이 인수를 그대로 전달한다. 가변 인수이므로 개수나 타입에 상관없이 임의의 인수 목록을 모두 받을 수 있다. outname은 문자열을 받고 outage는 정수를 받지만 뭐든 간에 인수 전체가 wrapper를 거쳐 원래의 함수로 고스란히 전달된다.

wrapper는 내부 함수로 전달된 인수 목록까지 그대로 전달하여 대리 호출하므로 기능상의 문제는 없다. 하지만 원래 함수가 래퍼를 가리키는 상태에서 함수의 속성이 바뀌는 문제가 있다. 위 예제의 마지막 줄에서 outname 함수의 __name__ 속성을 출력했는데 함수의 이름이 wrapper로 바뀌어 버렸다.

outname의 함수명은 outname이어야 하는데 이 함수를 래핑한 wrapper로 출력된다. 함수명뿐만 아니라 함수 관련 설명인 __doc__ 속성도 바뀐다. 호출은 정상적이지만 함수내에서 자신의 정보를 참조하면 래퍼의 정보를 읽는 미세한 차이가 있다. 데코레이터끼리 중첩되면 래퍼를 다시 래핑하니 더 복잡하고 골치 아픈 문제가 발생한다.

이런 문제를 해결하기 위해 파이썬은 functools 모듈의 wraps 데코레이터를 제공한다. wraps는 원래 함수의 속성을 래퍼에 복사하여 함수의 정보를 유지한다. 위 예제를 더 완벽하게 작성하려면 func 내부 함수에 @wraps 데코레이션을 붙여 준다.

```
from functools import wraps

def para(func):
    @wraps(func)
    def wrapper(*args, **kwargs):
        return "<p>" + str(func(*args, **kwargs)) + "</p>"
    return wrapper

@para
def outname(name):
    return "이름:" + name + "님"

@para
def outage(age):
    return "나이:" + str(age)

print(outname("김상형"))
print(outage(29))
print(outname.__name__)
```

실행결과	<p>이름:김상형님</p> <p>나이:29</p> outname

@wraps 데코레이터의 내부는 굉장히 복잡하다. 내부 함수와 가변 인수를 모아 partial이라는 호출 가능 객체를 생성하는데 이 과정에서 함수의 모든 정보를 복사하고 인수를 추가하거나 일부 수정도 가능하다. 굳이 내부 구조까지 상세히 분석해 볼 필요는 없고 원래 함수의 속성을 유지한 채 가변 인수를 모두 받아들이는 래퍼를 만든다고 생각하면 된다.

클래스 데코레이터

객체는 일종의 변수이지만 괄호를 붙여 obj() 식으로 호출하면 클래스의 __call__ 특수 메서드가 자동으로 호출된다. 이 점을 이용하면 __call__ 메서드에서 원래 함수를 호출하기 전이나 후에 추가 작업이 가능해 데코레이터를 만들 수 있다.

객체를 생성할 때 인수로 원래 함수를 받아 저장해 두고 __call__에서 대리 호출하는 식이다.

데코레이터를 객체로 정의한다는 차이가 있을 뿐 기능상으로 특별한 것은 없어 함수 데코레이터보다 사용 빈도는 낮다.

classwrapper

```
class Outer:
    def __init__(self, func):
        self.func = func

    def __call__(self):
        print("-" * 20)
        self.func()
        print("-" * 20)

def inner():
    print("결과를 출력합니다.")

inner = Outer(inner)
inner()
```

클래스이므로 첫 자를 대문자로 한 Outer로 이름을 붙였다. 생성자에서 래핑할 함수를 받아 self.func에 저장해 두고 __call__에서 이 함수를 호출한다. Outer(inner)는 객체 생성문이며 인수로 inner 함수를 전달하여 객체를 생성한 후 다시 inner에 대입했다.

이때 생성자로 전달되는 inner는 래핑할 함수이고 리턴값으로 받은 inner는 래핑한 객체이다. Outer 클래스가 __call__ 메서드를 구현하고 있으므로 inner() 식으로 객체를 함수 형식으로 호출하면 래핑한 함수가 호출된다. 이 구문을 더 간단하게 줄이면 클래스 데코레이터가 된다.

classdeco

```
class Outer:
    def __init__(self, func):
        self.func = func

    def __call__(self):
        print("-" * 20)
```

```
        self.func()
        print("-" * 20)

@Outer
def inner():
    print("결과를 출력합니다.")

inner()
```

데코레이터를 붙이는 방식은 함수 데코레이터와 같다. 함수 정의문 위에 @Outer 식으로 데코레이터를 붙이면 클래스가 이 함수를 래핑해 두었다가 객체를 호출할 때 _ _call_ _ 메서드를 호출하여 추가 작업과 원래 함수를 호출한다.

eval

컴파일 언어는 모든 코드를 완전히 번역한 후 실행하며 실행 시점에 모든 코드가 완성되어 있다. 이와 달리 번역하면서 실행하는 인터프리터 언어는 코드를 실행 중에 생성해낼 수 있다. 프로그램이 자신을 스스로 만들어 낼 수 있고 사용자가 입력한 임의의 코드를 실행하는 것도 가능하다.

eval 함수는 문자열 형태로 된 파이썬 표현식을 평가하여 그 결과를 리턴한다. 미리 작성된 소스 코드가 아닌 실행 중에 만든 문자열을 넘기면 해석기가 코드를 분석 및 실행하는 방식이다. 이 함수를 사용하면 실시간으로 코드를 만들어 실행할 수도 있다.

eval

```python
result = eval("2 + 3 * 4")
print(result)

a = 2
print(eval("a + 3"))

city = eval("['seoul', 'osan', 'suwon']")
for c in city:
    print(c, end = ', ')
```

실행결과
```
14
5
seoul, osan, suwon,
```

문자열 형태의 "2 + 3 * 4" 수식을 전달하면 이 수식을 계산하여 14라는 결과를 생성한다. 파이썬 해석기가 표현식을 직접 해석하고 평가하므로 파이썬 문법에만 맞으면 어떠한 복잡한 수식도 평가할 수 있다. 만약 문자열 내의 표현식에 에러가 있다면 에러도 실시간으로 처리된다.

주변 환경도 인식할 수 있어 전역 변수와 지역 변수를 참고하기도 한다. 코드에서 a 변수를 초기화하고 eval의 인수 목록에서 "a + 3"을 평가하면 5를 리턴한다. 리스트나 객체 같은 더 크고 복잡한 것도 얼마든지 생성해 낼 수 있다. city 리스트를 생성한 후 과연 제대로 초기화되었는지 출력해 보았다.

eval의 인수는 문자열이며 따라서 실시간으로 조립할 수도 있고 사용자가 입력해 넣을 수도 있다. 소스 코드에 없는 내용을 실행 중에 만들어 평가할 수 있다는 면에서 유용하다. 이 기능을 활용하여 사용자에게 다항식을 입력받아 계산하는 예제를 만들어 보자.

simplecalc

```
import math

while True:
    try:
        expr = input("수식을 입력하세요(끝낼 때 0) : ")
        if expr == '0':
            break
        print(eval(expr))
    except:
        print("수식이 잘못되었습니다.")
```

실행결과	수식을 입력하세요(끝낼 때 0) : 365 * 24 8760 수식을 입력하세요(끝낼 때 0) : (56 * 23) / 18.4 + 2 ** 5 102.0 수식을 입력하세요(끝낼 때 0) : math.sqrt(2) 1.4142135623730951

계속 사용할 수 있도록 무한 루프를 구성했으며 사용자가 잘못된 수식을 입력할 가능성이 높아 예외 처리 구문으로 감쌌다. 파이썬이 제공하는 모든 연산자를 쓸 수 있고 괄호로 우선순위를 지정할 수도 있다. 복잡한 수식을 해석하여 우선순위에 맞게 연산하는 코드를 직접 만드는 것은 만만치 않은 작업이지만 eval 함수가 대신해 준다.

math 모듈을 미리 임포트해 두었으므로 수학 함수도 자유롭게 호출할 수 있어 웬만한 공학 계산기만큼의 성능을 낸다. 물론 이 계산기를 제대로 사용하려면 파이썬 문법을 알아야 하고 수학 함수의 이름과 사용법도 정확히 알고 있어야 한다.

실행 후 수식을 입력하는 것이 번거롭다면 명령행으로 수식을 전달받아 바로 계산하는 방식도 실용적이다. 이미 입력한 수식의 히스토리를 제공하여 재실행하거나 편집 후 실행하는 기능도 추가해 볼 만하다.

repr

eval 함수는 문자열로 된 표현식을 평가하여 값을 만들어 내며 이 값을 변수에 대입하면 실행 중에 변수값을 결정할 수 있다. repr 함수는 그 반대의 동작을 수행하는데 객체로부터 문자열 표현식을 생성한다. 문자열을 생성한다는 점에서 str 함수와 유사하지만 결과가 표현식이라는 면에서 형식성이 더 엄격하다. 다음 예제로 str 함수와 repr 함수의 차이점을 관찰해 보자.

strrepr

```
print(str(1234), end = ', ')
print(str(3.14), end = ', ')
print(str(['seoul', 'osan', 'suwon']), end = ', ')
print(str('korea'))

print(repr(1234), end = ', ')
print(repr(3.14), end = ', ')
print(repr(['seoul', 'osan', 'suwon']), end = ', ')
print(repr('korea'))
```

실행결과	1234, 3.14, ['seoul', 'osan', 'suwon'], korea
	1234, 3.14, ['seoul', 'osan', 'suwon'], 'korea'

정수, 실수, 리스트, 문자열에 대해 각각 str 함수와 repr 함수를 호출하여 문자열로 변환했다. 앞쪽 셋은 두 함수의 변환 결과가 같지만 문자열에 대한 결과는 다르다. str 함수는 사람이 읽기 쉽게 객체의 내용을 보여 주는 것이 목적이어서 문자열이 원래의 모습을 유지한다.

반면 repr 함수는 사람을 위한 문자열이 아닌 해석기를 위한 표현식을 만들어 내며 이 표현식으로 객체를 다시 만들 수 있어야 한다. 정수는 값만 문자열에 넣으면 되지만 문자열은 따옴표까지 같이 담아야 유효한 표현식이 된다.

str('korea')는 내용물인 korea로 변환하지만 repr('korea')는 따옴표까지 포함하는 문자열이다. 문자열 안에 문자열을 담아 표현하다 보니 좀 헷갈리는 면이 있고 스크립트상에서는 이 차이가 덜 명확하게 보이는데 명령행에서 두 함수를 호출해 보자.

```
>>> str('korea')
'korea'
>>> repr('korea')
"'korea'"
```

둘 다 화면으로 출력된 것이라 어차피 다 문자열이기는 하다. str 함수는 그냥 문자열을 리턴하는 반면 repr 함수는 문자열 표현식을 문자열로 출력한다. 명령행이 문자열이라는 것을 표시하기 위해 감싸 놓은 따옴표 때문에 헷갈리는데 두 함수가 리턴하는 문자열의 실제 모습은 다음과 같다.

문자열을 감싸는 따옴표가 있는가 없는가가 다른데 즉 단순한 출력을 위한 문자열인지, 문자열 표현식인지의 차이가 있다. repr 함수는 객체를 문자열 표현식으로 만들고 eval 함수는 반대로 표현식으로부터 객체를 만들어 낸다. 다음 예제로 확인해 보자.

repreval

```
intexp = repr(1234)
intvalue = eval(intexp)
print(intvalue)

strexp = repr('korea')
strvalue = eval(strexp)
print(strvalue)
```

실행결과	1234 korea

정수를 repr 함수로 표현식 intexp로 바꾼 후 다시 eval 함수로 정수값 intvalue로 바꾸었다. 1234가 "1234"가 되었다가 결국 다시 1234가 된다. 문자열에 대해서도 똑같이 할 수 있

는데 repr로 표현식을 만들고 eval로 다시 문자열로 만든다. 'korea'가 "'korea'"가 되고 다시 'korea'가 된다. 그러나 다음 코드는 동작하지 않는다.

```
strexp = str('korea')
strvalue = eval(strexp)
print(strvalue)
```

str 함수는 해석기가 읽을 수 있는 표현식이 아닌 사람을 위한 문자열을 만들기 때문에 eval 함수가 원래 객체를 생성할 수 없다. 명령행에서 단순한 문자열과 표현식의 차이를 테스트해 보자.

```
>>> eval("'korea'")
'korea'
>>> eval('korea')
Traceback (most recent call last):
  File "<pyshell#14>", line 1, in <module>
    eval('korea')
  File "<string>", line 1, in <module>
NameError: name 'korea' is not defined
```

eval 함수는 문자열로 된 표현식을 인수로 취하는데 문자열을 표현하려면 문자열 안에 문자열을 넣어야 한다. "'korea'"는 문자열 형태로 표기한 문자열 표현식이며 문자열 객체로 잘 변환된다. 바깥쪽 큰따옴표는 eval 인수로 전달하기 위해 감싼 것이고 안쪽 작은따옴표는 이 값이 문자열이라는 뜻이다.

반면 eval('korea')는 인수만 문자열일 뿐 그 안에 있는 내용은 korea라는 변수를 의미할 뿐 문자열 표현식이 아니다. 외부에 korea라는 변수가 있다면 그 값이 출력되겠지만 현재 이 변수가 없으니 에러로 처리되며 제대로 변환되지 않는다.

repr 함수의 원래 임무는 객체를 표현식 문자열로 만드는 것이다. 클래스는 이런 목적으로 __repr__ 특수 메서드를 제공하는데 이 메서드에 자신을 표현식으로 변환하는 코드를 작성해 놓으면 repr 함수로 객체를 문자열화할 수 있고 이 문자열로 다시 객체를 만들 수 있다.

```
classrepr
```

```
class Human:
    def __init__(self, age, name):
        self.age = age
        self.name = name
    def __str__(self):
        return "이름 %s, 나이 %d" % (self.name, self.age)
    def __repr__(self):
        return "Human(" + str(self.age) + ",'" + self.name + "')"

kim = Human(29, "김상형")
print(kim)
kimexp = repr(kim)
kimcopy = eval(kimexp)
print(kimcopy)
```

실행결과
```
이름 김상형, 나이 29
이름 김상형, 나이 29
```

Human 클래스에 __repr__ 메서드를 정의하고 자신의 나이와 이름으로 객체를 생성하는 문장을 리턴했다. 이 코드가 있으면 객체를 표현식으로 바꿀 수 있으며 이렇게 바꾼 표현식을 eval 함수로 전달하여 객체를 다시 생성한다.

이 기능을 잘 사용하면 객체를 표현식으로 바꾸어 네트워크로 전송하거나 데이터베이스에 저장할 수 있고 표현식으로부터 객체를 다시 만들어 내기도 한다. 입체적인 객체를 단 하나의 짧은 문자열로 바꿔 놓을 수 있다. 최종 사용자에게 실용적인 기능이라고 보기는 어렵지만 객체를 자유자재로 관리할 수 있다는 면에서 의미가 있다.

exec

eval 함수는 실행 중에 표현식을 평가한다는 면에서 아주 유용하다. 그러나 표현식만 평가할 수 있을 뿐 파이썬 코드를 직접 실행하는 것은 아니다. 다음 코드는 에러 처리된다.

```
eval("value = 3")
print(value)
```

eval 함수가 외부의 변수를 참고할 수는 있지만 직접 변수를 만들지는 못한다. 표현식 (Expression)은 하나의 값을 만들어 내는 수식인데 비해 value = 3은 대입이라는 동작을 수행하는 문장(Statement)이다. 대입문의 우변에 있는 것이 표현식이고 대입문 자체는 문장이다.

eval 함수는 표현식을 평가할 뿐 문장을 실행하는 것은 아니다. 파이썬 코드를 실행하는 함수는 exec이다. 문자열 안에 파이썬 코드를 작성해 두면 마치 이 코드가 소스 위치에 있는 것처럼 실행된다. 물론 코드의 문법에는 이상이 없어야 한다.

exec

```
exec("value = 3")
print(value)
exec("for i in range(5):print(i, end = ', ')")
```

실행결과	3 0, 1, 2, 3, 4,

value = 3 대입문에 의해 실제로 value 변수가 생성되며 코드에서 value 값을 출력할 수도 있다. 파이참 같은 통합 개발툴의 편집기는 value가 없는 변수라는 잔소리를 출력하지만 실제로 실행해 보면 실시간으로 변수를 만들어 내기 때문에 아무 이상 없이 잘 실행된다.

for 루프를 돌리며 반복적인 처리도 가능하며 if문으로 조건을 판단할 수도 있다. 삼겹 따옴표로 감싸 여러 줄의 코드를 한꺼번에 실행할 수도 있고 이 코드를 반복적으로 처리하는 것도 가능하다. 다음 예제는 루프를 10번 실행한다.

exec2

```
for n in range(10):
    exec("""
for i in range(5):
    print(i, end = ', ')
print()
""")
```

실행결과	0, 1, 2, 3, 4, 0, 1, 2, 3, 4, 0, 1, 2, 3, 4, ...

이때 들여쓰기에 유의해야 하는데 문자열 내의 코드도 파이썬 규칙에 맞게 들여쓰기를 지켜야한다. exec 호출문은 바깥쪽 for문에 걸리므로 들여 쓰고 exec 내의 for문은 문자열 내의 새로운 코드이므로 내어 써야 한다. 숫자 다섯 개를 출력한 후 별도로 한 번 더 개행하는 코드도 추가하여 한 행에 한 줄씩 출력했다.

코드가 코드를 포함하다 보니 소스 모양이 요상스러울 수밖에 없다. 이 예제도 이상 없이 잘 실행되지만 매 반복마다 문자열 내의 코드를 분석해서 실행하기 때문에 속도는 느리다. 계속 실행할 코드라면 미리 해석해 놓을 수 있는데 이때는 complie 함수를 사용한다.

source 인수로 문자열 코드를 줄 수도 있고 filename 인수로 스크립트 파일을 줄 수도 있되 문자열에 코드를 정의할 때는 파일명에 "〈string〉"이라고 적는다. mode 인수는 실행 방식을 지정하는데 표현식이면 'eval', 여러 줄의 문장이면 'exec'라고 지정하며 명령행에서처럼 print 명령 없이도 값을 출력하려면 'single'을 지정한다.

compile

```
code = compile("""
for i in range(5):
    print(i, end = ', ')
print()
    """, '"<string>', 'exec')

for n in range(10):
    exec(code)
```

이 정도 예제에서 속도 차를 체감하기는 어렵지만 코드를 컴파일해 놓으면 해석을 미리 해 두기 때문에 exec로 직접 실행하는 것보다 훨씬 빠르다. exec 함수를 사용하면 외부의 파이썬 스크립트를 불러와 실행하는 것도 가능하다.

```
exec(open("some.py").read())
```

파일을 열고 내용을 읽어 exec 함수로 넘기면 이 스크립트가 그대로 실행된다. 이 구문은 명령행에서도 사용할 수 있어 스크립트를 작성해 놓고 필요할 때마다 불러와 실행할 수 있다. 파이썬 2.x에서는 execfile이라는 함수가 이 역할을 담당했었는데 3.x에서는 exec로 바뀌었다.

18장

그래픽

18.1 | Tkinter

윈도우 생성

콘솔 환경은 글자만 스크롤되는 단순한 환경이라 문법 공부에는 적합하지만 출력이 썰렁하고 제한적이어서 실습의 재미가 없다. 또 요즘 같은 그래픽 환경에서 텍스트 모드를 쓸 일이 드물어 실용성이 떨어진다. 파이썬은 Tcl/Tk와 그 하위 모듈인 터틀로 그래픽을 지원한다.

Tcl(Tool Command Language)은 스크립트 언어의 일종으로 배우기 쉽고 기능도 강력하며 Tk는 크로스 플랫폼을 지원하는 GUI 툴킷이다. 이 둘은 보통 같이 사용되어 묶어서 Tcl/Tk라고 부른다. 운영체제 전용의 그래픽 라이브러리에 비해 기능이 약간 아쉽지만 플랫폼에 상관없이 일관된 모습을 제공한다는 면에서 가벼운 프로그램을 작성하기에는 충분하다.

Tcl/Tk를 파이썬에서 사용할 수 있도록 인터페이스해 주는 모듈이 TkInter이다. Tk 자체와 TkInter는 많이 달라 Tk를 먼저 공부한 후 TkInter를 배우는 것이 효율적이지만 시간이 너무 많이 든다. 여기서는 Tk는 모른다고 가정하고 파이썬에서의 TkInter 위주로 간략하게 소개한다.

TkInter는 파이썬에 기본 내장되어 있어 별도의 설치는 필요 없으며 tkinter 모듈(2.x에서는 Tkinter)을 임포트하면 Tk의 그래픽 기능을 바로 활용할 수 있다. 단 세 줄의 코드만 작성해도 그래픽 환경의 윈도우가 생성된다. 명령행에서 실습하기는 어렵고 스크립트를 작성해야 한다.

tkwindow

```
from tkinter import *
main = Tk()

main.mainloop()
```

tkinter 모듈로부터 모든 것을 임포트한다. 공개 클래스가 많지 않아 전체 임포트해도 안전하다. 그래픽을 출력하려면 먼저 메인 윈도우를 띄워야 한다. Tk 함수는 메인 윈도우를 생성하는데 타이틀 바와 경계선, 출력 표면을 가진 우리가 흔히 보는 윈도우를 생성한다.

그래픽 환경의 윈도우는 운영체제가 보내 주는 메시지에 반응을 보이며 협조적으로 실행된다. 창을 그리거나 이동하는 모든 동작이 메시지로 처리된다. mainloop 함수를 호출하면 이후 운영체제의 메시지를 디폴트 처리한다. 평범한 윈도우가 화면에 나타난다.

타이틀 바를 드래그하여 옮길 수 있고 경계선을 드래그하여 크기를 바꿀 수 있으며 최소, 최대, 종료 가능하다. 그러나 기본 윈도우만 만들었을 뿐 별다른 코드가 없어 사용자의 입력을 받거나 유용한 정보를 보여 주지는 않는다.

위젯 배치

메인 윈도우 안에 위젯을 배치하고 이벤트를 처리하면 그래픽 환경에서 실행되는 프로그램이 된다. Tk() 함수 호출문과 mainloop 호출문 사이에 위젯을 생성하는 코드를 작성해 보자.

widget

```
from tkinter import *
main = Tk()
main.title("Tk Test")
main.geometry("300x200")

lbl = Label(main, text="Label", font="Arial 20")
lbl.pack()
apple = Button(main, text="Apple", foreground="Red")
apple.pack()
orange = Button(main, text="Orange", foreground="Green")
orange.pack()

main.mainloop()
```

title 메서드는 타이틀 바의 캡션을 설정하고 geometry 메서드는 윈도우의 크기를 지정한다. 크기는 임의대로 지정할 수 있으며 생성 후에도 사용자가 경계선을 드래그하여 마음대로 바꿀 수 있다. 다음 메서드는 가로, 세로 방향에 대해 크기 변경 여부를 지정하는데 양쪽 다 금지하면 윈도우 크기는 고정된다.

```
main.resizable(False, False)
```

메인 윈도우 안에 차일드 위젯을 배치하여 사용자 인터페이스를 디자인한다. Tk는 15가지 종류의 위젯을 지원하는데 레이블, 버튼, 라디오, 체크, 리스트 박스 등 GUI 환경에서 일반적인 위젯을 모두 지원한다. 위젯 간의 계층은 없고 모두 수평적인 형제 관계이다.

먼저 레이블을 생성한다. 위젯 생성 함수의 첫 번째 인수는 항상 부모 윈도우(Master)이며 키워드 인수로 위젯의 옵션을 설정한다. 키워드 인수가 도입되기 전에는 사전으로 옵션을 지정했는데 지금도 이 방법을 쓸 수 있다. 위젯을 먼저 생성해 두고 사전의 키에 값을 대입하듯이 옵션을 지정한다.

```
lbl = Label(main)
lbl["text"]="Label"
lbl["font"]="Arial 20"
```

레이블의 텍스트를 Label로 설정하고 폰트를 크게 지정했다. 위젯을 생성한 후 여러 개의 옵션을 한꺼번에 지정할 때는 config 함수로 키워드 인수를 나열한다.

```
lbl.config( text="Label", font="Arial 20")
```

옵션은 위젯의 모양이나 동작에 변화를 주어 활용도를 높여 준다. 모든 위젯에 공통적으로 적용되는 공유 옵션과 위젯별로 적용되는 고유 옵션이 있는데 굳이 구분할 필요는 없다. 옵션의 의미는 이름으로부터 쉽게 유추할 수 있는데 text는 캡션이며 문자열 형태로 지정한다.

font는 글꼴이되 폰트 페이스, 높이, 스타일 등을 튜플로 지정하고, 폰트 페이스에 공백이 없으면 하나의 문자열로 지정할 수 있다. "Arial 20 italic"으로 지정하면 기울임 글꼴로 출력된다. bold, underline, overstrike 등의 스타일을 조합하거나 동시에 지정 가능하다.

foreground는 전경색을 지정한다. 색상명은 평이한 영어로 되어 있되 대소문자 구분은 없고 띄어쓰기도 자유롭게 지정할 수 있다. 임의의 색상을 지정하려면 #RGB 또는 #RRGGBB 형식으로 지정한다. 위젯별로 제공되는 옵션의 종류와 각 옵션의 포맷은 레퍼런스를 참고하자.

위젯을 생성한 후 pack 메서드를 호출하여 내용에 맞게 크기를 계산하고 화면이 보이도록 한다. 패커는 부모에 대한 위젯의 상대적인 위치를 결정하고 레이아웃을 구성한다. pack 함수를 호출해야 위젯의 크기와 좌표가 결정되어 비로소 화면에 나타난다. pack 함수의 인수로 정렬 방식, 채움, 여백 등의 상세 배치 속성을 지정한다.

같은 방법으로 Apple, Orange 두 개의 버튼을 더 생성하되 색상을 각각 빨간색과 초록색으로 지정했다. 차일드 위젯을 생성한 후 이벤트 루프로 진입하면 윈도우가 보이고 실행된다. 세 위젯을 수직으로 나란히 배치했다.

마우스로 버튼을 누르면 쑥 들어기는 모양을 보여 주되 이벤트에 반응하는 코드를 작성하지 않아 아무 동작도 하지 않는다. 이벤트 핸들러 함수를 작성하고 버튼의 command 속성에 이 함수를 지정하면 버튼을 클릭할 때 해당 함수가 호출된다.

```
event
from tkinter import *
main = Tk()
main.title("Tk Test")
main.geometry("300x200")
```

```
lbl = Label(main, text="Label", font="Arial 20")
lbl.pack()

def appleclick():
    lbl["text"] = "Apple"
apple = Button(main, text="Apple", foreground="Red", command=appleclick)
apple.pack()

def orangeclick():
    lbl["text"] = "Orange"
orange = Button(main, text="Orange", foreground="Green", command=orangeclick)
orange.pack()

main.mainloop()
```

Apple 버튼을 누르면 appleclick 이벤트 핸들러가 호출되어 레이블의 text 속성을 "Apple"로 변경한다. 마찬가지로 Orange 버튼을 누르면 레이블의 캡션을 "Orange"로 바꾼다. 두 버튼을 번갈아 누르면 레이블의 캡션이 계속 바뀐다. 어떤 이벤트를 어떻게 처리하는가에 따라 프로그램의 동작이 달라진다.

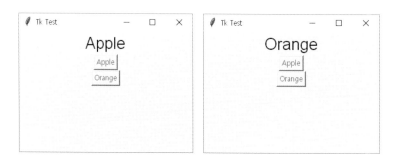

간단하게 레이블, 버튼 정도만 사용해 봤는데 Tk는 다양한 위젯은 물론 메뉴나 대화상자 등 GUI 프로그램이 가져야 할 보편적인 장치를 모두 제공한다.

대화상자

tkinter.messagebox 모듈은 실행 중에 메시지 박스를 통해 사용자에게 정보를 보여 주거나 간단한 질문을 하는 기능을 제공한다. 정보를 제공하는가 아니면 질문을 하는가에 따라 다음 함수 중 하나를 호출한다.

```
showinfo(title, message, option)
showwarning(title, message, option)
showerror(title, message, option)
askyesno(title, message, option)
askyesnocancel(title, message, option)
askokcancel(title, message, option)
askretrycancel(title, message, option)
askquestion(title, message, option)
```

show* 함수는 대화상자를 통해 정보를 보여 주고 ask* 함수는 질문을 한다. 사용자가 어떤 버튼을 눌렀는가는 리턴값으로 점검한다.

messagebox

```
from tkinter import *
import tkinter.messagebox

main = Tk()

def btnclick():
    if tkinter.messagebox.askyesno("질문", "당신은 미성년자입니까?"):
        tkinter.messagebox.showwarning("경고", "애들은 가라")
    else:
        tkinter.messagebox.showinfo("환영", "어서오세요. 고객님")
btn = Button(main, text="입장", foreground="Blue", command = btnclick)
btn.pack()

main.mainloop()
```

메인 윈도우에는 메시지 박스를 호출하는 버튼을 배치하고 이 버튼을 누를 때 메시지 박스로 질문을 한다. 인수로 타이틀 바에 표시할 제목과 질문 내용 문자열을 지정한다.

이 대화상자에서 사용자가 예 버튼을 누르면 True, 아니요를 누르면 False를 리턴한다. 그래픽 대화상자를 띄우고 메시지를 보여 주며 응답을 받는 것까지 다 해 주므로 리턴값만 점검해 보면 된다. 사용자의 응답 결과에 따라 두 종류의 메시지 박스를 출력했다.

아이콘만 다를 뿐 형태는 같다. 단순한 질문 외에 정수나 실수 또는 문자열을 입력받을 때는 tkinter.simpledialog 모듈의 askinteger, askfloat, askstring 함수를 사용한다. 사용 방법은 거의 비슷하되 리턴값이 입력받은 내용이라는 점만 다르다. 사용자가 취소 버튼을 누르면 None을 리턴한다.

askstring

```
from tkinter import *
import tkinter.messagebox
import tkinter.simpledialog

main = Tk()

def btnclick():
    name = tkinter.simpledialog.askstring("질문", "이름을 입력하시오")
    age = tkinter.simpledialog.askinteger("질문", "나이를 입력하시오")
    if name and age:
```

```
                tkinter.messagebox.showwarning("환영", str(age) + "세 " + name + "님
                   반갑습니다.")

   btn = Button(main, text="클릭", foreground="Blue", command = btnclick)
   btn.pack()

   main.mainloop()
```

버튼을 누르면 이름과 나이를 묻는 대화상자를 보여 주고 두 정보로 문자열을 조립하여 메시
지 박스로 보여 준다.

탑 레벨 윈도우를 하나 더 만들면 커스텀 대화상자를 생성하여 더 복잡한 정보를 보여 주거나
입력을 받을 수도 있다. 대화상자는 자체적으로 이벤트 루프를 돌려 스스로 메시지를 처리하
고 대화상자를 닫기 전에는 리턴하지 않는다.

메뉴

메뉴는 프로그램의 모든 기능을 집약적으로 보여 주는 보편적인 인터페이스이며 기능 전체를
노출하는 매뉴얼의 역할을 수행한다. 요즘은 툴바나 리본 등의 더 편리한 UI를 채용하는 경우
가 많아 사용 빈도가 줄어들었다.

타이틀 바 아래에 메뉴 바가 배치되고 파일, 편집, 보기 등 기능별로 항목이 구분되어 있다. 메
뉴 바의 항목을 누르면 아래로 팝업 메뉴가 펼쳐지며 팝업 메뉴 안에 명령이 배치된다. 이 구
조대로 메뉴를 구성하는 각 객체를 생성하여 연결한다.

```
from tkinter import *
import tkinter.messagebox

main = Tk()
main.title("Tk Test")
main.geometry("300x200")

menubar = Menu(main)
main.config(menu = menubar)

popup = Menu(menubar)
menubar.add_cascade(label = "파일", menu = popup)

def about():
    tkinter.messagebox.showinfo("소개", "메뉴 사용 예제입니다.")

popup.add_command(label = "소개", command = about)
popup.add_command(label = "종료", command = quit)

main.mainloop()
```

메뉴는 Menu 클래스로 생성한다. 인수로 부모 윈도우를 지정하고 윈도우의 config 함수로 이 메뉴를 지정하면 윈도우에 부착되는 메뉴 바가 만들어진다. 팝업 메뉴는 메뉴 바를 부모로 하여 생성하며 add_cascade 메서드로 부착한다. 팝업 메뉴는 메뉴를 펼치기만 할 뿐 그 자체가 명령은 아니어서 label 속성으로 캡션만 지정할 뿐 동작은 정의하지 않는다.

구체적인 명령을 수행하는 메뉴 항목은 팝업 메뉴의 add_command 메서드로 생성한다. label 인수로 메뉴의 캡션을 설정하고 command 인수로 선택했을 때 호출할 함수를 지정한다. 소개 항목에 대해 메시지 박스를 출력하는 about 함수를 호출했으며 종료 항목에 대해서는 윈도우의 quit 함수를 지정했다.

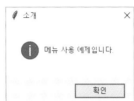

타이틀 바 아래쪽에 메뉴가 나타나며 팝업 메뉴를 펼쳐 명령을 선택한다. 선택 시 지정한 함수가 호출되므로 임의의 명령을 실행할 수 있다. 메뉴를 만들고 사용하는 방법은 쉽지만 별도의 디자인 툴이 없어 거대한 메뉴도 일일이 코드로 생성해야 하는 불편함이 있다.

그래픽 출력

파이썬에서 Tk의 가치는 그래픽을 그려 볼 수 있다는 것이다. 그래픽을 그리려면 캔버스 위젯을 배치하고 캔버스의 메서드로 도형을 배치한다. 다음 예제는 선 두 개와 사각형, 원을 그린다.

```
canvas

from tkinter import *
main = Tk()
c = Canvas(main, width=400, height=200)
c.pack()

c.create_line(10, 10, 100, 100)
c.create_line(10, 100, 100, 10, fill="blue")
c.create_rectangle(110, 10, 200, 100, outline="red", width=5)
c.create_oval(210, 10, 300, 100, width=3, fill="yellow")

main.mainloop()
```

Canvas 함수로 캔버스를 생성하며 width와 height로 폭과 높이를 지정한다. 이후 캔버스의 메서드로 도형을 배치한다. create_line은 직선을 배치하며 인수로 시작점과 끝점을 지정한다. 좌표 다음에는 각 도형의 여러 가지 고유한 속성을 지정하는데 fill은 선의 색상이다.

create_rectangle은 사각형을 그리며 outline은 외곽선의 색상이고 width는 선의 굵기이다. create_oval은 사각형에 내접하는 원을 그리며 fill은 내부를 채울 색상을 지정한다. 실행 결과는 다음과 같다.

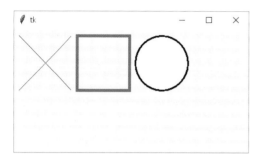

도형을 얼마든지 자유롭게 그릴 수 있지만 섬세하고 복잡한 그래픽을 표현하기에는 한계가 있다. 더 복잡한 그림은 그래픽 편집 프로그램을 사용하여 제작한 이미지로 출력한다.

canvasimage

```
from tkinter import *
main = Tk()
c = Canvas(main, width = 500, height = 400)
c.pack()

img = PhotoImage(file = "child.gif")
c.create_image(10, 10, image = img, anchor = NW)

main.mainloop()
```

Tk는 흑백의 비트맵과 컬러의 이미지를 지원하지만 그나마도 256 색상의 gif 포맷만 지원한다. 이미지 파일을 준비하고 PhotoImage 객체로 만든 후 캔버스의 create_image 메서드로 좌표, 정렬 기준점 등을 전달하여 출력한다.

캔버스에 배치되는 도형과 이미지는 각각이 독립된 객체이며 생성한 후에 이동, 변경, 삭제 가능하다. 심지어 각 도형에 대해 이벤트 처리까지 할 수 있다. 캔버스는 임의의 그림을 마음대로 그리는 페인팅 장치라기보다는 도형을 배치하고 편집하는 드로잉 장치이다. 즉 그림판보다는 파워포인트에 더 가깝다. 임의의 그래픽을 직접 그리려면 터틀 그래픽을 사용한다.

18.2 터틀 그래픽

터틀 그래픽

터틀 그래픽은 Logo 언어의 그래픽 라이브러리이다. 종이 위에서 펜을 움직이는 것처럼 거북이를 이동시켜 도형을 그리는 방식이다. 쉽고 직관적이어서 프로그래밍을 처음 시작하는 아동들에게 흥미를 유발시키는 교육용으로 주로 활용된다.

Tkinter의 서브 모듈로 구현되어 있으며 파이썬과 함께 기본 설치되어 언제든지 사용할 수 있다. 출력 결과가 그래픽이므로 명령행에서는 실행되지 않으며 그래픽 창이 별도로 열린다. 모듈을 임포트하는 문장과 거북이 모양을 설정하는 다음 두 줄로 시작한다.

```
import turtle as t
t.shape("turtle")
```

turtle 모듈명이 너무 길기 때문에 보통 t라는 짧은 별명을 붙인다. 꼭 필요한 것은 아니지만 모듈을 임포트한 직후 shape 메서드로 거북이의 모양을 설정한다. 거북이는 현재 좌표를 표시하는 일종의 커서 역할을 하는데 다음 중 하나를 선택한다.

	classic	turtle	triangle	arrow	square	circle
모양	➤	🐢	▶	▶	■	●

디폴트인 classic보다 거북이 모양의 shape("turtle")로 설정하는 것이 보기 좋고 실감난다. 최초 거북이는 화면 중앙에 위치하며 다음 메서드로 원하는 방향으로 움직여 캔버스에 그림을 그린다.

메서드	단축명	설명
forward(픽셀)	fd	앞으로 전진
backward(픽셀)	back	뒤로 후진
left(각도)	lt	왼쪽으로 회전
right(각도)	rt	오른쪽으로 회전

전진, 후진, 왼쪽으로, 오른쪽으로 이동하는 명령들이다. 메서드 이름이 쉬운 영어로 되어 있어 직관적이다. 입력 편의를 위해 짧은 단축명도 정의되어 있다. 스크립트에 다음 코드를 작성한 후 실행해 보자.

```
turtle
import turtle as t
t.shape("turtle")

t.forward(100)
t.right(90)
t.forward(100)
t.done()
```

18장

모듈에 별명 t를 붙이고 t로부터 거북이를 움직이는 메서드를 호출한다. 일일이 t.을 붙이는 것이 귀찮은데 *로 모든 것을 다 임포트하면 코드가 짧고 간결해진다.

```
from turtle import *
shape("turtle")

forward(100)
right(90)
forward(100)
done()
```

이렇게 해도 잘 실행되지만 터틀 그래픽의 메서드 이름이 너무 일반적이어서 다른 모듈과 충돌할 가능성이 높다. 좀 번거롭지만 모듈명을 밝히고 쓰는 것이 더 바람직하다. 실행하면 그래픽 창이 열리고 거북이가 이동하며 직선을 그리는 애니메이션을 보여 준다.

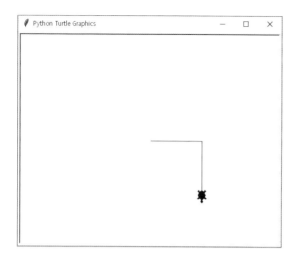

최초 거북이는 화면 중앙에 배치된다. 앞으로 100픽셀 전진하며 수평선을 긋고 오른쪽으로 90도 회전한 후 다시 100픽셀 아래로 이동한다. 전진, 우향우, 또 전진인 셈이다. 거북이가 종이 위에서 꼬리를 끌며 ㄱ자 모양의 도형을 그린다.

마지막의 done 메서드 호출문은 메시지 루프로 진입하여 창을 닫을 때까지 계속 유지하는 역할을 한다. IDLE에서 스크립트를 실행할 때는 없어도 되지만 파이참(PyCharm)에서 실행하거나 명령행에서 직접 실행할 때는 그림을 그린 후 창이 바로 닫혀 버리기 때문에 결과를 확인할 수 없다. 다음 예제는 삼각형을 그린다.

turtletriangle

```
import turtle as t
t.shape("turtle")

t.right(60)
t.forward(100)
t.right(120)
t.forward(100)
t.right(120)
t.forward(100)
t.done()
```

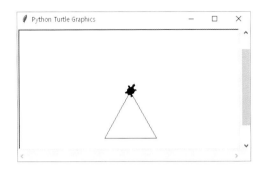

각도를 틀어 가며 세 번 움직이면 삼각형이 된다. 마치 펜을 종이에 대고 떼지 않고 그리는 것과 비슷하다. 여기까지만 보면 굉장히 단순해 보이지만 거북이를 어디로 어떻게 움직이는가에 따라 아주 복잡한 그림도 그릴 수 있다.

거북이 조정 메서드

거북이가 이동하는 족족 무조건 그리는 것은 아니고 상태를 변경하거나 여러 가지 속성을 조정한다. 꼬리를 들면 선은 긋지 않고 위치만 바꾸는데 종이에 펜을 떼고 이동하는 것과 같다. 거북이의 이동속도를 조정할 수 있고 현재 위치를 표시하는 거북이를 숨긴 채 그림만 그릴 수도 있다.

메서드	단축명	설명
pendown	down	꼬리를 내림(그리기 시작)
penup	up	꼬리를 올림(그리지 않고 이동)
speed(속도)		거북이 이동속도 변경. 1이 느리고 10이 빠르며 0이 가장 빠르다. 인수가 없으면 현재 속도를 조사하여 리턴한다.
showturtle	st	거북이를 표시한다.
hideturtle	ht	거북이를 숨긴다.
stamp		현재 위치에 거북이 모양의 도장을 찍는다. 도장의 id를 리턴하며 이후 개별적으로 또는 전부 삭제할 수 있다.
clear		화면을 지운다.
reset		화면을 지우고 거북이를 중앙에 배치한다.

교육용이다 보니 거북이가 이동하는 모습을 일일이 보여 주는데 아주 복잡한 그림은 애니메이션 없이 신속하게 그리는 것이 시원스럽다. 다음 예제는 속도를 느리게 지정하여 분리된 두 개의 선을 긋는다.

updown

```
import turtle as t
t.shape("turtle")

t.speed(1)
t.forward(100)
t.up()
t.forward(100)
t.down()
t.forward(100)
t.done()
```

100만큼 전진하며 선을 그은 후 거북이의 꼬리를 올린다. 이후부터는 거북이를 움직여도 위치만 바뀔 뿐 선은 그리지 않는다. 이 상태로 100만큼 이동한 후 꼬리를 내리고 100만큼 더 이동했다. 분리된 도형을 그릴 때는 꼬리를 올리고 내려 그리기 여부를 통제한다. 선 뿐만 아니라 원이나 사각형을 그릴 수도 있고 펜의 굵기나 색을 변경할 수도 있다.

메서드	단축명	설명
circle(반지름, 각도, 조각)		원을 그린다. 각도를 지정하면 원호를 그리며 조각을 지정하면 다각형을 그린다.
pensize(굵기)	width	펜의 굵기를 바꾼다.

pencolor(색)		펜의 색상을 바꾼다. 색상 이름 또는 r, g, b 인수로 지정한다.
bgcolor(색)		배경색을 바꾼다.
fillcolor(색)		채우기 색을 변경한다.
color(펜, 채우기)		펜의 색과 채우기 색을 한꺼번에 지정한다.
begin_fill()		칠할 준비를 한다.
end_fill()		도형 내부를 칠한다.

begin_fill() 메서드와 end_fill() 메서드 호출 사이에 폐곡선을 그리면 채우기 색으로 내부를 채운다. 다음 예제는 초록색 배경에 굵기 3의 파란색 펜으로 원을 그리고 내부를 노란색으로 색칠한다.

drawcircle

```
import turtle as t
t.shape("turtle")

t.pensize(3)
t.color("blue")
t.bgcolor("green")
t.fillcolor("yellow")
t.begin_fill()
t.circle(100)
t.end_fill()
t.done()
```

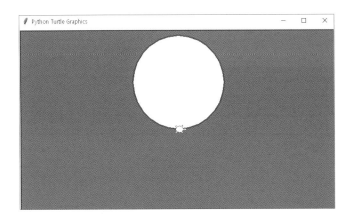

circle 메서드로 반지름만 지정하면 360도의 완전한 원을 그리지만 두 번째 인수로 각도를 지정하면 각도만큼만 원호를 그린다. circle(100, 180)으로 호출하면 180도의 반원을 그리며 이때 원호는 반시계 방향이다. 시계 방향으로 그리려면 반지름을 음수로 지정한다. 세 번째 인수로 조각을 지정하면 매끄러운 원이 아닌 조각만큼의 다각형을 그린다.

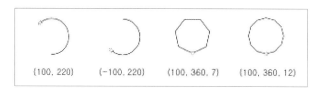

circle 함수의 인수 조합에 따라 원의 형태가 달라진다. 하나의 함수도 응용하기에 따라서 다양한 모양을 그릴 수 있다. 다음 메서드는 거북이에 대한 정보를 조사하거나 변경한다.

메서드	단축명	설명
xcor( ), ycor( )		거북이의 현재 좌표를 구한다. x, y 각각을 구할 수도 있고 두 값을 한꺼번에 구할 때는 pos 함수를 사용한다.
setpos(x, y)	goto	거북이의 좌표를 옮긴다.
distance(x, y)		현재 좌표에서 (x, y)까지의 거리를 구한다.
heading		거북이의 각도를 구한다.
towards(x, y)		(x, y) 좌표 쪽으로 각도를 변경한다.
setheading(각도)	seth	거북이의 각도를 변경한다. 오른쪽이 0도이며 위쪽이 90도이다.
home		거북이를 화면 중앙, 오른쪽 방향으로 옮긴다.
write(문자열)		문자열을 출력한다. 문자열, 이동 여부, 정렬, 폰트, 크기 등의 인수를 전달한다.

원하는 절대 좌표로 이동할 수 있고 현재 좌표를 조사한 후 상대적인 위치로 이동할 수도 있다. 거북이를 움직이는 메서드는 단순하지만 이들을 어떻게 조합하는가에 따라 멋진 그림이 그려진다. 루프를 돌며 비슷한 명령을 반복 실행하면 짧은 코드로도 복잡한 모양을 만들어 낸다.

```
import turtle as t
t.shape("turtle")

for a in range(5):
    t.forward(150)
    t.right(144)
t.done()
```

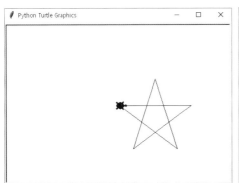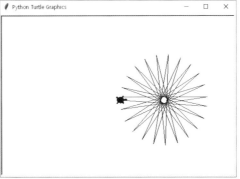

150 전진하고 144도 각도 틀기를 5번 반복하면 별 모양이 그려진다. 별의 안쪽 모서리 각도가 36도이기 때문에 144도 회전했는데 이 값을 변경하면 안쪽 모서리가 뾰족해져 별의 팔이 더 많아진다. 코드를 다음과 같이 수정해 보자.

```
for a in range(23):
    t.forward(200)
    t.right(172)
```

일정한 거리를 각도를 틀어 가며 왔다 갔다 하면 이런 기하학적인 모양이 나타난다. 여기에 색상과 펜 굵기까지 바꾸면 제법 멋있는 그림을 그릴 수 있다.

이벤트 처리

터틀 그래픽은 Tkinter의 하위 모듈이어서 GUI 환경에서 일반적으로 발생하는 거의 모든 이벤트를 처리할 수 있다. 다음 메서드로 이벤트 발생 시 호출할 함수를 지정한다.

메서드	설명
onkeypress(함수, "키")	키를 누르면 지정한 함수를 호출한다.
onkeyrelease(함수, "키")	키를 놓으면 지정한 함수를 호출한다.
onscreenclick(함수, 버튼)	마우스 버튼을 누르면 지정한 함수를 호출한다. 버튼 생략 시 1번인 왼쪽 버튼이 적용된다.
ontimer(함수, 시간)	일정 시간 후에 함수를 호출한다. 시간은 1/1000초 단위이다. 반복적으로 호출하려면 타이머를 계속 설정한다.
listen()	키 입력 포커스를 준다.

이벤트를 처리하면 사용자의 키보드, 마우스 입력을 받아 실시간으로 원하는 그림을 그릴 수 있다. 다음 예제는 커서 이동키로 거북이를 움직이며 마우스 클릭으로 임의 위치로 이동한다.

```
freeline
import turtle as t

def draw(head,dist):
    t.setheading(head)
    t.forward(dist)

def toleft():
    draw(180, 15)

def toright():
    draw(0, 15)

def toup():
    draw(90, 15)

def todown():
    draw(270, 15)

def move(x,y):
```

```
        t.up()
        t.setpos(x,y)
        t.down()

t.shape("turtle")
t.speed(0)
t.onkeypress(toleft, "Left")
t.onkeypress(toright, "Right")
t.onkeypress(toup, "Up")
t.onkeypress(todown, "Down")
t.onscreenclick(move)
t.listen()
t.done()
```

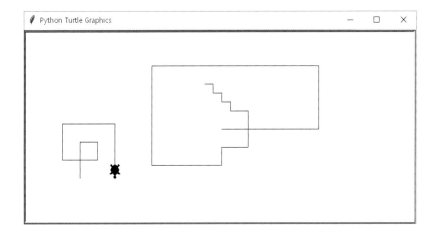

이동 스피드를 0으로 지정해야 애니메이션으로 인한 지연 없이 이동한다. 상하좌우 커서 이동 키에 대해 각각의 방향으로 15픽셀만큼 이동힌다. ←를 누르면 toleft 함수가 호출되고 여기서 draw 함수를 호출하여 거북이 머리를 180, 즉 왼쪽으로 지정한 후 15픽셀 움직인다. 나머지 함수는 이동 방향만 다를 뿐 논리는 같다.

마우스 왼쪽 버튼을 누르면 move 함수를 호출한다. 거북이의 꼬리를 들고 지정한 좌표로 즉시 이동한 후 다시 꼬리를 내려 현재 위치를 변경한다. 키보드 이벤트는 포커스를 가진 창으로 전달되므로 listen 함수를 호출하여 캔버스에 포커스를 주어야 한다. 다른 키에 기능을 더 할당하면 색상이나 선 굵기도 바꿀 수 있다.

```
def red():
    t.pencolor("red")
def thick():
    t.pensize(5)
t.onkeypress(red, "r")
t.onkeypress(thick, "5")
```

위 코드는 R로 펜 색상을 빨간색으로 바꾸고 5키로 선의 굵기를 5로 바꾼다. 남는 키가 많으니 얼마든지 많은 명령을 할당할 수 있다. 같은 방향키를 계속 누르고 있으면 가속도를 적용하여 빨리 움직이거나 마우스로 그릴 수도 있다. 다음 예제는 왼쪽 버튼을 누르면 그리고 오른쪽 버튼을 누르면 이동만 한다.

freeline2

```
import turtle as t

def draw(x, y):
    t.setpos(x, y)

def move(x, y):
    t.up()
    t.setpos(x, y)
    t.down()


t.shape("turtle")
t.speed(0)
t.pensize(3)
t.onscreenclick(draw)
t.onscreenclick(move, 3)
t.onkeypress(lambda :t.color("red"), "r")
t.onkeypress(lambda :t.color("green"), "g")
t.onkeypress(lambda :t.color("blue"), "b")
t.onkeypress(lambda :t.color("black"), "k")
t.onkeypress(lambda :t.pensize(1), "1")
t.onkeypress(lambda :t.pensize(3), "3")
t.onkeypress(lambda :t.pensize(5), "5")
t.listen()
t.done()
```

1, 3, 5로 굵기를 조정하고 R, G, B, K로 색상을 변경한다. 각각의 키에 대해 별도의 함수를 작성하여 연결할 수도 있지만 속성만 변경하는 간단한 동작을 수행하므로 람다 함수로 간편하게 구현했다.

터틀 그래픽의 기능은 단순한 편이지만 응용하기에 따라 굉장히 복잡하고 기묘한 그림을 자유롭게 그릴 수 있어 재미있다. IDLE의 Help/Turtle Demo 항목을 선택하면 터틀 그래픽 데모 예제를 보여 준다. Examples 메뉴에서 예제를 선택한 후 START 버튼을 누르면 즉시 실행된다.

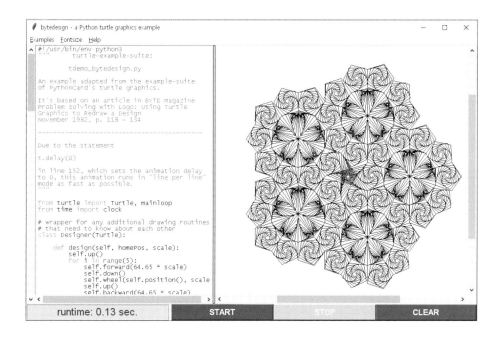

기하학적인 신기한 그래픽은 물론이고 주기적으로 움직이는 시계, 사용자와 상호작용하는 프로그램도 있고 간단하지만 게임까지 만들 수 있다.

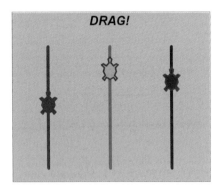

모든 예제는 소스가 제공되며 과히 길지도 않아 직접 분석해 보고 여러 가지 기법을 배울 수 있다. 데모 소스를 분석해 본 후 비슷한 예제를 만들어 보자. 응용하기에 따라서는 기발한 프로그램을 만들 수도 있다.

19장

wxPython

19.1 윈도우
19.2 위젯

19.1 윈도우

소개

Tkinter는 파이썬에 기본 내장된 GUI 툴킷이라는 면에서 사용하기 편리하지만 한계가 많다. 플랫폼 독립적이다 보니 디자인이 예쁘지 않고 배치를 만드는 방법도 직관적이지 못해 생산성도 떨어진다. 간단한 유틸리티용으로는 적합하지만 상용 소프트웨어를 만들기에는 무리가 있다. 그 대안으로 쓸 수 있는 여러 가지 패키지가 있는데 그중 wxPython이 가장 인기가 많다.

wxWidget은 1992년에 처음 발표된 크로스 플랫폼 GUI 툴킷이다. 윈도우, 맥, 리눅스를 모두 지원하여 하나의 소스로 여러 운영체제에서 실행되는 프로그램을 만들 수 있다. 가급적 운영체제의 고유한 위젯을 사용하여 이질적이지 않고 친숙하다. 게다가 C++로 작성되어 객체 지향적이며 사용하기도 쉽다.

오픈 소스여서 누구나 무료로 사용할 수 있으며 소스까지 볼 수 있다. 이렇게 잘 구비된 wxWidget을 파이썬에서 쓸 수 있도록 래핑해 놓은 것이 wxPython이다. 클래식 버전은 파이썬 3을 지원하지 않았으나 4.0 이후의 피닉스 버전부터는 과거의 호환성을 약간 포기한 대신 파이썬 3을 지원하며 많은 기능상의 개선을 달성했다. 다음 사이트를 방문해 보자.

http://www.wxPython.org

wxPython의 홈페이지이며 간단한 자습서는 물론이고 API 레퍼런스가 잘 작성되어 있어 참고할 만하다. Documentation/API Reference/Overview에 기본 개념이 설명되어 있고 wx Core에 클래스별로 레퍼런스가 마련되어 있다.

홈페이지에서 설치 파일을 제공하지만 굳이 여기서 다운받을 필요는 없으며 명령행에서 pip 명령으로 설치하는 것이 더 쉽다.

```
C:\PyStudy>pip install wxPython
Collecting wxPython
  Downloading wxPython-4.0.0b2-cp36-cp36m-win32.whl (14.1MB)
    100% |████████████████████████████████| 14.1MB 68kB/s
Requirement already up-to-date: six in c:\python\lib\site-packages
(from wxPython)
Installing collected packages: wxPython
Successfully installed wxPython-4.0.0b2
```

19장

wx 패키지를 설치하면 파이썬에서 바로 사용할 수 있다. 여러 운영체제의 GUI 기능 중 공통적인 구현을 취한 라이브러리이다 보니 한 곳에서라도 개발을 해 본 경험이 있다면 아주 쉽게 적응할 수 있다. 특히 윈도우의 GDI와 거의 비슷해 Win32나 MFC에 능숙한 사람은 대응되는 개념만 익혀도 될 정도로 친숙하다.

App

라이브러리를 설치했으니 윈도우부터 띄워 보자. 다음 예제는 응용 프로그램과 프레임을 생성하여 메인 윈도우를 띄운다.

```
import wx

app = wx.App()
frame = wx.Frame(None)

frame.Show(True)
app.MainLoop()
```

wx 모듈만 임포트하면 GUI 프로그래밍에 대한 모든 기능을 자유롭게 사용할 수 있다. wx의 모든 클래스와 상수는 wx 안에 포함되어 있으므로 wx.App, wx.Frame 식으로 항상 wx.을 붙여야 한다. 본문에서는 편의상 wx.은 생략하고 명칭을 바로 칭하도록 한다.

App 클래스는 응용 프로그램이다. 응용 프로그램이 윈도우를 소유하며 운영체제나 사용자로부터 전달되는 모든 이벤트를 처리한다. 응용 프로그램 그 자체는 눈에 보이지 않으므로 윈도우를 하나 생성해야 한다. wx는 메인 윈도우를 Frame이라고 부른다. Frame 객체를 생성한 후 Show 메서드로 화면에 표시하면 윈도우가 나타난다.

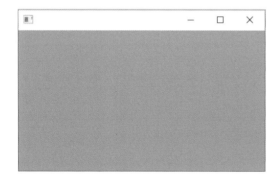

윈도우는 운영체제와 사용자로부터 여러 가지 메시지를 받아 처리한다. 각종 메시지를 무난하게 디폴트 처리해 주는 메서드가 MainLoop이며 여기서 키보드와 마우스 등의 이벤트를 모두 처리하기 때문에 창만 띄워 놓아도 스스로 동작한다. 특별한 기능은 없지만 마우스로 이동 및 크기 변경이 가능하고 타이틀 바의 버튼을 누르면 최대화, 최소화, 종료까지 처리된다.

wx는 C++로 작성된 객체지향적인 라이브러리이며 GUI를 구성하는 다양한 클래스를 생성하고 속성과 메서드를 사용하여 개발한다. 메인 응용 프로그램도 객체지향적으로 작성할 수 있는데 App 클래스를 상속받아 고유의 응용 프로그램 클래스를 정의하고 초기화를 처리하는 OnInit 메서드를 재정의한다.

wxApp2

```
import wx

class MyApp(wx.App):
    def OnInit(self):
        frame = wx.Frame(None)
        frame.Show(True)
        return True

app = MyApp()
app.MainLoop()
```

MyApp 클래스에서 OnInit를 재정의하여 프레임을 생성하고 차일드 위젯을 생성하여 배치하고 이벤트 핸들러를 연결한다. 초기화 중에 특별한 에러가 없다면 True를 리턴하여 계속 실행하도록 한다. 클래스를 작성한 후 MyApp 객체를 하나 생성하고 MainLoop 메서드만 호출하면 응용 프로그램이 실행된다.

소스 코드를 객체지향적으로 작성하면 재사용에 유리한 이점이 있다. wx 관련 예제를 객체지향적으로 작성하는 경우가 빈번하다. 그러나 파이썬의 클래스 문법이 그다지 잘 정비되어 있는 것은 아니어서 처음 배울 때는 오히려 더 복잡해 보이는 단점이 있다. 여기서는 가급적 단순한 형태로 예제를 작성하기로 한다.

윈도우의 속성

wx는 C++로 만들어진 객체지향적인 라이브러이다. GUI 화면에 나타나는 모든 것이 객체이며 클래스 계층을 이룬다. 이 계층을 잘 파악하고 계층 속에서 클래스를 분석해야 빠른 속도로 라이브러리를 이해할 수 있고 레퍼런스를 참고하기도 편리하다. 메인 윈도우인 Frame의 계층은 다음과 같다.

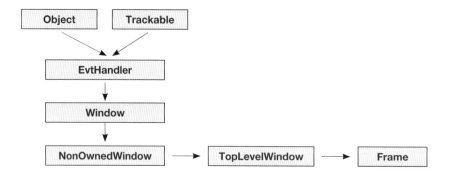

Object를 루트로 하여 EvtHandler와 Window의 후손으로 Frame이 존재한다. 이 계층도를 보면 프레임은 일종의 윈도우이고 이벤트를 처리할 수 있다는 것을 알 수 있다. 많은 속성과 메서드를 Window로부터 상속받으며 따라서 프레임에 적용되는 메서드가 버튼이나 리스트 박스 같은 위젯에도 적용됨을 알 수 있다. Frame의 생성자는 다음과 같다.

```
Frame(parent, id=ID_ANY, title="", pos=DefaultPosition,
      size=DefaultSize, style=DEFAULT_FRAME_STYLE, name=FrameNameStr)
```

윈도우라는 복잡한 객체를 생성하므로 인수가 많다. 첫 번째 인수는 부모 윈도우를 지정한다. 프레임은 탑레벨의 독립된 윈도우이므로 부모가 없으며 None으로 지정한다. 이 경우 데스크탑, 즉 바탕화면이 부모가 된다.

그 외 제목, 위치, 크기, 스타일 등의 인수로 여러 가지 속성을 조정하는데 모두 디폴트가 있어 생략 가능하다. 물론 원한다면 속성을 지정할 수 있고 윈도우를 생성한 후에도 관련 메서드를 호출하여 변경할 수 있다. 대표적인 속성 몇 가지를 알아보되 이 속성은 프레임뿐만 아니라 Window로부터 파생되는 모든 위젯에 공통적으로 적용된다.

- **크기** : 윈도우가 차지할 폭과 높이를 지정한다. SetSize 함수로 설정하며 인수로 폭과 높이로 구성된 Size 객체를 전달한다. 크기의 단위는 픽셀이다.

- **위치** : 윈도우가 배치될 좌표를 지정하며 부모의 좌상단을 기준으로 한다. SetPosition 메서드로 설정하며 x, y 좌표로 구성된 Point 객체를 전달한다. 위치의 단위도 픽셀이다.

- **배경색** : SetBackgroundColour 함수로 설정하며 r, g, b, a 색상 요소값을 가지는 Colour 객체를 전달한다. 각 색상 요소는 0 ~ 255까지의 범위로 강도를 지정한다.

- **타이틀 텍스트** : 윈도우의 타이틀 바에 표시될 문자열을 지정한다. SetTitle 함수로 설정하며 인수로 임의의 문자열을 전달한다.

- **스타일** : 윈도우의 모양과 동작을 지정하는 여러 가지 플래그의 집합이며 | 연산자로 묶어 여러 개의 값을 한꺼번에 지정한다. 굉장히 많은 스타일이 정의되어 있으며 조합에 따라 다양한 형태의 윈도우가 생성된다. 스타일을 변경할 때는 SetWindowStyle 메서드를 호출한다.

플래그	설명
ICONIZE, MINIMIZE	최소화 상태로 시작한다.
CAPTION	타이틀 바를 표시하고 캡션 문자열을 표시한다. 이 속성이 있어야 최소, 최대화, 닫기 버튼을 배치할 수 있다.
MINIMIZE_BOX	최소화 버튼을 배치한다.
MAXIMIZE	최대화 상태로 시작한다.
MAXIMIZE_BOX	최대화 버튼을 배치한다.
CLOSE_BOX	닫기 버튼을 배치한다.
STAY_ON_TOP	다른 윈도우보다 항상 위에 있다.
SYSTEM_MENU	시스템 메뉴를 표시한다.
RESIZE_BORDER	크기 조정이 가능한 경계선을 사용한다.
FRAME_TOOL_WINDOW	타이틀 바가 작은 형태로 생성하며 작업 표시줄에 나타나지 않는다.
FRAME_NO_TASKBAR	작업 표시줄에 나타나지 않는다.
FRAME_FLOAT_ON_PARENT	부모보다 항상 위에 있다.
FRAME_SHAPED	SetShape 메서드로 모양을 변경할 수 있다.
CLIP_CHILDREN	다시 그릴 때 차일드 영역을 제외하여 깜박임을 제거한다.
DEFAULT_FRAME_STYLE	여러 가지 속성의 조합으로 가장 일반적인 프레임 윈도우를 정의한다. MINIMIZE_BOX | MAXIMIZE_BOX | RESIZE_BORDER | SYSTEM_MENU | CAPTION | CLOSE_BOX | CLIP_CHILDREN

플래그를 정의하는 상수는 모두 wx.을 붙여야 하지만 도표에서는 wx.을 생략하고 이름만 기술했다. 상수뿐만 아니라 Size나 Point 등의 클래스도 코드에서 쓸 때는 wx.이 있어야 함을 유의하자. 이 스타일 중 일부는 특정 운영체제에서만 적용되는 것도 있다.

프레임을 생성한 후 보이기 전에 속성을 원하는 대로 변경할 수 있으며 실행 중이라도 언제든지 바꿀 수 있다. Frame의 생성자 호출문과 Show 메서드 호출문 사이에 다음 코드를 작성해 보자.

```python
import wx

app = wx.App()
frame = wx.Frame(None)

size = wx.Size(600, 400)
frame.SetSize(size)
pos = wx.Point(100, 100)
frame.SetPosition(pos)
color = wx.Colour(0, 0, 255, 0)
frame.SetBackgroundColour(color)
frame.SetTitle("파이썬으로 만든 윈도우")
frame.SetWindowStyle(wx.DEFAULT_FRAME_STYLE & ~wx.RESIZE_BORDER)

frame.Show(True)
app.MainLoop()
```

크기는 600 * 400으로 설정하고 위치는 (100, 100) 좌표에 배치하고 배경색은 파란색으로 지정했다. 경계선은 디폴트 프레임 스타일에서 RESIZE_BORDER 비트만 제외하여 크기 변경이 불가능한 것으로 지정했다. 정확하게 이 속성대로 윈도우가 생성된다.

각 메서드가 취하는 타입을 분명히 보이기 위해 Size, Point 객체를 먼저 선언한 후 전달했는데 중간 변수를 쓸 필요 없이 인수 목록에서 임시 객체를 생성하여 바로 사용할 수도 있다.

```
frame.SetSize(wx.Size(600, 400))
frame.SetPosition(wx.Point(100, 100))
frame.SetBackgroundColour(wx.Colour(0, 0, 255, 0))
```

또는 Frame의 생성자에서 배경색을 제외한 나머지 속성을 모두 지정할 수 있으므로 생성할 때 속성을 전달해도 상관없다.

```
frame = wx.Frame(None, 0, "파이썬으로 만든 윈도우", wx.Point(100, 100),
    wx.Size(600, 400), wx.DEFAULT_FRAME_STYLE & ~wx.RESIZE_BORDER)
```

여러 가지 속성을 조합할 수 있는데 첫 번째 인수 외에는 모두 무난한 디폴트가 있으므로 꼭 필요한 속성에 대해서만 키워드 인수로 지정하는 방식이 편리하다.

이벤트 핸들러

그래픽 환경에서 실행되는 프로그램은 이벤트 드리븐 방식으로 동작한다. 코드에서 작성한 절 차대로 실행되는 것이 아니라 사용자나 운영체제로부터 전달되는 이벤트에 반응하는 방식이 다. 특정 이벤트를 처리하는 함수를 이벤트 핸들러라고 한다. EvtHandler로부터 파생되는 모 든 객체는 다음 메서드로 이벤트에 대한 핸들러를 지정한다.

> Bind(이벤트명, 핸들러)

이벤트와 핸들러를 연결해 두면 이후 이벤트가 발생할 때마다 핸들러 함수가 호출되며 여기서 이벤트를 어떻게 처리하는가에 따라 프로그램의 동작이 결정된다. Window 객체에서 발생하 는 이벤트의 종류는 다음과 같다.

이벤트	설명
EVT_KEY_DOWN	키를 눌렀다.
EVT_KEY_UP	키를 뗐다.
EVT_CHAR	문자를 입력했다.

EVT_LEFT_DOWN	마우스 왼쪽 버튼을 눌렀다.
EVT_LEFT_UP	마우스 왼쪽 버튼을 뗐다.
EVT_LEFT_DCLICK	마우스 왼쪽 버튼을 더블클릭했다.
EVT_SIZE	윈도우의 크기가 변경되었다.
EVT_PAINT	윈도우를 다시 그린다.

이벤트 핸들러는 발생한 이벤트에 대한 정보를 전달받기 위해 event 인수 하나를 받는다. 인수의 타입은 이벤트 종류마다 다른데 어떤 사건이 어떻게 발생했는지 구체적인 정보가 전달된다. 이 정보를 통해 이벤트의 상세 내역을 조사하여 정확하게 반응한다. 각 이벤트별로 어떤 정보가 전달되는지는 레퍼런스를 참조하자.

예를 들어 마우스 이벤트의 경우 MouseEvent 객체가 전달되며 이 객체에는 마우스의 현재 좌표인 x, y 속성이 들어 있고 클릭한 좌표를 구하는 GetPosition(), GetX(), GetY() 메서드가 제공된다. 키보드 이벤트의 경우 KeyEvent 객체가 전달되며 KeyCode 속성으로 눌러진 키의 코드값을 알 수 있다.

KeyEvent

```
import wx

app = wx.App()
frame = wx.Frame(None)

def OnLeftDown(event):
    # x, y = event.GetPosition()
    message = "(%d, %d) 를 클릭했습니다." % (event.x, event.y)
    wx.MessageBox(message, "알림", wx.OK)
frame.Bind(wx.EVT_LEFT_DOWN, OnLeftDown)

def OnKeyDown(event):
    message = "%d 키를 눌렀습니다." % event.KeyCode
    wx.MessageBox(message, "알림", wx.OK)
frame.Bind(wx.EVT_KEY_DOWN, OnKeyDown)

frame.Show(True)
app.MainLoop()
```

이 예제는 프레임에 대해 마우스 왼쪽 버튼 클릭 이벤트와 키 입력 이벤트에 대한 핸들러를 연결하고 이벤트 관련 정보를 메시지 박스로 보여 준다. 작업 영역을 마우스로 클릭하면 클릭한 좌표가 출력되며 키를 누르면 누른 키의 코드값을 보여 준다.

대표적인 이벤트 둘 만 처리해 봤는데 다른 이벤트도 방식은 마찬가지이다. 이벤트에 어떤 식으로 반응하는가에 따라 프로그램의 동작이 결정되는데 마우스 이동에 따라 그림을 그리면 페인팅 프로그램이 되고 키 입력에 따라 문자열을 조립하여 문서를 편집하면 에디터가 된다.

19장

19.2 위젯

위젯 배치

메인 윈도우인 프레임만으로는 많은 작업을 하기 어렵다. 사용자를 대면하고 실질적인 작업을 처리하기 위해서는 프레임에 다양한 차일드 위젯을 배치해야 한다. 위젯은 버튼, 스태틱, 텍스트, 체크 박스, 리스트 박스 등의 컨트롤이며 사용자에게 정보를 보여 주고 입력받는 역할을 한다.

wx는 위젯별로 클래스를 제공하며 위젯끼리 정교한 클래스 계층을 구성한다. 클래스의 객체를 생성하면 위젯이 만들어지는데 대표적인 위젯인 버튼을 생성해 보자. Button 생성자를 호출하고 필요한 속성을 인수로 지정한다.

```python
btn = wx.Button(frame, label="Click")
```

위젯의 첫 번째 인수는 항상 부모 윈도우이며 자신이 속할 윈도우 객체를 지정한다. 나머지 속성은 필요한 것만 키워드 인수로 지정하는데 label은 버튼 표면에 표시할 캡션이다. 위젯을 생성한 후 사용자가 위젯을 조작할 때의 이벤트를 처리하는데 핸들러를 등록하는 방법은 프레임의 경우와 같다.

버튼을 클릭할 때는 EVT_BUTTON 이벤트가 발생하며 클릭은 단순히 버튼을 누르는 동작일 뿐이므로 별도의 정보는 없다. 클릭 이벤트를 처리할 핸들러 함수를 미리 정의해 놓고 Bind 메서드로 연결해 두면 버튼 클릭 시 이 함수가 호출된다.

Button

```
import wx

app = wx.App()
frame = wx.Frame(None, title = "wxPython")

btn = wx.Button(frame, label="Click")
def OnClick(event):
    wx.MessageBox("버튼을 클릭하였습니다.", "알림", wx.OK)
btn.Bind(wx.EVT_BUTTON, OnClick)

frame.Show(True)
app.MainLoop()
```

버튼 위젯을 생성하여 btn 변수에 저장한다. OnClick 이벤트 핸들러는 메시지 박스로 버튼을 클릭하였음을 알린다. Bind 메서드로 btn의 클릭 이벤트에 대해 OnClick을 연결하였다. 버튼을 누르면 메시지 박스가 나타나는데 버튼이 클릭이라는 이벤트에 잘 반응하는 것이다.

동작은 훌륭하지만 버튼이 프레임 전체를 다 차지하여 너무 크게 표시된다. 프레임은 차일드가 하나밖에 없을 때 작업 영역을 가득 채우도록 되어 있기 때문이다. 버튼 생성문 다음에 다음 코드를 추가하여 문자열을 표시하는 스태틱을 하나 더 배치해 보자.

```
lbl = wx.StaticText(frame, label="Text")
```

두 개의 위젯을 배치하면 프레임은 둘 다 좌상단에 배치한다. 버튼과 스태틱이 겹쳐서 표시되어 쓰기 불편하다.

버튼과 스태틱도 일종의 윈도우이므로 SetSize 메서드로 크기를 변경할 수 있고 SetPosition 메서드로 위치를 원하는 대로 지정할 수 있다.

ButtonStatic

```python
import wx

app = wx.App()
frame = wx.Frame(None, title = "wxPython")

btn = wx.Button(frame, label="Click")
def OnClick(event):
    wx.MessageBox("버튼을 클릭하였습니다.", "알림", wx.OK)
btn.Bind(wx.EVT_BUTTON, OnClick)
lbl = wx.StaticText(frame, label="Text")

btn.SetPosition(wx.Point(150, 100))
lbl.SetPosition(wx.Point(180, 60))

frame.Show(True)
app.MainLoop()
```

두 위젯을 화면 중앙의 적당한 위치에 디폴트 크기대로 배치했다. 최소한 겹쳐 있는 것보다는 보기 좋고 사용하기도 편하다.

픽셀 단위로 위치와 크기를 지정할 수 있어 자유도는 높지만 위젯이 아주 많을 때는 가지런히 정렬하기 어렵다. 또 윈도우의 크기가 바뀔 때 일관된 모양을 유지하기도 어려운데 위 예제는 당장은 화면 중앙이어서 보기 좋지만 윈도우의 크기가 바뀌면 중앙이 아니다.

그래서 좌표와 크기를 직접 지정하는 방식은 잘 사용하지 않으며 배치를 위한 도우미 클래스를 활용한다. 비주얼 C++이나 델파이 같은 툴은 화면 배치를 위한 디자이너를 제공하지만 wx는 그런 장치가 없어 모든 것을 코드로 처리해야 한다.

사이저

Sizer는 위젯의 배치를 담당하는 도우미 클래스이며 미리 정한 규칙과 속성에 따라 차일드의 위치와 크기를 자동으로 조정한다. 배치 규칙에 따라 여러 종류의 파생 클래스를 제공한다. BoxSizer는 위젯을 일렬 배치하는데 생성자의 인수로 wx.VERTICAL을 주면 수직 배치하며 wx.HORIZONTAL을 주면 수평 배치한다.

BoxSizer

```
import wx

app = wx.App()
frame = wx.Frame(None, title = "wxPython")

btn1 = wx.Button(frame, label="Button1")
btn2 = wx.Button(frame, label="Button2")
btn3 = wx.Button(frame, label="Button3")
```

```
box = wx.BoxSizer(wx.VERTICAL)
frame.SetSizer(box)
box.Add(btn1)
box.Add(btn2)
box.Add(btn3)

frame.Show(True)
app.MainLoop()
```

세 개의 버튼을 프레임의 자식으로 생성하였다. 수직 박스를 만들고 프레임의 SetSizer 메서드로 이 박스를 지정하면 차일드의 배치는 박스가 처리한다. 박스의 Add 메서드로 버튼을 추가하면 수직으로 배열된다. 방향을 wx.HORIZONTAL로 변경하면 옆으로 나란히 배치된다.

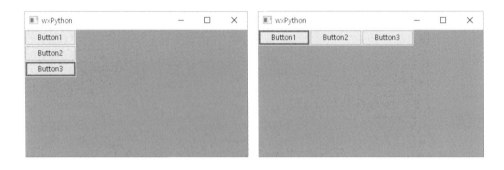

사이저는 위젯을 관리만 할 뿐 소유하는 것은 아니다. 버튼은 프레임 소속이며 사이저는 프레임 내의 버튼을 재배치하는 역할만 한다. 너무 다닥다닥 붙어 갑갑해 보이는데 배치 옵션을 통해 여백과 배치 방식을 지정한다. 이때는 다음 Add 함수를 사용한다.

```
Add (window, proportion=0, flag=0, border=0, userData=None)
```

첫 번째 인수는 물론 추가할 위젯이며 나머지 인수는 필요할 때만 지정한다. proportion은 나눠 먹기 비율을 지정하는데 0이면 위젯의 원래 크기만큼만 차지하며 1 이상이면 이 비율만큼 공간을 차지한다.

BoxSizer2

```
box.Add(btn1, proportion = 0)
box.Add(btn2, proportion = 1)
box.Add(btn3, proportion = 2)
```

btn1은 비율이 0이므로 자신의 폭만큼 차지하고 변하지 않는다. btn2와 btn3은 남은 폭을 1:2의 비율로 분할한다. 윈도우의 폭을 조정해 보면 두 버튼의 분할 비율이 유지된다.

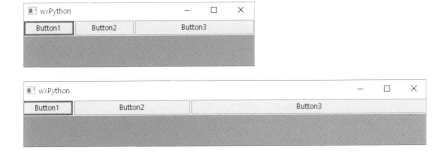

proportion이 0이면 나눠 먹기에 참여하지 않고 1 이상이면 남은 폭을 그만큼 차지한다. 세 버튼의 proportion을 모두 1로 지정하면 프레임의 폭을 균등하게 3분할한다. flag 인수는 사이저의 여러 가지 옵션을 지정하는 플래그의 조합이다.

플래그	설명
LEFT, TOP, RIGHT, BOTTOM, ALL	border의 폭을 적용할 면을 지정한다.
EXPAND	위젯이 자신의 공간을 모두 채운다.
SHAPED	EXPAND와 같되 종횡비는 유지한다.
FIXED_MINSIZE	최소한의 크기를 유지한다.
RESERVE_SPACE_EVEN_IF_HIDDEN	숨겨진 상태에서도 자리를 차지한다.
ALIGN_LEFT, ALIGN_RIGHT ALIGN_CENTER ALIGN_TOP ALIGN_BOTTOM ALIGN_CENTER_VERTICAL ALIGN_CENTER_HORIZONTAL	위젯의 정렬 방식을 지정한다. CENTER는 영국식 영어인 CENTRE로 써도 상관없다.

border 인수는 위젯의 외부 여백 폭을 지정하며 flag가 지정한 면에 여백이 적용된다.

```
box.Add(btn1, border = 10)
box.Add(btn2, border = 10, flag = wx.ALL)
box.Add(btn3, border = 10)
```

btn2만 경계선을 10으로 지정했다. 모든 면에 다 적용했으므로 상하좌우에 10픽셀만큼 여백이 생긴다. 특정한 면에 대해서만 여백을 지정할 수도 있다.

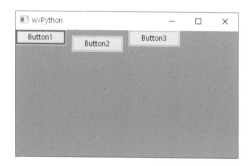

정렬은 박스의 방향과 반대 방향으로만 지정할 수 있다. 수평 박스에서는 수직 정렬을 지정하고 수직 박스에는 수평 정렬을 지정한다. 박스와 같은 방향으로는 순차적으로 배치하므로 정렬 지정이 의미가 없다. 예를 들어 수평 박스에서는 위젯 순서대로 수평 배치되는 것이 규칙이므로 좌우 정렬을 지정하는 것은 의미가 없고 수직 정렬만 지정할 수 있다.

```
box.Add(btn1)
box.Add(btn2, flag = wx.ALIGN_CENTER)
box.Add(btn3, flag = wx.ALIGN_BOTTOM)
```

수평 박스에 대해 세 버튼을 상단, 중앙, 하단에 정렬했다. 윈도우의 크기를 조정해도 정렬 상태가 자동으로 조정된다.

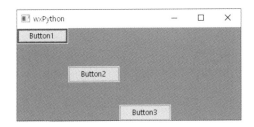

StaticBoxSizer는 박스와 기능은 거의 같되 경계선을 그리고 제목을 표시한다는 점이 다르다. 여러 개의 컨트롤을 그룹 지어 배치할 때 유용하다. 생성자의 인수로 제목 문자열을 지정하고 이 제목 문자열을 표시할 스태틱 위젯의 부모 윈도우를 지정한다.

StaticBoxSizer

```
import wx

app = wx.App()
frame = wx.Frame(None, title = "wxPython")

radio1 = wx.RadioButton(frame, label="저그", style = wx.RB_GROUP)
radio2 = wx.RadioButton(frame, label="프로토스")
radio3 = wx.RadioButton(frame, label="테란")

box = wx.StaticBoxSizer(wx.HORIZONTAL, frame, "종족")
frame.SetSizer(box)
box.Add(radio1)
box.Add(radio2)
box.Add(radio3)

frame.Show(True)
app.MainLoop()
```

세 개의 라디오 버튼을 생성하고 스태틱 박스 안에 넣었으며 박스의 제목은 "종족"이라고 붙였다. 여러 가지 가능한 값 중 하나를 선택하는 라디오 버튼과 제일 잘 어울리는 사이저이다.

GridSizer는 바둑판식으로 행과 열을 나누어 도표 형식으로 위젯을 배치한다. 생성자의 인수로 행, 열의 개수와 수평, 수직 간격을 지정한다.

```
import wx

app = wx.App()
frame = wx.Frame(None, title = "wxPython")

btn1 = wx.Button(frame, label="Button1")
btn2 = wx.Button(frame, label="Button2")
btn3 = wx.Button(frame, label="Button3")
btn4 = wx.Button(frame, label="Button4")
btn5 = wx.Button(frame, label="Button5")
btn6 = wx.Button(frame, label="Button6")

grid = wx.GridSizer(2, 3, 15, 15)
frame.SetSizer(grid)
grid.Add(btn1, 0, wx.EXPAND)
grid.Add(btn2, 0, wx.EXPAND)
grid.Add(btn3, 0, wx.EXPAND)
grid.Add(btn4, 0, wx.EXPAND)
grid.Add(btn5, 0, wx.EXPAND)
grid.Add(btn6, 0, wx.EXPAND)

frame.Show(True)
app.MainLoop()
```

2행 3열의 그리드를 생성하고 수평, 수직으로 15픽셀의 간격을 두었다. 6개의 버튼을 생성하면 좌상단부터 순서대로 위젯이 칸에 배치된다.

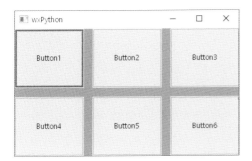

FlexGridSizer는 부모 컨테이터의 크기가 바뀔 때 지정한 행과 열에 대해 자동으로 크기를 늘린다. AddGrowableCol, AddGrowableRow 메서드로 대상 행과 열을 지정하되 행열 번호는 0부터 시작함을 주의하자.

FlexGridSizer

```
import wx

app = wx.App()
frame = wx.Frame(None, title = "wxPython")

btn1 = wx.Button(frame, label="Button1")
btn2 = wx.Button(frame, label="Button2")
btn3 = wx.Button(frame, label="Button3")
btn4 = wx.Button(frame, label="Button4")
btn5 = wx.Button(frame, label="Button5")
btn6 = wx.Button(frame, label="Button6")

grid = wx.FlexGridSizer(2, 3, 15, 15)
frame.SetSizer(grid)
grid.Add(btn1, 0, wx.EXPAND)
grid.Add(btn2, 0, wx.EXPAND)
grid.Add(btn3, 0, wx.EXPAND)
grid.Add(btn4, 0, wx.EXPAND)
grid.Add(btn5, 0, wx.EXPAND)
grid.Add(btn6, 0, wx.EXPAND)

grid.AddGrowableCol(2)
grid.AddGrowableRow(1)

frame.Show(True)
app.MainLoop()
```

2열과 1행에 대해서만 자동으로 늘어나도록 했다. 0행의 1, 2열에 있는 버튼은 윈도우의 크기를 변경해도 늘어나지 않는다.

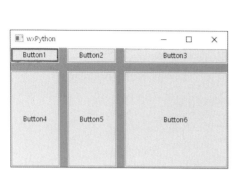
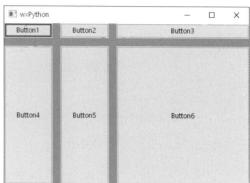

리스트 박스나 텍스트에 넓은 면적을 할당하면 윈도우가 커질 때 시원스럽게 선택 및 편집할 수 있어 편리하다.

패널

한 컨테이너 내에서는 수평, 수직 정렬을 마음대로 할 수 있지만 두 가지 정렬을 동시에 적용할 수는 없다. 그래서 프레임에 직접 배치하는 경우는 드물며 중간에 패널을 두는 것이 보통이다. 패널은 프레임과 마찬가지로 위젯을 담을 수 있는 컨테이너이되 직접 눈에 보이지는 않는다. 위젯의 부모 역할을 하는 중간 보스이다.

Panel
```python
import wx

app = wx.App()
frame = wx.Frame(None, title = "wxPython")

panelhorz = wx.Panel(frame)
btn1 = wx.Button(panelhorz, label="Button1")
btn2 = wx.Button(panelhorz, label="Button2")
btn3 = wx.Button(panelhorz, label="Button3")
```

```
sizerhorz = wx.BoxSizer(wx.HORIZONTAL)
sizerhorz.Add(btn1)
sizerhorz.Add(btn2)
sizerhorz.Add(btn3)
panelhorz.SetSizer(sizerhorz)

panelvert = wx.Panel(frame)
static1 = wx.StaticText(panelvert, label="StaticText1")
static2 = wx.StaticText(panelvert, label="StaticText2")
static3 = wx.StaticText(panelvert, label="StaticText3")
sizervert = wx.BoxSizer(wx.VERTICAL)
sizervert.Add(static1)
sizervert.Add(static2)
sizervert.Add(static3)
panelvert.SetSizer(sizervert)

box = wx.BoxSizer(wx.VERTICAL)
frame.SetSizer(box)
box.Add(panelhorz, border = 10, flag = wx.DOWN)
box.Add(panelvert, border = 10, flag = wx.UP)

frame.Show(True)
app.MainLoop()
```

프레임에 두 개의 패널을 배치하고 각각 수평, 수직 박스 사이저를 적용했다. 수평 패널에 버튼 3개를 수평으로 배치하고 수직 패널에 스태틱 3개를 수직 배치했다. 두 패널은 수직 박스로 배치한다.

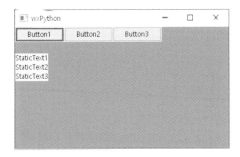

원하는 모양을 만들려면 패널을 여러 단계로 중첩시키고 속성을 잘 조정해야 한다. 무난한 배치를 만들기 위해 꽤 많은 코드가 필요하며 복잡한 배치는 풍부한 경험이 있어야 한다.

다음 예제는 위쪽에 스태틱을 배치하고 아래쪽에 버튼 2개를 나란히 배치한 후 버튼을 클릭하면 스태택의 텍스트를 변경한다.

Panel2

```python
import wx

app = wx.App()
frame = wx.Frame(None, title = "wxPython")

static = wx.StaticText(frame, label="Fruit")

panelhorz = wx.Panel(frame)
btnApple = wx.Button(panelhorz, label="Apple")
def onApple(event):
    static.SetLabelText("Apple")
btnApple.Bind(wx.EVT_BUTTON, onApple)
btnOrange = wx.Button(panelhorz, label="Orange")
def onOrange(event):
    static.SetLabelText("Orange")
btnOrange.Bind(wx.EVT_BUTTON, onOrange)
sizerhorz = wx.BoxSizer(wx.HORIZONTAL)
sizerhorz.Add(btnApple)
sizerhorz.Add(btnOrange)
panelhorz.SetSizer(sizerhorz)

box = wx.BoxSizer(wx.VERTICAL)
frame.SetSizer(box)
box.Add(static, border = 20, flag = wx.ALL | wx.ALIGN_CENTER_HORIZONTAL)
box.Add(panelhorz, flag = wx.ALIGN_CENTER_HORIZONTAL)

frame.Show(True)
app.MainLoop()
```

스태틱과 수평 패널은 형제 관계이고 수평 패널 안에 버튼 2개가 배치되어 있다. 각 버튼의 클릭 이벤트에서 스태틱의 텍스트를 변경한다.

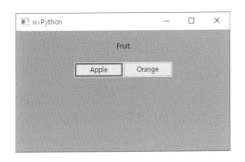

비주얼 배치를 지원하지 않기 때문에 복잡한 배치를 만들어 내기 어려운 곤란함이 있다.

텍스트

wx의 위젯은 대부분 Control 클래스로부터 파생되며 각 위젯은 고유의 스타일과 메서드를 가지고 위젯의 사용 목적에 맞는 이벤트를 처리한다. 스타일과 메서드 목록이 굉장히 많아 레퍼런스를 언제나 참고해야 한다. 버튼과 스태틱은 이미 앞에서 사용해 보았고 다른 위젯들을 순서대로 사용해 보자.

TextCtrl 위젯은 문자열을 입력받는다. 사각의 편집 영역에 캐럿을 표시하여 키보드로 문자열을 입력한다. 생성자의 value 인수로 초기 문자열을 지정할 수도 있고 실행 중에 문자열을 읽고 쓸 때는 GetValue, SetValue 메서드를 호출한다. 지정 가능한 스타일 목록은 다음과 같다.

스타일	설명
TE_MULTILINE	여러 줄을 입력받는다.
TE_PASSWORD	입력받은 문자열을 *로 표시한다.
TE_READONLY	읽기만 가능하며 편집은 할 수 없다.
TE_LEFT, TE_CENTRE, TE_RIGHT	정렬 방식을 지정한다. 디폴트는 왼쪽이다.
TE_NOHIDESEL	포커스를 잃어도 선택 영역을 숨기지 않는다.
TE_RICH	Win32 환경에서 64K 이상의 텍스트를 편집할 수 있다.

다음 예제는 텍스트 컨트롤로 문자열을 입력받고 버튼을 눌렀을 때 이 문자열을 읽어 메시지 박스로 출력한다.

Text

```
import wx

app = wx.App()
frame = wx.Frame(None, title = "wxPython")

text = wx.TextCtrl(frame)
btn = wx.Button(frame, label="Click")
def onClick(event):
    str = text.GetValue()
    wx.MessageBox(str, "입력내용", wx.OK)
btn.Bind(wx.EVT_BUTTON, onClick)

box = wx.BoxSizer(wx.VERTICAL)
frame.SetSizer(box)
box.Add(text)
box.Add(btn)

frame.Show(True)
app.MainLoop()
```

버튼의 클릭 이벤트에서 GetValue로 텍스트에 입력된 문자열을 읽는다.

사용자가 자유롭게 편집하도록 두고 필요할 때 입력한 내용을 읽으면 된다. 편집 즉시 문자열을 알고 싶다면 EVT_TEXT 이벤트를 처리한다. 다음 예제는 사용자가 텍스트를 편집할 때마다 윈도우의 타이틀 바로 문자열을 복사한다.

```
import wx

app = wx.App()
frame = wx.Frame(None, title = "wxPython")

text = wx.TextCtrl(frame)
def onTextChange(event):
    str = text.GetValue()
    frame.SetTitle(str)
text.Bind(wx.EVT_TEXT, onTextChange)

frame.Show(True)
app.MainLoop()
```

onTextChange 핸들러에서 텍스트의 문자열을 읽어 프레임의 타이틀에 출력하면 된다.

```
■ 문자열을 편집하는 쪽쪽 위에 표시됩니다        —   □   ×
문자열을 편집하는 쪽쪽 위에 표시됩니다
```

편집 즉시 반응을 보여야 할 때 이 이벤트를 처리한다.

체크 박스

CheckBox는 둘 중 하나의 옵션을 선택한다. 두 가지 상태 중 하나를 입력받는 CHK_
2STATE 스타일이 디폴트이지만 CHK_3STATE 스타일을 지정하면 세 가지 상태 중 하나를
선택받을 수도 있다. 체크 표시가 왼쪽에 나타나며 ALIGN_RIGHT 스타일을 지정하면 오른
쪽에 표시된다.

체크 상태를 조사할 때는 GetValue 함수를 호출하고 변경할 때는 SetValue 함수를 호출한
다. 사용자의 선택 상태를 필요할 때 읽으면 되지만 변경 즉시 어떤 동작을 하고 싶다면 EVT_

CHECKBOX 이벤트를 처리한다. 다음 예제는 체크 박스로 버튼의 보임/숨김 여부와 사용 가능/불가능 상태를 선택한다.

CheckBox

```python
import wx

app = wx.App()
frame = wx.Frame(None, title = "wxPython")

chkvisible = wx.CheckBox(frame, label = "보임")
chkvisible.SetValue(wx.CHK_CHECKED)
def onvisible(event):
    if chkvisible.GetValue() == wx.CHK_CHECKED:
        btn.Show(True)
    else:
        btn.Show(False)
chkvisible.Bind(wx.EVT_CHECKBOX, onvisible)

chkenable = wx.CheckBox(frame, label = "사용가능")
chkenable .SetValue(wx.CHK_CHECKED)
def onenable(event):
    if chkenable.GetValue() == wx.CHK_CHECKED:
        btn.Enable(True)
    else:
        btn.Enable(False)
chkenable.Bind(wx.EVT_CHECKBOX, onenable)

btn = wx.Button(frame, label="Click")
def onClick(event):
    wx.MessageBox("클릭했습니다.", "알림", wx.OK)
btn.Bind(wx.EVT_BUTTON, onClick)

box = wx.BoxSizer(wx.VERTICAL)
frame.SetSizer(box)
box.Add(chkvisible)
box.Add(chkenable)
box.Add(btn)

frame.Show(True)
app.MainLoop()
```

체크 박스를 클릭하는 즉시 아래쪽 버튼의 상태를 변경한다. 윈도우의 보이기 상태는 Show 메서드로 지정하고 사용 가능 여부는 Enable 메서드로 지정한다.

보이지 않거나 사용 가능한 상태가 아니면 버튼을 클릭할 수 없다.

라디오 버튼

라디오 버튼은 선택 가능한 여러 개의 값 중에 하나를 고를 때 사용한다. 그룹의 첫 번째 라디오 버튼에 RB_GROUP 스타일을 주면 이어지는 라디오 버튼이 모두 한 그룹이 되어 이 중 하나만 선택된다. 두 개 이상의 그룹이 있다면 첫 번째 라디오 버튼에만 RB_GROUP 스타일을 주어야 한다.

체크 상태는 GetValue, SetValue 메서드로 조사하며, 변경될 때 EVT_RADIOBUTTON 이벤트가 발생한다. 그룹 내에서 하나의 버튼이 선택되면 나머지 버튼은 자동으로 선택 취소된다. 다음 예제는 프레임의 색상을 넷 중 하나 선택한다.

RadioButton

```
import wx

app = wx.App()
frame = wx.Frame(None, title = "wxPython")

red = wx.RadioButton(frame, label = "빨강", style = wx.RB_GROUP)
def onred(event):
    frame.SetBackgroundColour(wx.Colour(255, 0, 0, 0))
    frame.Refresh()
```

```python
red.Bind(wx.EVT_RADIOBUTTON, onred)

green = wx.RadioButton(frame, label = "초록",)
def ongreen(event):
    frame.SetBackgroundColour(wx.Colour(0, 255, 0, 0))
    frame.Refresh()
green.Bind(wx.EVT_RADIOBUTTON, ongreen)

blue = wx.RadioButton(frame, label = "파랑",)
def onblue(event):
    frame.SetBackgroundColour(wx.Colour(0, 0, 255, 0))
    frame.Refresh()
blue.Bind(wx.EVT_RADIOBUTTON, onblue)

yellow = wx.RadioButton(frame, label = "노랑",)
def onyellow(event):
    frame.SetBackgroundColour(wx.Colour(255, 255, 0, 0))
    frame.Refresh()
yellow.Bind(wx.EVT_RADIOBUTTON, onyellow)
yellow.SetValue(True)

box = wx.StaticBoxSizer(wx.VERTICAL, frame, "배경색")
frame.SetSizer(box)
box.Add(red)
box.Add(green)
box.Add(blue)
box.Add(yellow)

frame.SetBackgroundColour(wx.Colour(255, 255, 0, 0))
frame.Show(True)
app.MainLoop()
```

최초 노란색 라디오 버튼을 선택해 두고 윈도우의 배경도 노란색으로 설정했다. 다른 색상을 선택하면 배경색이 즉시 바뀐다.

윈도우의 속성을 변경한 후 Refresh 메서드를 호출해야 변경된 속성이 즉시 적용된다.

리스트 박스

여러 개의 목록 중에 하나를 고르는 위젯이다. 스크롤까지 가능해 굉장히 많은 목록을 넣을 수 있다. 스타일은 다음과 같다.

스타일	설명
LB_SINGLE	한 항목만 선택한다. 아래 셋 중 하나만 선택할 수 있으며 이 값이 디폴트이다.
LB_MULTIPLE	여러 개의 항목을 선택한다.
LB_EXTENDED	Shift, Ctrl 로 여러 항목을 선택한다.
LB_HSCROLL	항목이 너무 넓으면 수평 스크롤 바가 나타난다.
LB_ALWAYS_SB	수직 스크롤 바를 항상 표시한다.
LB_NEEDED_SB	필요할 때만 수직 스크롤 바를 표시한다.
LB_NO_SB	수직 스크롤 바를 표시하지 않는다.
LB_SORT	항목을 오름차순으로 정리한다.

선택된 항목의 첨자를 조사할 때는 GetSelection 메서드를 사용하고 선택 항목을 변경할 때는 SetSelection 메서드를 사용한다. 사용자가 선택을 변경할 때 EVT_LISTBOX 이벤트가 발생하며 더블클릭하면 EVT_LISTBOX_DCLICK 이벤트가 발생한다.

다음 예제는 리스트 박스에 색상의 목록을 넣어 두고 선택하면 프레임의 색상을 변경한다. 생성자의 choices 인수로 목록의 리스트를 전달한다. 목록이 길기 때문에 얼마든지 많은 색상을 표시할 수 있다.

```
import wx

app = wx.App()
frame = wx.Frame(None, title = "wxPython")

panel = wx.Panel(frame)
colorname = ["빨강", "초록", "파랑", "노랑", "하양", "검정"]
colorvalue = [wx.Colour(255, 0, 0, 0), wx.Colour(0, 255, 0, 0), wx.Colour(0,
              0, 255, 0),  wx.Colour(255, 255, 0, 0), wx.Colour(255, 255,
              255, 0), wx.Colour(0, 0, 0, 0)]

colorlist = wx.ListBox(panel, choices = colorname)
colorlist.SetSize(wx.Size(100, 150))
colorlist.SetPosition(wx.Point(100, 20))
def onitemchange(event):
    name = colorlist.GetSelection()
    color = colorvalue[name]
    frame.SetBackgroundColour(color)
    frame.Refresh()
colorlist.Bind(wx.EVT_LISTBOX, onitemchange)

frame.Show(True)
app.MainLoop()
```

리스트 박스를 화면 가운데 놓기 위해 패널 위에 놓았다. 리스트 박스에는 색상의 이름을 목록으로 표시하고 항목을 선택하면 대응되는 색상을 조사하여 배경색을 변경한다.

Append, Delete 메서드로 실행 중에 항목을 추가 삭제할 수 있다. GetCount 메서드로 현재 항목 개수를 조사하며 Clear 메서드로 항목 전체를 삭제한다.

콤보 박스

콤보 박스는 리스트 박스와 기능상 거의 유사하며 프로그래밍하는 방법도 비슷하다. 다만 목록이 항상 펼쳐져 있지 않고 클릭할 때만 펼쳐지는 식이라 자리를 적게 차지하고 목록에 없는 항목도 직접 입력할 수 있다는 점이 다르다.

현재 선택된 항목은 GetCurrentSelection 메서드로 구하고 직접 입력한 문자열은 GetValue 메서드로 구한다. 선택을 변경할 때 EVT_COMBOBOX 이벤트가 발생하며 직접 문자열을 입력한 후 Enter 를 누를 때 EVT_TEXT_ENTER 이벤트가 발생한다. 다음 예제는 과자의 목록을 제시하고 이 중 하나를 선택받는다.

ComboBox

```python
import wx

app = wx.App()
frame = wx.Frame(None, title = "wxPython")

desc = wx.StaticText(frame, label = "먹고 싶은 과자를 고르시오.")
snack = ["오징어 땅콩", "꼬깔콘", "맛동산", "초코파이"]
combo = wx.ComboBox(frame, choices = snack)
result = wx.StaticText(frame, label = "")

def onitemchange(event):
    idx = combo.GetCurrentSelection()
    result.SetLabelText(snack[idx] + " 맛있게 드세요.")
combo.Bind(wx.EVT_COMBOBOX, onitemchange)
def oniteminput(event):
    result.SetLabelText(combo.GetValue() + " 맛있게 드세요.")
combo.Bind(wx.EVT_TEXT_ENTER, oniteminput)

box = wx.BoxSizer(wx.VERTICAL)
frame.SetSizer(box)
box.Add(desc)
box.Add(combo)
box.Add(result)

frame.Show(True)
app.MainLoop()
```

최초 목록이 접혀 있으며 클릭해야 아래쪽으로 열린다. 두 번 클릭해야 한다는 면에서 불편하지만 화면을 적게 차지한다는 이점이 있다.

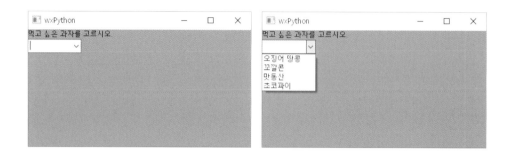

목록에서 과자를 고르면 아래쪽 스태틱에 선택한 과자를 보여 준다. EVT_COMBOBOX 핸들러에서 현재 선택된 항목의 첨자를 구해 snack 리스트에서 읽는데 더 간단하게 그냥 GetValue로 읽어도 상관없다.

EVT_TEXT_ENTER 이벤트를 처리하면 목록에 없는 과자도 사용자가 직접 입력할 수 있으며 Enter 를 눌러 입력 완료하는 시점을 알아낸다.

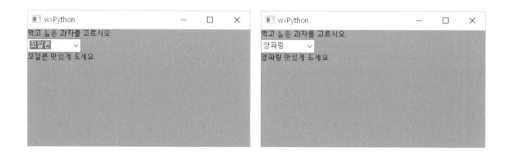

리스트 박스는 있는 것 중에 골라야 하지만 콤보 박스는 목록에 없는 것도 직접 입력해 넣을 수 있다. CB_READONLY 스타일을 주면 직접 입력이 금지된다.

메뉴

메뉴는 윈도우의 상단에 부착되어 프로그램의 기능 전체를 선택받는 장치이다. 프로그램의 모든 기능을 망라하는 매뉴얼 역할을 수행하지만 요즘은 더 편리한 UI가 많아 잘 사용하지 않는

추세이다.

MenuBar는 윈도우 상단에 표시되는 메뉴 바 자체이며 개별 팝업 메뉴는 Menu 객체로 생성한다. 각 Menu 안에는 구체적인 명령인 MenuItem 객체가 배치된다. 세 항목을 순서대로 만들어 추가한다.

MenuItem을 만들어 Menu에 Append하고 Menu는 MenuBar에 Append하며 이렇게 만들어진 메뉴 바를 프레임의 SetMenuBar 메서드로 붙인다. 모든 것을 코드로 작성해야 하기 때문에 복잡한 메뉴를 만들기는 번거롭다.

메뉴를 선택하면 EVT_MENU 이벤트가 발생하는데 각 메뉴 항목 객체에 대해 이 이벤트를 받아 원하는 처리를 한다. 다음 예제는 파일 메뉴 아래 두 개의 항목을 가진다.

MenuBar

```
import wx

app = wx.App()
frame = wx.Frame(None, title = "wxPython")

menubar = wx.MenuBar()
file = wx.Menu()
menubar.Append(file, "파일")
about = wx.MenuItem(id = wx.ID_ANY, text="소개")
file.Append(about)
file.AppendSeparator()
exit = wx.MenuItem(id = wx.ID_ANY, text="종료")
file.Append(exit)
frame.SetMenuBar(menubar)

def onAbout(event):
    wx.MessageBox("메뉴를 사용하는 프로그램입니다.", "알림", wx.OK)
frame.Bind(wx.EVT_MENU, onAbout, about)

def onExit(event):
    frame.Close()
frame.Bind(wx.EVT_MENU, onExit, exit)

frame.Show(True)
app.MainLoop()
```

타이틀 바 아래에 메뉴 바가 나타나며 클릭하면 메뉴가 펼쳐진다.

메뉴 항목을 선택하면 명령이 실행된다.

디바이스 컨텍스트

프레임에 직접 도형을 그린다. 아무 때나 그리는 것이 아니라 EVT_PAINT 이벤트를 받았을 때 그리며, DC를 먼저 구한 후 DC의 메서드로 그린다. 다음 예제는 윈도우의 작업 영역에 선, 원, 사각형을 그린다.

PaintDC

```
import wx

app = wx.App()
frame = wx.Frame(None, title = "wxPython")

def OnPaint(event):
    dc = wx.PaintDC(frame)
    dc.DrawLine(10, 10, 110, 110)
    dc.SetPen(wx.Pen(wx.Colour(255,0,0,0), 6))
    dc.SetBrush(wx.Brush(wx.Colour(255,255,0,0)))
    dc.DrawCircle(150,60,50)
    dc.SetPen(wx.Pen(wx.Colour(0,0,255,0), 3))
    dc.SetBrush(wx.Brush(wx.Colour(0,255,0,0)))
    dc.DrawRectangle(210, 10, 100, 100)
frame.Bind(wx.EVT_PAINT, OnPaint)

frame.Show(True)
app.MainLoop()
```

OnPaint에서 PaintDC를 구하고 DC의 그리기 메서드로 도형을 그린다. 디폴트 속성은 굵기 1의 검은색 실선에 흰색으로 채우지만 펜과 브러시를 교체하여 원하는 색상과 굵기를 적용한다.

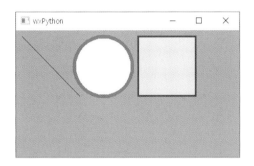

전체적으로 Win32의 GDI와 거의 유사하다. 비트맵이나 아이콘도 출력할 수 있고 메모리 DC로 더블버퍼링도 가능하다.

부록A

파이참 &
파이썬 팁

A.1 파이참
A.2 파이썬 팁

A.1 파이참

파이참 설치

파이썬의 기본 개발환경인 IDLE은 어디까지나 학습용으로 간편하게 쓸 수 있는 도구일 뿐 실무 개발용으로는 편의성이 부족하고 생산성도 낮다. 실제 프로젝트를 하려면 고기능의 통합 개발환경이 필요하다. 파이썬 개발환경은 여러 가지가 발표되어 있지만 궁극의 파이썬 개발툴로 평가받고 있는 JetBrain사의 파이참(PyCharm)이 대표적이다.

무료로 배포하고 있지만 상용 개발툴 못지 않은 강력하고 편리한 기능을 제공하며 안정성도 뛰어나 완성도가 높다. 게다가 윈도우, 리눅스, 맥을 모두 지원하여 어느 플랫폼에서나 사용할 수 있다는 것도 큰 장점이다. 파이참 설치를 위해 다음 주소에 접속한다.

http://www.jetbrains.com/pycharm/

JetBrain은 자바 개발툴로 유명한 인텔리제이(IntelliJ)를 만든 회사이며 파이참도 인텔리제이와 거의 유사한 구조를 가지고 있다. 안드로이드 스튜디오도 인텔리제이로부터 파생된 것이어서 안드로이드 개발자는 파이참에 금방 익숙해질 수 있다.

접속 당시의 최신 버전을 보여주는데 현재 최신 버전은 2017년 2월자이다. 자주 업그레이드 되므로 가급적 최신 버전을 설치하는 것이 좋다. 버전이 바뀌어도 사용 방법은 큰 변화가 없는 편이다. 화면 중앙의 DOWNLOAD NOW 버튼을 누르면 다운로드 페이지로 이동한다.

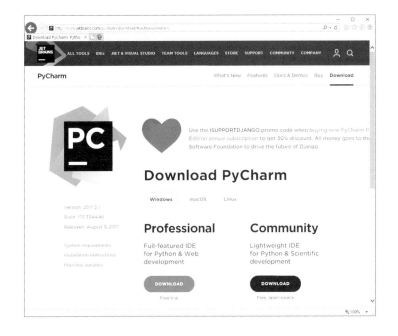

중앙의 버튼으로 윈도우, 맥, 리눅스 운영체제를 먼저 선택한다. 각 운영체제별로 두 가지 버전이 제공된다. 무료인 커뮤니티 버전은 디버거와 도움말, 버전 관리 등의 기본 기능을 모두 제공한다. 프로페셔널은 여기에 장고(Django)를 활용한 웹 개발, 데이터베이스를 지원하며 프로파일러, 원격 개발 기능까지 갖추었다.

프로페셔널을 30일긴 학습용으로 사용할 수 있지만, 파이썬 문법을 학습하는 단계에서 굳이 유료 버전을 쓸 필요는 없으며 커뮤니티 버전이면 충분하다. 설치 파일을 다운로드받은 후 실행하면 설치가 시작된다. 설치 경로나 설치 항목은 디폴트가 무난하니 특별히 옵션을 바꿀 필요는 없다.

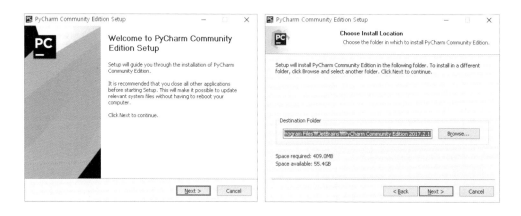

최초 실행 시 세팅을 가져올 것인지 묻는데 처음 설치했다면 이전 세팅이 없어 디폴트 세팅으로 시작하면 된다. 다음 대화상자는 단축키, 테마, 색상과 폰트 등 개발환경의 주요 옵션을 선택한다.

디폴트가 제일 무난하고 차후 언제든지 바꿀 수 있으므로 일단은 디폴트를 선택하자. OK 버튼을 누르면 웰컴 창이 나타난다.

명령행이나 IDLE은 소스 파일만으로 실행할 수 있지만 파이참은 모든 것이 프로젝트 위주여서 프로젝트를 열거나 만들어야 개발환경으로 들어갈 수 있다. 새로 설치했으니 프로젝트가 전혀 없고 그래서 웰컴 창이 대신 나타난다.

웰컴 창에서 Create New Project 버튼을 눌러 프로젝트를 새로 만들거나 Open 버튼으로 기존 프로젝트를 연다. 아니면 원격지의 버전 컨트롤 저장소에서 다운로드받아 프로젝트를 열 수도 있다. 파이참은 현재까지 발표된 대부분의 VCS를 지원한다.

프로젝트 생성

파이참의 개발환경을 보고 싶으면 프로젝트를 만들어야 한다. 웰컴 창에서 Create New Project 버튼을 누르면 다음 대화상자가 나타난다.

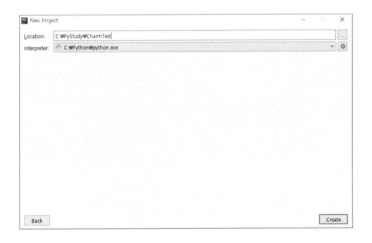

Location란에 프로젝트의 경로와 이름을 적는다. 프로젝트는 디렉토리 단위로 관리되며 프로젝트 이름이 곧 디렉토리 이름이 된다. 실습 디렉토리 아래에 CharmTest로 프로젝트 이름을 입력한다.

파이썬 해석기의 경로를 지정하는 Interpreter란에는 파이썬 설치 경로가 미리 입력되어 있다. 여러 버전의 파이썬을 동시에 설치해 놓았다면 여기서 원하는 파이썬 버전을 선택한다. 해석기는 프로젝트를 만든 후에도 언제든지 변경할 수 있다.

여기까지 입력한 후 대화상자 아래쪽의 Create 버튼을 누르면 아무것도 없는 빈 프로젝트가 생성되며 파이참 개발환경이 나타난다. 메뉴, 툴바, 상태란 등의 일반적인 윈도우 구성 요소가 있고 메뉴 아래에는 네비 바, 왼쪽에는 프로젝트 뷰가 있다.

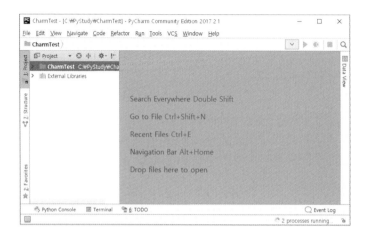

프로젝트 껍데기만 만들었을 뿐 아직 소스 파일은 없어 편집 창은 보이지 않는다. 최소한 하나의 소스는 있어야 코드를 작성할 수 있다. 왼쪽 프로젝트 창에서 마우스 오른쪽 버튼을 눌러 팝업 메뉴를 불러 내고 New/Python File 항목을 선택한다. 파일명 입력 대화상자에 프로젝트명과 같은 CharmTest로 입력한다.

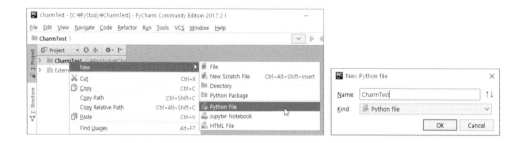

확장자를 붙이지 않아도 .py는 자동으로 붙는다. CharmTest.py 모듈이 생성되고 개발환경 중앙에 빈 편집기가 열린다. 아무 코드도 입력되어 있지 않은데 다음 코드를 입력해 보자. ※ 문자로 삼각형을 그리는 간단한 프로그램이다.

CharmTest

```
print("Triangle")
for y in range(1, 10) :
    for x in range(y) :
        print('*', end = '')
    print()
```

실행하려면 메뉴에서 Run/Run 항목을 선택한다. 새로 만든 프로젝트는 아직 실행 구성이 없는데 처음 실행할 때 파이참이 무난한 실행 구성을 만들어 준다. 소스 편집 창 가운데 구성 선택 대화상자가 나타나며 컴파일러가 디폴트로 만들어 준 CharmTest 구성이 표시되어 있다.

디폴트 구성은 프로젝트명과 같고 메인 파일을 실행하는 것으로 되어 있다. 소스 창에 입력한 코드가 해석되어 실행되며 아래쪽의 Run 창에 실행 결과가 나타난다.

소스와 실행 결과를 한창에서 모두 볼 수 있어 편리하며 언제든지 수정해 볼 수 있다. 구성이 만들어진 후에는 소스를 편집하고 Run 명령(Shift + F10)만 내리면 자동으로 저장 및 실행되어 실습해 보기 편리하다.

실행 구성

파이참은 실습용 개발환경이 아닌 대규모의 실무용 개발환경이다. 여러 개의 모듈을 가질 수 있어 프로젝트를 반드시 구성해야 하며 실행 방식을 지정하는 실행 구성도 필요하다. 규모가 있다 보니 IDLE에 비해 복잡하고, 그래서 초보자가 처음 접근하기는 약간 어렵다.

실행 구성이 무엇인지 알아보기 위해 다음 실습을 계속 진행해 보자. 현재 CharmTest 프로젝트에는 CharmTest.py 모듈 하나밖에 없는데 CharmUtil.py 모듈을 추가해 보자. 메인 모듈을 추가할 때와 똑같은 방법으로 팝업 메뉴에서 파일을 추가하고 다음 소스를 입력한다.

CharmUtil

```
def add(a, b):
    return a + b

print(add(2, 3))
```

두 값을 더해 합을 리턴하는 함수를 정의하고 이 함수를 호출하여 2와 3을 더해 출력하는 간단한 코드이다. 프로젝트에는 두 개의 모듈이 포함되어 있고 편집기에는 두 소스 파일이 각각의 탭에 열려 있다.

이 상태에서 프로젝트를 실행하면 어떤 모듈을 실행해야 할까? 파이썬은 C나 자바와는 달리 유일한 진입점이 따로 없다. 그래서 어떤 모듈을 실행할지 알려 주어야 하며 필요에 따라 실행할 모듈과 실행 방식을 선택할 수 있다. 이런 설정 상태를 실행 구성(Run Configuration)이라고 한다.

파이참은 최초 실행할 때 프로젝트명과 똑같은 이름으로 메인 파일을 실행하는 디폴트 구성을 만들어 준다. 이 상태에서는 아무리 실행해도 CharmUtil의 코드를 실행할 수 없다. 이 모듈을 실행하고 싶다면 새로운 실행 구성을 만들어야 한다. 메뉴에서 Run/Edit Configurations 항목을 선택한다.

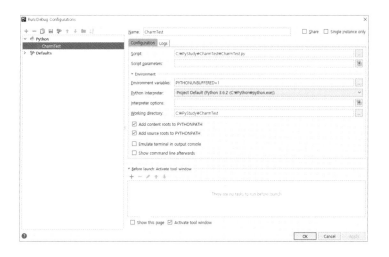

파이참이 디폴트로 만들어 준 CharmTest 실행 구성 하나만 있다. 이 구성을 살펴보면 CharmTest.py 모듈을 파이썬 3.6.2 해석기로 실행한다고 지정되어 있다. 시작 디렉토리나 명령행 옵션도 지정할 수 있고 실행 전후에 실행할 스크립트도 작성해 넣을 수 있다. 실행 구성은 어떤 모듈을 어떤 방식으로 실행할 것인지를 미리 지정해 놓은 것이다.

실행 방식을 바꾸려면 실행 구성을 하나 더 만든다. 대화상자 위쪽의 + 버튼을 누르면 unnamed 구성을 생성한다. 구성의 이름은 임의대로 작성할 수 있는데 상단의 name란에서 Util로 변경한다. 실행할 모듈은 CharmUtil.py로 지정하며 그 외의 옵션도 마음대로 변경할 수 있다. 이렇게 되면 두 개의 구성이 생성된다.

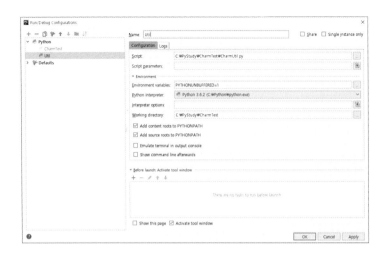

이제 실행할 때 어떤 구성대로 실행할 것인지 선택한다. 오른쪽 툴바의 실행 버튼 옆에 구성을 선택하는 콤보 박스가 있으며 여기서 구성을 선택한 후 실행한다. Util 구성이 선택되어 있는 상태에서 실행하면 CharmUtil.py 모듈이 먼저 실행된다.

다행히 실행할 때마다 구성을 매번 선택하는 것은 아니다. 구성 콤보 박스에서 한번 선택해 놓은 구성이 계속 유효하므로 Run 버튼을 누르거나 Shift + F10 단축키만 눌러도 된다. 두 모듈이 같은 프로젝트(=디렉토리) 소속이므로 서로 임포트하여 호출할 수도 있다. CharmTest.py에 다음 코드를 추가해 보자.

```
import CharmUtil
print(CharmUtil.add(5, 6))
```

CharmUtil 모듈의 add 함수를 호출하여 덧셈을 수행한다. 프로젝트를 구성해 두면 모듈끼리 상호 호출이 편리하고 여러 모듈을 효율적으로 관리할 수 있어 편리하다. 이런 편리함과 효율을 얻기 위해 구조는 다소 복잡해질 수밖에 없다.

파이참 활용

파이참은 비록 무료이지만 명색이 전문 개발툴이라 제공하는 기능이 막강하고 화려하다. 소스 편집기만 해도 신택스 컬러링, 무한 언두, 코드 접기, 멀티 캐럿, 창 분할 등의 고급 기능을 제공하여 텍스트 편집기와는 수준이 완전히 다르다. 편집 창 왼쪽에는 행 번호를 보여 주고 중단점을 설정한다. 편집 창 오른쪽 영역에는 코드의 에러 상태가 표시된다.

코드를 입력할 때마다 실시간으로 점검하여 에러 여부를 알려 주며 잘못된 코드에 대해 조언해 준다. 실시간 도움말 기능을 잘 활용하면 긴 코드를 일일이 타이핑할 필요 없이 목록에서 고를 수 있고 함수의 인수 목록도 알려 준다.

메인 창은 각종 툴 윈도우로 무장되어 있는데 임의의 벽에 원하는 대로 도킹시켜 놓을 수 있다. 다음은 Run 툴 윈도우를 오른쪽 벽에 붙이고 콘솔 창을 아래쪽에 배치해 놓은 모습이다. 개발에 필요한 모든 창을 임의 위치에 배치해 놓을 수 있어 작업 효율을 극대화한다.

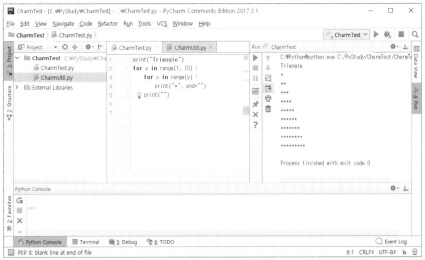

통합 개발환경답게 디버거도 자체 내장하고 있다. 편집기의 왼쪽 거터 영역을 클릭하면 빨간 원이 표시되며 중단점이 설정된다. 중단점을 설정한 후 메뉴에서 Run/Debug 항목을 선택하면 디버깅이 시작되며 중단점에서 실행을 멈춘다.

이 상태에서 F8 로 단계 실행하거나 F7 로 함수 안까지 추적해 들어가며 실행 흐름과 변수값을 상세히 살펴볼 수 있다. 편집기에는 변수의 현재 값이 표시되며 디버그 툴 윈도우에 프로그램의 현재 상태가 표시된다.

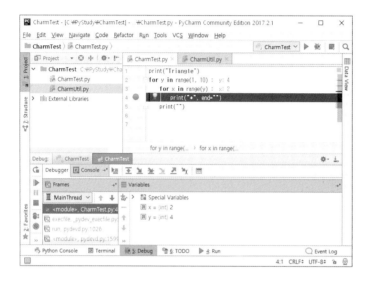

이외에도 파이참은 개발과 디버깅에 유용한 무수히 많은 기능을 제공한다. 코드 자동 완성, 강력한 검색 기능, 자동화된 테스트, 소스의 모든 변경 사항을 추적 및 관리하는 로컬 히스토리, 원격 개발까지 지원한다. 실무 개발용으로 손색이 없을 만큼 어지간히도 중무장해 놓았다.

덩치가 큰 개발툴이라 여기서 파이참의 모든 기능을 일일이 소개하기는 어렵다. Help 문서가 잘 작성되어 있으므로 시간 날 때마다 파이참의 고급 기능을 틈틈이 익혀 두자. 개발툴의 기능을 잘 알아 두어야 학습이나 개발이나 효율적으로 수행할 수 있다.

A.2 파이썬 팁

간단한 계산기

파이썬은 기동 속도가 빠르고 명령행에서 즉시 실행할 수 있어 간단한 계산기로 사용하기에도 실용적이다. 명령행에서 파이썬을 기동하는 것이 귀찮다면 기동과 동시에 -c 옵션을 주어 파이썬 코드를 바로 실행할 수 있다. 수학식을 계산하려면 다음과 같이 한다.

```
C:\PyStudy>python -c print(2**20)
1048576
C:\PyStudy>
```

코드를 실행한 후 즉시 프롬프트로 다시 돌아온다. 프롬프트 상태와는 달리 수식만 쓰면 출력되지 않으므로 반드시 print 함수를 호출해야 한다. 명령에 공백이 포함되어 있으면 전체를 따옴표로 감싼다.

대화식 모드에서 계산을 수행할 때는 변수에 값을 저장해 놓고 사용할 수 있다. 변수에 이름을 주고 대입해 놓는 과정이 번거롭다면 마지막 출력값을 임시로 저장하는 _ 기호를 활용해 보자. 이 변수를 사용하면 연쇄적인 수식을 쉽게 계산할 수 있다.

```
>>> 24*60*60
86400
>>> 365*_
31536000
```

첫 번째 수식은 하루가 몇 초인지 계산하는데 86400초로 계산된다. 이 계산을 한 후 1년이 몇 초인지 계산해 보려면 앞 계산의 결과에 365를 곱해야 한다. 이전 수식을 다시 쓰는 것은 무척 번거로운데 이럴 때 _기호를 사용한다. 파이썬은 마지막 계산 결과를 자동으로 _ 에 기억해 두므로 365*_라고 쓰면 된다.

_는 명령행이 자동으로 관리하는 임시 변수인 셈이며 최종 연산 결과를 항상 저장한다. 명령행이 지원하는 변수이므로 스크립트 모드에서는 쓸 수 없다. 또 연산 결과를 표현하는 읽기 전용 변수여서 _에 값을 대입해서는 안 된다.

비트 연산자

비트 연산자는 데이터를 구성하는 최소 단위인 비트를 조작한다. 비트 간의 연산 방법에 따라 다음과 같은 연산자가 준비되어 있다.

연산자	설명
&	두 비트가 모두 1이어야 결과가 1이다.
|	두 비트 중 하나만 1이면 결과도 1이다.
^	두 비트가 달라야 결과가 1이다.
~	비트를 반전시킨다.
《	비트를 왼쪽으로 이동한다.
》	비트를 오른쪽으로 이동한다.

여러 가지 값이 하나의 변수에 같이 들어 있을 때 원하는 값만 빼내거나 변경할 때 비트 연산자를 사용한다. 예를 들어 색상값에서 초록색 요소만 조사하거나 빨간색의 강도만 높일 때 다른 요소값에 영향을 받지 않고 조사하려면 비트 단위로 읽어야 한다. 다음 예제는 초록색 값만 빼낸다.

---

readgreen

```
color = 0xaa80ff
green = (color & 0x00ff00) >> 8
print("초록색 강도 =", green)
```

실행결과 초록색 강도 = 128

가운데 8비트만 빼내기 위해 0x00ff00과 & 연산하여 좌우의 빨간색과 파란색 값을 모두 0으로 만든다. & 연산에 의해 관심이 없는 비트를 모두 꺼 버리는 것이다. 초록색이 중간쯤에 있으므로 원하는 값을 빼내려면 오른쪽으로 8칸 밀어야 한다.

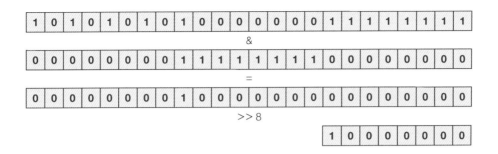

비트 연산자는 C나 자바도 지원하는 기본 연산자이지만 이진수 차원에서만 이해할 수 있어 초보자에게는 굉장히 어렵다. 적재적소에 잘 사용하면 굉장히 빠른 속도를 구현할 수 있지만 스크립트 수준에서 이 연산자가 꼭 필요한 경우는 무척 드물다.

반복문의 else

for, while 반복문의 끝에도 if문과 똑같은 else절이 올 수 있다. else는 반복 조건이 거짓이 되어 루프를 완전히 종료했을 때 실행할 명령을 지정한다. 조건이 거짓이 되어 루프를 탈출하기 전에 else절의 명령이 실행된다. 다음 예를 보자.

forelse
| ```python
score = [ 92, 86, 68, 77, 56]
for s in score:
    print(s)
else:
    print("다 출력했습니다.")
``` |

실행결과	92 86 68 77 56 다 출력했습니다.

리스트의 요소를 다 출력하고 마지막으로 빠져나올 때 다 출력했음을 보고한다. 결국 else 절은 루프의 마지막에 실행하는 명령이다. 그렇다면 else 절에 쓸 필요 없이 루프 다음에 명령문을 써도 되지 않을까?
```

```
score = [ 92, 86, 68, 77, 56]
for s in score:
    print(s)
print("다 출력했습니다.")
```

이렇게 해도 어차피 루프가 끝나면 다음 명령이 실행되므로 else절에 적은 것과 같다. 그러나 else절은 루프에 포함된 명령이어서 break로 강제 탈출할 때는 실행되지 않는다는 점이 다르다. break는 else절까지도 건너뛰어 버린다.

breakelse

```
score = [ 92, 86, 68, 120, 56]
for s in score:
    if (s < 0 or s > 100):
        break
    print(s)
else:
    print("다 출력했습니다.")
```

실행결과	92 86 68

이렇게 되면 모든 데이터를 정상적으로 출력했을 때만 완료 보고 메시지가 출력된다. 위 예제의 경우 데이터의 이상으로 중간에 탈출하므로 else절의 명령은 실행되지 않는다. 반복문의 else절은 다른 언어에는 없는 파이썬의 고유한 문법이다. 사용 빈도가 높지 않으므로 이런 것도 있다는 것만 알아 두면 된다.

파이썬 2.x

파이썬은 2008년 이후부터 3.x 버전으로 업그레이드되었다. 변화된 환경에 적응하기 위해 기능을 개선했을 뿐만 아니라 언어의 문법도 대대적으로 정비하였다. 그러다 보니 불가피하게 이전 버전인 2.x대와 호환되지 않는 문제가 발생했다. 혁신을 위해 과거에 발목 잡히지 않겠다는 과감한 전략의 결과이다.

앞으로는 3.x 이후의 버전을 쓰는 것이 당연하겠지만 아직까지도 예전에 만들어진 소스가 있고 주옥 같은 예제도 2.x 버전으로 작성된 것이 많다. 사용만을 목적으로 한다면 2.x 버전대를 몰라도 상관없지만 코드의 관리나 학습을 위해 파이썬의 이전 버전도 알아 두는 것이 좋다. 자잘한 변화가 많지만 굵직한 몇 가지만 알아 두자.

- **print 명령** : 기본 출력문인 print가 이전에는 키워드처럼 사용되어 괄호를 사용하지 않고 print a 식으로 표기했었다. 출력 후 개행하지 않을 때는 print a, 식으로 뒤에 빈 콤마를 넣어 주었다. 괄호가 없어 쓰기는 편리하지만 함수 호출 구문과 달라 일관성이 없다. 그래서 3.x에서는 함수 형식으로 print(a) 식으로 호출하고 sep, end 인수로 구분자와 끝문자를 지정하도록 바뀌었다.

- **input 명령** : 숫자를 입력받을 때는 input 함수를 사용하고 문자열을 입력받을 때는 raw_input 함수를 사용했다. input이 정수를 리턴하므로 계산에 바로 사용할 수 있었을 뿐만 아니라 3 + 4 같은 수식을 입력하면 계산 결과인 7을 리턴하기도 했다. 3.x에서는 타입에 상관없이 무조건 input 함수로만 입력받아 문자열로 리턴하는 것으로 바뀌었다. 그래서 정수를 입력받으려면 input 함수가 리턴한 값을 int 함수로 변환해서 사용해야 한다.

- **정수형의 변수** : 2.x의 정수형은 32비트의 길이를 가지며 ±20억의 범위를 표현했다. 이 정도면 현실적으로 충분히 실용적이며 다른 언어의 정수형과도 일치한다. 더 큰 범위의 정수가 필요하면 64비트의 long 타입을 사용하며 12345678901234567890L 식으로 상수 끝에 L 접미를 붙여 구분하였다. 3.x에서는 이런 길이 구분이 없어지고 메모리가 허용하는 한 얼마든지 큰 정수를 표현할 수 있도록 단순화되었다.

그 외에도 정수끼리 나눌 때 결과가 실수가 되고, 문자열 표현에 유니코드를 기본 적용하는 것으로 바뀌었다. 이런 변경으로 인해 2.x 소스를 3.x 해석기로 바로 실행할 수 없지만 몇 가지 중요한 부분만 수정해 주면 최신 버전으로 이식 가능하다.

부록B

연습문제
해답

1. ② 명령문마다 번역과 실행을 반복해야 하므로 실행 속도는 느리다.
2. ③ 스크립트 언어여서 성능은 높지 않다.
3. ① 웹은 요구 사항이 자주 바뀌므로 생산성이 좋아야 하며 파이썬이 적합하다.
4. 1분은 60초, 1시간은 60분, 하루는 24시간이므로 세 값을 곱한다.

```
>>> 60 * 60 * 24
86400
```

1. ② 연산자와 피연산자 사이의 공백은 자유롭게 써도 상관없다.
2. ③ 대소문자를 구분하므로 print라고 써야 한다.
3. #
4. ③ sep 인수로 구분자를 빈 문자열로 지정한다.
5. ①
6.

```
width = int(input("폭을 입력하세요 : "))
height = int(input("높이를 입력하세요 : "))
area = width * height
print("면적은" ,area, "입니다")
```

7. ② 키워드는 변수명으로 쓸 수 없고 첫 자가 숫자로 시작되어도 안 된다. & 기호는 명칭에 쓸 수 없다.
8. ① 파이썬은 선언 없이 변수를 바로 사용한다.

1. ④ 이진수 1010은 십진수 10이다.
2. ③ hex 함수는 정수를 16진 형태의 문자열로 변환한다.
3. ② 1.23456에 10의 제곱인 100을 곱하면 123.456이 된다.
4. ③ 같은 종류의 따옴표가 안에 포함되어서는 안 된다.

5. ①

6. 각 계절명 사이에 \n을 넣으면 이 위치에서 개행된다.

```
season = "봄\n여름\n가을\n겨울"
print(season)
```

7. K의 코드값은 75이며 코드값 100의 문자는 소문자 d이다. ord 함수로 문자의 코드값을 조사하고 chr 함수로 코드의 문자를 구한다.

```
print(ord('K'))
print(chr(100))
```

8. ② 파이썬은 대소문자를 구분하므로 true, false로 적어서는 안 된다.

4장

1. ②

2. ② 복합 대입 연산자를 사용한다.

3. ④ 문자열에 정수를 곱하면 해당 문자열이 정수 번 반복되는 문자열이 생성된다.

4. ② score에 저장된 점수를 문자열로 변환해야 연결할 수 있다. 정수를 문자열로 변환할 때는 str 함수를 사용한다.

5. ③ round 함수의 두 번째 인수는 반올림할 자리가 아닌 반올림 후 남는 자리수를 지정하므로 2를 지정해야 한다.

5장

1. 80점 이상을 점검할 때는 80점도 포함되므로 >= 비교 연산자를 사용해야 한다.

```
score = int(input("점수를 입력하시오 : "))
if score >= 80:
    print("합격")
else:
    print("불합격")
```

해답

2. 정답일 경우 실행할 명령이 2개이므로 들여쓰기를 맞추어 블록을 구성해야 한다.

```
sudo = input("한국의 수도는 어디인가? ")
if sudo == "서울":
    print("정답입니다.")
    print("축하합니다.")
```

3. 블록

4. ② 수치값은 0이 아니면 참이고 문자열이나 리스트는 요소가 있어야 참이다.

5. 두 개의 조건이 동시에 만족해야 하므로 and 논리 연산자를 사용한다.

```
age = 8
height = 105
if age >=8 and height >= 100:
    print("놀이기구를 탈 수 있습니다.")
```

6. ③ 마지막 줄은 들여쓰기되어 있지 않아 if 블록에 포함되지 않으며 조건 여부와 상관없이 무조건 실행된다.

7. ④ { } 괄호는 C나 자바에서 사용할 뿐 파이썬은 사용하지 않는다.

8. 4가지 방향을 점검해야 하므로 if elif else 구문을 사용한다.

```
dir = '서'
if dir == '동':
    print("춘천")
elif dir == '서':
    print("인천")
elif dir == '남':
    print("대전")
elif dir == '북':
    print("의정부")
else:
    print("방향이 잘못되었음")
```

9. 배수 여부는 % 연산자로 나머지를 구해 0인지 조사한다.

```
value = int(input("정수를 입력하세요 : "))
if value % 5 == 0:
    print("5의 배수입니다.")
else:
    print("5의 배수가 아닙니다.")
```

10. 1cc당 가격을 구해 비교한다.

```
seoul = 2500/1000
maeil = 4200/1800
if seoul < maeil:
    print("서울우유를 사세요")
else:
    print("매일우유를 사세요")
```

6장

1. 3에서 시작하여 200까지 3씩 건너뛰며 누적합을 구한다.

```
num = 3
sum = 0
while num <= 200:
    sum += num
    num += 3
print("sum =",sum)
```

2. ③ 일정 횟수 반복할 때는 for문이 더 적합하다.

3. ④ 범위의 끝은 제외되므로 10은 포함되지 않는다.

4. ②

5. 3의 배수일 때 continue문으로 건너뛴다.

```
for num in range(1, 11):
    if (num % 3 == 0):
        continue
    print(num)
```

또는 if문으로 3의 배수가 아닐 때만 출력하는 방법을 쓸 수도 있다.

```
for num in range(1, 11):
    if (num % 3 != 0):
        print(num)
```

6. 삼각형 왼쪽의 보이지 않는 공백이 9부터 점점 감소한다는 점을 이용하여 공백을 먼저 출력한 후 * 문자를 출력한다.

```
for y in range(1, 11) :
    for s in range(10-y):
        print(' ', end = '')
    for x in range(y) :
        print('*', end = '')
    print('')
```

조건문으로 대각선의 왼쪽인지 오른쪽인지를 판별하여 공백 또는 *를 출력하는 방법도 있다.

7. 왼쪽 공백은 9, 8, 7, 6으로 점점 감소하고 *는 1, 3, 5, 7, 9로 증가한다. *의 개수는 바깥쪽 y 루프에 대해 2 * y − 1의 관계가 성립하므로 이 개수만큼 *를 출력한다.

```
for y in range(1, 11) :
    for s in range(10 - y):
        print(' ', end = '')
    for x in range(y * 2 - 1) :
        print('*', end = '')
    print('')
```

7장

1. ③

2. 함수명 다음에 콜론이 있어야 한다. def calcsum(n): 으로 써야 한다.

3. ③ 형식 인수의 이름은 본체에서 사용하는 이름과만 일치하면 된다.

4. 리턴

5. ④ 리턴이 없으면 None으로 평가된다.

6. 평균을 구하는 동작을 하므로 이름은 getaverage로 정하고 세 개의 인수 a, b, c를 전달받는다. 세 인수의 합을 sum에 구한 후 sum을 3으로 나눈 값을 리턴한다.

```
def getaverage(a, b, c):
    sum = a + b + c
    return sum / 3

print(getaverage(4, 7, 2))
```

7. 임의 개수의 인수가 전달되므로 가변 인수로 받는다. 첫 번째 요소를 m에 대입하여 초기화하고 루프를 돌며 더 큰 값이 발견되면 m을 교체한다.

```
def getmax(*nums):
    m = nums[0]
    for i in nums:
        if (i > m):
            m = i
    return m

print(getmax(8, 9, 0, 6, 2))
```

이 예제의 getmax와 똑같은 동작을 하는 max 내장 함수가 정의되어 있다.

8. ① 잘 바뀌지 않는 인수에 기본값을 지정하는 것이 보통이다.

9. ③ 위치 인수가 먼저 와야 하며 키워드 인수 뒤에 위치 인수가 올 수는 없다.

10. ② 지역 변수는 함수 실행 중에만 존재하며 함수 종료시 파괴되어 값을 더 이상 기억하지 못한다.

11. ①

12. ① 함수는 복잡한 논리를 숨겨 사용하기 쉽도록 한다.

8장

1. ② 앞쪽에서 셀 때는 0부터 시작이고 음수로 뒤에서 셀 때는 −1부터 시작한다.

2. 문자열은 일종의 리스트이므로 for문으로 순회하며 각 글자를 구할 수 있다. 개별 글자를 읽어 print 함수로 출력하면 한 줄에 하나씩 출력된다.

```
s = "universe"
for c in s:
    print(c)
```

3. ③ 첨자는 0부터 시작하고 끝 범위는 제외되므로 13 ~ 15를 읽어야 한다. 콤마나 공백도 하나의 문자이므로 자리를 차지한다.

4. ④

5. endswith 함수로 끝이 .kr인지 점검한다.

```
domain = "http://www.soen.kr"
if domain.endswith(".kr"):
    print("한국 도메인입니다.")
```

6. split 함수로 각 가수 이름을 분할하되 콤마와 공백의 조합인 ", "를 구분자로 지정한다. 리턴된 리스트를 순회하며 하나씩 빼와 "사랑해"와 함께 출력한다.

```
sosi = "태연, 서연, 수영"
singer = sosi.split(", ")
for s in singer:
    print(s, "사랑해")
```

7. replace 메서드를 사용하되 대체한 결과를 원본 문자열에 다시 대입해야 한다.

```
s = "아침에 커피로 시작하고 밥 먹고 커피 마시고 자기 전에도 커피를 마신다."
s = s.replace("커피", "우유")
print(s)
```

8. 생년은 앞 두자리이므로 [0:2]로 슬라이스하여 구한다. 성별은 7번째 자리 숫자가 홀수이면 남자이고 짝수이면 여자이다.

```
jumin = "901231-1914983"
birth = jumin[0:2]
if (int(jumin[7]) % 2 == 1):
    gender = "남자"
else:
    gender = "여자"
print("%s년생 %s" % (birth, gender))
```

9. 총점은 %d 서식으로 받고 평균은 %.2f 서식으로 받는다.

```
sum = 356
avg = 89.2785
print("총점:%d, 평균:%.2f" % (sum, avg))
```

9장

1. 리스트를 순회하며 총점을 구하고 요소의 개수로 나누어 평균을 구한다.

```
score = [ 92, 90, 85, 73, 65, 99, 50 ]
sum = 0
for s in score:
    sum = sum + s
print("총점 : ", sum)
print("평균 : ", sum / len(score))
```

2. 2번 학생은 1번째 요소이므로 score[1] = 0 으로 대입한다. score[2]가 아님을 주의하자.

3. 1 ~ 50의 범위에 대해 n 루프를 돌며 n*2를 요소로 취한다. 2를 곱한 값을 취하므로 범위를 절반으로 줄여야 한다.

```
li = [n * 2 for n in range(1, 50)]
print(li)
```

또는 1 ~ 100의 범위를 돌되 if문으로 짝수만 취할 수도 있다.

```
li = [n for n in range(1, 100) if n % 2 == 0]
print(li)
```

4. 빈 리스트를 생성하고 1에서 10의 범위를 순회한다. if문으로 3의 배수인 것만 찾아 그 제곱 값을 리스트에 추가한다.

```
nums = []
for n in range(1, 10):
    if n % 3 == 0:
```

```
        nums.append(n * n)
for i in nums:
    print(i, end = ",")
```

5. ②

6. ④ 스택은 뒷부분에서 요소를 넣고 빼는 자료 구조이므로 append와 pop이 적합하다.

7. 빈 리스트를 생성해 두고 input 함수로 성적을 입력받아 append 함수로 추가한다. 다 입력받은 후 sort 함수로 정렬하여 출력한다.

```
li = []
for i in range(1, 6):
    score = int(input(str(i) + "번 학생의 성적을 입력하세요 : "))
    li.append(score)
li.sort()
print(li)
```

8. ② 하나의 요소만 있을 때는 뒤에 콤마가 반드시 있어야 한다.

9. ③ 편집 가능성 여부가 다르다.

10장

1. ③ 리스트는 순서가 있는 배열을 의미한다.

2. { } 괄호 안에 키와 값의 쌍을 나열한다. 검색할 때는 [ ] 괄호 안에 키를 지정한다.

```
rainbow = {
    "빨":"Red", "주":"Orange", "노":"Yellow", "초":"Green",
    "파":"Blue", "남":"Indigo", "보":"violet",
}
print(rainbow["초"])
```

3. ② get 메서드는 키가 없을 때 None을 리턴한다.

4. ② 키가 있으면 값을 변경하고 없으면 추가한다.

5. ④ 언제든지 원소를 넣고 뺄 수 있다.

6. ②

1. 리스트 컴프리헨션으로 두 개의 리스트를 생성한다. zip으로 두 리스트를 합친 후 dict로 변환하면 정수를 키로 하고 제곱수를 값으로 하는 사전이 생성된다.

```
a = [n for n in range(1, 11)]
b = [n * n for n in range(1, 11)]
dic = dict(zip(a, b))
print(dic[6])
```

2. map 함수로 모든 가격에 0.8을 곱하면 20% 할인된 가격 리스트를 구할 수 있다. 할인 가격은 sale 함수가 구하고 map은 모든 요소에 대해 이 함수를 호출한다.

```
price = [1000, 800, 2000, 3500 ]

def sale(p):
    return p * 0.8

price2 = map(sale, price)
for p in price2:
    print(p, end=", ")
```

sale 함수를 정의하는 것이 귀찮다면 람다 함수를 대신 사용할 수 있다.

```
price = [1000, 800, 2000, 3500 ]
price2 = map(lambda p:p * 0.8, price)
for p in price2:
    print(p, end=", ")
```

3. 100이 출력된다. score2는 score와 같은 리스트를 가리키는 사본이므로 score2로 유소를 변경하면 score도 같이 바뀐다.

해답

1. ② from에 모듈명을 적고 import에 함수명을 적는다.

2. ④ randint 함수는 random 모듈에 정의되어 있다.

3. hypot 함수를 사용하면 쉽게 구할 수 있다.

```
import math

print(math.hypot(8, 5))
```

4. 해당 날짜에 대해 struct_time 객체를 생성하고 mktime 함수로 에폭 시간으로 바꾼다. 오늘 날짜에서 생일 날짜를 빼면 경과 초가 나오며 이를 하루인 86400초로 나누면 경과 일이 된다.

```
import time

tm = (1994, 5, 5, 0, 0, 0, 0, 0, 0)
birth = time.mktime(tm)
today = time.time()
ellapse = (today - birth) / (60 * 60 * 24)
print("태어난지 %d일 지났습니다. " % ellapse)
```

5. randint 함수를 사용한다.

```
import random

for i in range(10):
    print(random.randint(10,20))
```

1. ④

2. ④ 과다한 메모리를 쓰지 않으므로 입력이 정확하면 예외가 발생하지 않는다.

3. 0으로 나눌 때 예외가 발생할 수 있으므로 try 블록으로 감싸고 ZeroDivisionError 예외를 받아 처리한다.

```python
num1 = int(input("첫 번째 수를 입력하세요 : "))
num2 = int(input("두 번째 수를 입력하세요 : "))

try:
    result = num1 / num2
    print("결과 :", result)
except ZeroDivisionError:
    print("0으로 나눌 수 없습니다.")
```

4. ③

5. ③ 예외 발생 여부와 상관없이 항상 실행하도록 되어 있어 자원 정리에 주로 사용된다.

1. 문자열을 입력받은 후 파일을 열고 write 함수로 기록한다.

```python
name = input("이름을 입력하세요 : ")
f = open("name.txt", "wt")
f.write(name)
f.close()
```

2. open 함수로 파일을 열고 read 함수로 읽어 출력한다.

```python
f = open("name.txt", "rt")
name = f.read()
print(name)
f.close()
```

3. ③

1. ③ 파이썬은 공식적으로 정보 은폐를 지원하지 않는다.

2. 속성은 init에서 인수로 받아 초기화하고 메서드는 함수로 선언하여 동작을 구현한다.

```
class Camera:
    def __init__(self, pixels, zoom):
        self.pixels = pixels
        self.zoom = zoom
    def takepicture(self):
        print("사진을 찍는다.")

canon = Camera(2000, 3.5)
canon.takepicuture()
```

3. ③ 관행적으로 self라고 적지만 반드시 self여야 하는 것은 아니다.

4. ②

5. ①

6. ②

7. ② 리스트는 다른 타입의 자료를 저장할 수 있는 데 비해 array는 같은 타입의 자료만 저장할 수 있다.

INDEX